JN068023

Miyamoto Hiroaki
宮本弘曉

ニッポンの

世界インフレと日本の未来

Japan's Solution To Lose Alone In The World

The Future Of Japan Seen Through World Inflation

ウェッジ

勝機

現在（いま）がどんなにやるせなくても
明日（あす）は今日より素晴らしい

——桑田佳祐『月光の聖者達（ミスター・ムーンライト）』

はじめに

半世紀ぶりの世界的インフレにより消費者が悲鳴を上げています。欧米諸国の中央銀行は、急ピッチで利上げに奔走してインフレを抑制しようとしていますが、利上げは経済活動の重しとなります。利上げが行き過ぎると、景気が後退する可能性もあります。

この混沌とした世界経済情勢の中、長年、物価が上がらないデフレに苦しんできた日本も、インフレに転じています。食料品や電気料金など身近なモノやサービスの価格が上昇して、国民の生活に圧迫感が広がっています。生活必需品やサービスの価格が上昇する一方で、給料が上がらなければ、私たちの暮らしはますます苦しくなっていきます。節約志向が強まり、消費が冷え込み、経済活動が停滞する恐れもある中、賃金上昇が焦眉の課題となっています。

このような中、岸田文雄首相も「物価上昇を上回る賃上げ」を掲げています。しかし、日本の賃金は長年にわたり低迷しており、賃上げの実現は容易ではありません。

日本の賃金は過去25年間ほぼ横ばいで、他の先進国に比べて大幅に劣っています。アメリカやイギリスでは賃金が約1・3~1・4倍、ドイツでも約1・2倍になっているのに対し、日本は「世界で一人負け」といえる状況にあります。

本書は、最近のインフレについて深く掘り下げ、その背景や原因、そして将来的な見通しを探ります。「なぜ、世界的に物価が上昇し、中央銀行が利上げに動いているのか？」「なぜ、日本もインフレに転じたのか？」などについてわかりやすく解説します。また、賃上げの問題にも焦点を当て、日本で低賃金が続く原因や、賃金決定要因などについても解説し、日本経済を立て直すために必要な政策や対応についても考えていきます。

賃上げは経営判断であり、その基本は生産性と経済の先行きにあります。つまり、生産性を高め、経済を成長させることなく、持続的な賃上げは期待できません。

ところが、日本経済は30年にわたり低迷し続けています。

国民の豊かさを測る指標としてよく用いられる1人当たりＧＤＰの推移を見ると、１９９０年代には日本は世界でトップ5に入っていましたが、２０００年代以降、順位は大きく下がり、２０２２年には30位となっています。

また、国際競争力も低下しています。スイスの国際的なビジネススクールＩＭＤの世界競争力ランキングでは、ランキングが開始した１９８９年から１９９２年までは1位、90年代半ばまでは5位以内にランクインしていましたが、その後は順位を下げ、２０２２年には過去最低の34位となっています。これは、マレーシアやタイよりも低い順位です。このように、日本は「衰退途上国」ともいえる状況にあります。

海外では賃金が上昇する一方で、日本で賃金が低迷を続けていることは、過去30年間の日本経済の凋落の象徴といえます。

日本経済が過去30年間にわたって低迷している理由は、複合的で簡単に解決できる問題ではありません。ただし、日本の社会、経済を取り巻く環境が大きく変わる中、過去の成功に安住し、自己改革を行えなかったことや「当たり前の資本主義」が上手く機能せず、競争メカニズムが不十分だったことは大きな原因だと考えられます。規制や既得権益が新しい産業や新規参入を妨げ、また、企業を優遇する助成金や貸し付けの仕組みも、低生産性企業を温存することにつながっていると考えられます。

どうしたら、このような状況から脱却し、日本経済を再び成長軌道に乗せることができるのでしょうか？　私は、その大きなカギを握るのは労働市場だと考えています。経済の新陳代謝を促進し、生産性を向上させ、そして賃金を上げるには、活発な労働移動、つまり、労働市場の流動化が必要です。

流動的な労働市場では、人々はより自由に仕事を選択し、自分に合った仕事を見つけやすくなります。また、企業も人材の採用や配置がしやすくなるので、適材適所が達成されやすくなり、その結果、生産性が向上、経済成長につながると考えられます。

経済は生き物です。人間の細胞が入れ替わるように、経済も常に変化をし続けています。その中で、成長する企業やセクターが生まれる一方で、衰退する企業やセクターも生じます。経済が成長するためには、衰退する企業やセクターから成長する企業やセクターに、ヒト、モノ、カネといった経済のリソースが円滑に移動する必要があります。しかし、これは労働市場の流動性が高ければこそ実現ができます。つまり、労働市場が流動的であれば、企業間やセクター間で労働の再配置がスムーズに行われ、経済の新陳代謝が促進されることになります。

労働市場が流動化すると、雇用が不安定になり、労働者にとっては良くないと懸念する声もありますが、むしろ逆です。労働市場の流動化は、労働者にとって大きなメリットをもたらします。流動的な労働市場では、個人がライフスタイルや事情に合わせて働き方を自由に変えることができるからです。

流動的な労働市場とは、単に労働力の移動が活発というのではなく、労働者が移動する自由が十分にある市場のことです。個人の事情や価値観に応じて、自由に働き方を選ぶことができる市場が流動的な労働市場なのです。それは、躍動的で自由な労働市場とも言えます。しかしながら、現在の日本の労働市場は硬直的であり、働き方も生活も窮屈になってしまっています。

日本経済は、取り巻く環境の大きな変化に対応できずに閉塞状態に陥っています。一部の企業は、安価な非正規社員や技能実習生に代表される外国人労働者に依存し、また、デジタル化など必要な投資を怠ってきました。また、政府による過度な助成金や貸し付けの仕組みにより、本来は市場から退出せざるを得ない企業が生き残り、経済の新陳代謝が進まず、その結果、生産性は低下し、日本経済は30年にわたり凋落し続けています。

こうした閉塞状態から脱却するためには、労働市場の流動化を進め、市場において、生産性の高い企業が進出し、生産性の上がらない企業は退出するという経済のダイナミズムが行われる必要があります。しかし、日本の労働市場では特殊な雇用慣行により、市場メカニズムが上手く機能していません。もっとも、これは労働市場に限った話ではありません。日本では「当たり前の資本主義」が徹底されておらず、市場でしっかりと競争が行われて来なかったため、労働市場以外でも同様の問題が生じています。

日本は今後、人口の減少が続き、高齢化も進んでいきます。2023年4月に発表された最新の人口推計によると、2056年には日本の総人口は1億人を割り、2070年には8700万人と現在よりも3800万人ほど人口が減少すると見込まれています。これはカナダ一国分の人口がこの国からいなくなることを意味します。人口減少は労働力の減少や市場規模の縮小を通じて、経済の潜在成長を抑制すると考えられます。また、高齢化の進展は、社会保障費の増大をもたらし、国家財政にさらなる負担をかけることになります。

今、求められていることは、過去30年にわたる日本経済の凋落を止め、再び成長軌道に乗せることです。厳しい状況の中、日本経済を再浮上させることは容易なことではありません。しかし、日本には再び成長するポテンシャルがあります。今こそ、これまでの負の流れを断ち切る時です。未来を見据え、改革に挑む覚悟が必要です。改革は痛みや苦難を伴うものですが、それは新しい未来を切り開くための道のりであり、克服すべき課題でもあります。大胆かつリスクを恐れずに、現状を変える改革を断行することが、日本経済の再生と発展につながると考えられます。

本書を通じて、読者の皆様が最近の世界的なインフレについて理解を深めると同時に、日本経済が抱える課題や自身のキャリアについて考えるきっかけとなれば望外の幸せです。

一人負けニッポンの勝機　目次

第1章 50年ぶりの世界インフレに直面する日本

第2章 デフレに襲い掛かった世界インフレ

第3章 先進国で日本だけ「賃金抑制」が続く理由

第4章 衰退途上国からどう脱却するか

図版作成／室井浩明（STUDIO EYES）

第1章

50年ぶりの世界インフレに直面する日本

1 ― 上がり始めた物価

日本国内における物価上昇は、ますます深刻な問題となっています。

長年にわたり、物価が上がらないデフレが続いてきた日本ですが、2022年春以降、物価が上昇しはじめ、身近な商品の値上がりが実感されるようになってきました。とりわけ、食料品やエネルギー価格の上昇は、多くの家計を圧迫し、人々に深刻な影響を与えています。

このような状況下で、大手ファーストフードチェーンの日本マクドナルドは、2023年1月に約8割の商品の価格改定を実施しました。

例えば、ハンバーガーの価格は150円から170円に20円値上がり、ビッグマックの価格は410円から450円に40円値上がりしました。これに先駆けて、2022年3月と9月にも、ハンバーガーの価格が値上げされていました。3月には110円から130円に、9月には150円になりました。2022年の春と比べると、ハンバーガーの値段は1・5倍以上にもなりました。こうした価格改定の背景には、原材料などの高騰があります。

帝国データバンクの調査によると、2022年に値上げされた食品は主要メーカーだけでも

図1　電気代の推移

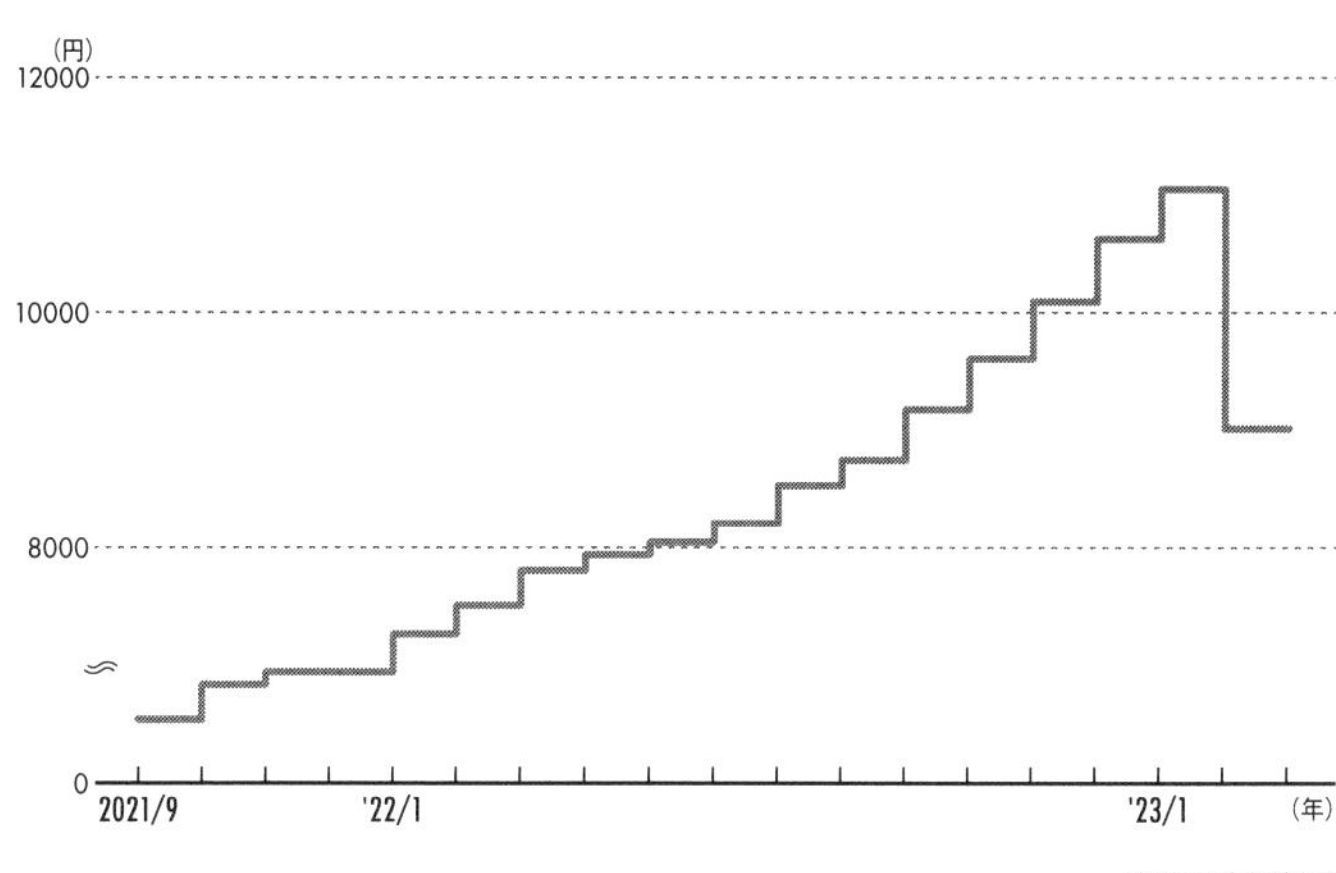

出所：日本経済新聞

2万品目以上で、値上げ率の平均は14%と、バブル経済崩壊以降の過去30年間では類を見ない記録的な値上がりの1年となりました。[1]

また、電気料金の値上がりも深刻な問題となっています（図1）。

東京電力ホールディングスが平均的な家庭の使用料としている「標準料金」（「スタンダードS」で30アンペア、260キロワット時）においては、2021年の月額表金が6370円だったのに対し、2022年には7683円に上昇し、さらには、2023年1月には1万1222円にまで上昇しています。この2年間で、電気代は倍近くになったのです。

さらに、2023年6月には大手電力会社が電気料金を値上げ、値上げ幅は約15%から約40%に及びました。日本政府は高騰する電気代の負担軽減のため、2割程度の補助を2023年2月から

図2　燃料の輸入価格

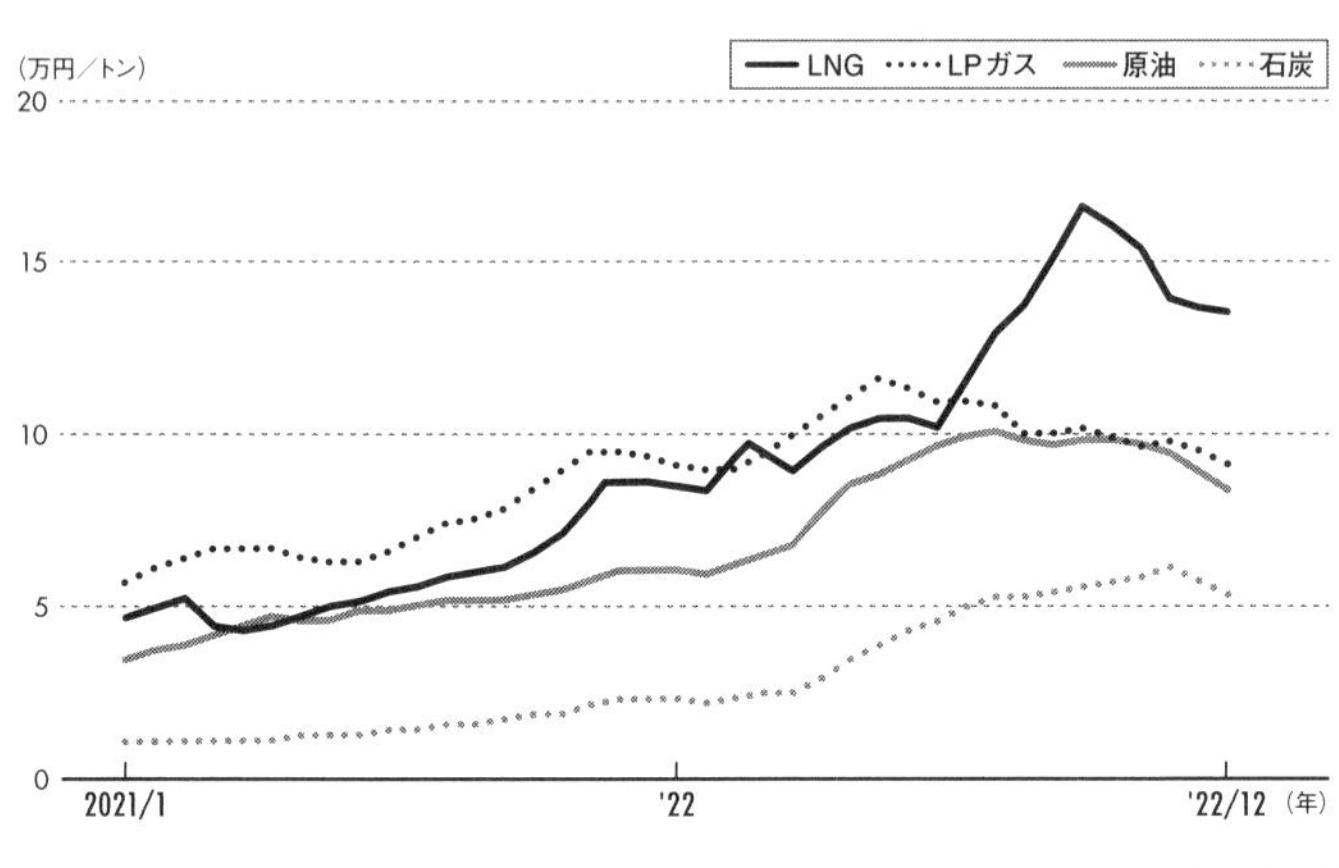

出所：貿易統計

出しています。

電気料金の上昇の背景には、資源価格の高騰があります（**図2**）。燃料の輸入価格は以前から上昇傾向にありましたが、2022年に大きく上がりました。ロシアによるウクライナ侵攻や円安進行が、この上昇を加速させたのです。液化天然ガス（LNG）の輸入価格は2022年後半には減少傾向となりましたが、それでも2022年12月の輸入価格は、コロナ禍前の2019年12月に比べて2・5倍になっています。また、石炭の価格も5倍に跳ね上がりました。

日本は石油や天然ガスなど化石燃料を自給できず、ほぼ輸入に頼っています。現在、日本の電力供給の約7割は、LNGや石炭に依存しているため、燃料の価格上昇や円安で電力価格の大幅な上昇を引き起こしています。

この問題に根本的に対処するには、再生可能エネルギーや原子力を使う割合を高めることが必要です。化石燃料に頼らず、持続可能なエネルギー源を利用することが、気候変動対策にも経済的にも望ましいと言えます。

2　インフレとは何か？

インフレと物価

ここまで、ハンバーガーの価格や電気料金など、個々の商品やサービスの価格変化を見てきましたが、モノやサービスの値段が全体的に上がることを「インフレ」といいます。

インフレとは、英語で「膨張する」という意味の「インフレーション」が短縮された言葉で、経済においては、物価が持続的に上昇することを指します。これに対して、物価が持続的に下落することを「デフレーション」（デフレ）と呼びます。なお、第2次世界大戦後、先進国で本格的にデフレが観察されたのは、日本だけです（日本のデフレについては第2章で詳しく述べます）。また、物価が上がりにくい状態が続くこともあります。これを「ディスインフレーション」と呼びます。

物価上昇によって、私たちの生活に様々な変化が訪れる可能性があります。ところで、物価とは何でしょうか？

物価とは、世の中のモノやサービスの値段を総合的に表したものです。

リンゴしかない世界であれば簡単です。大きさ、種類、品質などが同じリンゴしか存在しない世界を考えてみましょう。この世界では、物価はリンゴの価格になります。つまり、リンゴの価格が上がると、物価も上がり、リンゴの価格が下がると、物価も下がります。

でも、現実世界では、世の中には様々な商品やサービスがあります。一つや二つの商品の値段の変化だけを見ても、全体的な物価動向を正確に把握することはできません。例えば、ガソリンの価格が1リットルあたり30円上がったり、ハンバーガーの価格が1・5倍になったとしても、それだけで物価全体が上がったとはいえません。膨大な商品全体に比べて、ガソリンやハンバーガーの価格は小さな存在であり、それだけが上がったところで、物価にはほとんど影響はありません。

物価の動きを測るもの

全体的な物価の動きを測るには、様々な商品やサービスの価格を調査し、その平均的な変化を把握する必要があります。そこで用いられるのが、消費者物価指数（CPI）、企業物価指数（CGPI）、GDPデフレーターなどの指標です。

物価とは、多くの商品やサービスの価格を総合したものであり、物価そのものを何円という形で表すことができません。そのため、物価の動きは、比較の基準となる時点（基準時）を決めて、その時点の物価に対して、どの程度上がったり下がったりしたかを比率の形で表現します。このように物価を比率の形で表したものを物価指数と呼びます。

商品の価格には、生産者が出荷する際の生産者価格、卸売業者が小売店などに販売する際の卸売価格、小売店が消費者に販売する際の小売価格など、商品の流通過程に応じていくつかの段階があります。それぞれの段階ごとに物価をとらえて、消費者物価指数や企業物価指数などが作成されています。

消費者物価指数は、消費者がモノやサービスを購入する段階の物価をとらえたもので、私たちが日常的に購入する商品やサービスの価格を把握するための指標です。これに対して、企業物価指数は、企業間で取引される財の価格から計算される指数です。

また、GDPデフレーターは、GDP統計で示される価格に関する指数です。GDPデフレーターは、GDPに含まれるすべての財やサービスを対象としているので、消費者物価指数や企業物価指数よりも包括的な物価指数ですが、国内生産品のみを対象としています。これに対して、他の2つの物価指数は輸入品の価格も含みます。

これらの中で、最も広く使われているのは消費者物価指数です。消費者物価指数は、私たちの日常生活に必要なモノやサービスの価格変動を計測するための指標で、消費者がよく購入する商品やサービスを「買い物かご」に入れたと考え、その全体の費用を計算して求められます。もちろん、数えきれない商品やサービスをすべてカバーすることは不可能なので、食料品、住宅費、エネルギー費、医療費、教育費、衣料品、携帯電話通信料などの582品目が代表として選ばれ、買い物かごに入っています。

これらの582品目は、それぞれ価格変動が異なります。大きく値上がりするものもあれば、値下がりするものもあります。家計にとってそれほど重要でない商品やサービスが少々値上がりしても、生活費全体に与える影響は小さいですが、日常生活品などの重要な商品・サービスの価格変動は、生活費に大きな影響を与えます。

そこで、各商品やサービスの値動きをまとめてひとつの指数にするには、それぞれの品目が支出全体に与える影響の度合いを考慮する必要があります。この影響度合いを示すものが「ウエイト」です。消費者物価指数では、このウエイトは総務省「家計調査」の結果をもとに設定されています。そのため、消費者物価指数を見ることで、消費者が直面している物価の動きを知ることができます。

なお、日本銀行は2013年1月に「物価安定の目標」を消費者物価の前年比上昇率2％に設定し、消費者物価指数の動向を注視しています。

約41年ぶりのインフレ

消費者物価指数の数字を見てみましょう。

２０２３年６月の消費者物価指数（２０２０年＝１００）のうち、すべての対象商品によって算出される「総合指数」は１０５・２で前年同月比は３・３％の上昇でした。約41年ぶりの高さとなった１月の物価上昇率４・３％よりは、政府による電気、ガス料金の補助金効果により伸び率は鈍化したものの、依然として高水準となっています。

「総合指数」には、天候に左右され変動の大きい「生鮮食品」が含まれます。そこで、物価変動の基調を知るためには、生鮮食品を除く総合指数が良く用いられます。生鮮食品を除く総合指数は「コア指数」と呼ばれます。

また、ガソリンや電気代などのエネルギーは海外要因で変動する原油価格の影響を受けます。そこで、生鮮食品とエネルギーの両方を除いた指数も物価の基調を見る際に使用されます。

２０２３年６月の生鮮食品を除く総合指数は１０５・０で、前年同月比で３・３％上昇しました。また、生鮮食品とエネルギーを除いた総合指数は４・２％上昇しました。これは、消費税導入の影響を除くと、１９８１年９月以来41年６か月ぶりの伸び率です。

日本では長年、物価が上がりませんでしたが、２０２２年春頃から物価が徐々に上がってきています。

図３は消費者物価指数の上昇率の推移を見たものです。物価の基調を表す生鮮食品を除く総合指数の上昇率を見ると、２０２２年４月に２・１％に上昇し、日本銀行がターゲットとする２％を超えました。インフレ率が２％を超えるのは消費増税の影響を除けば、約14年ぶりのこ

図3　消費者物価指数（前年同月比、%）の推移

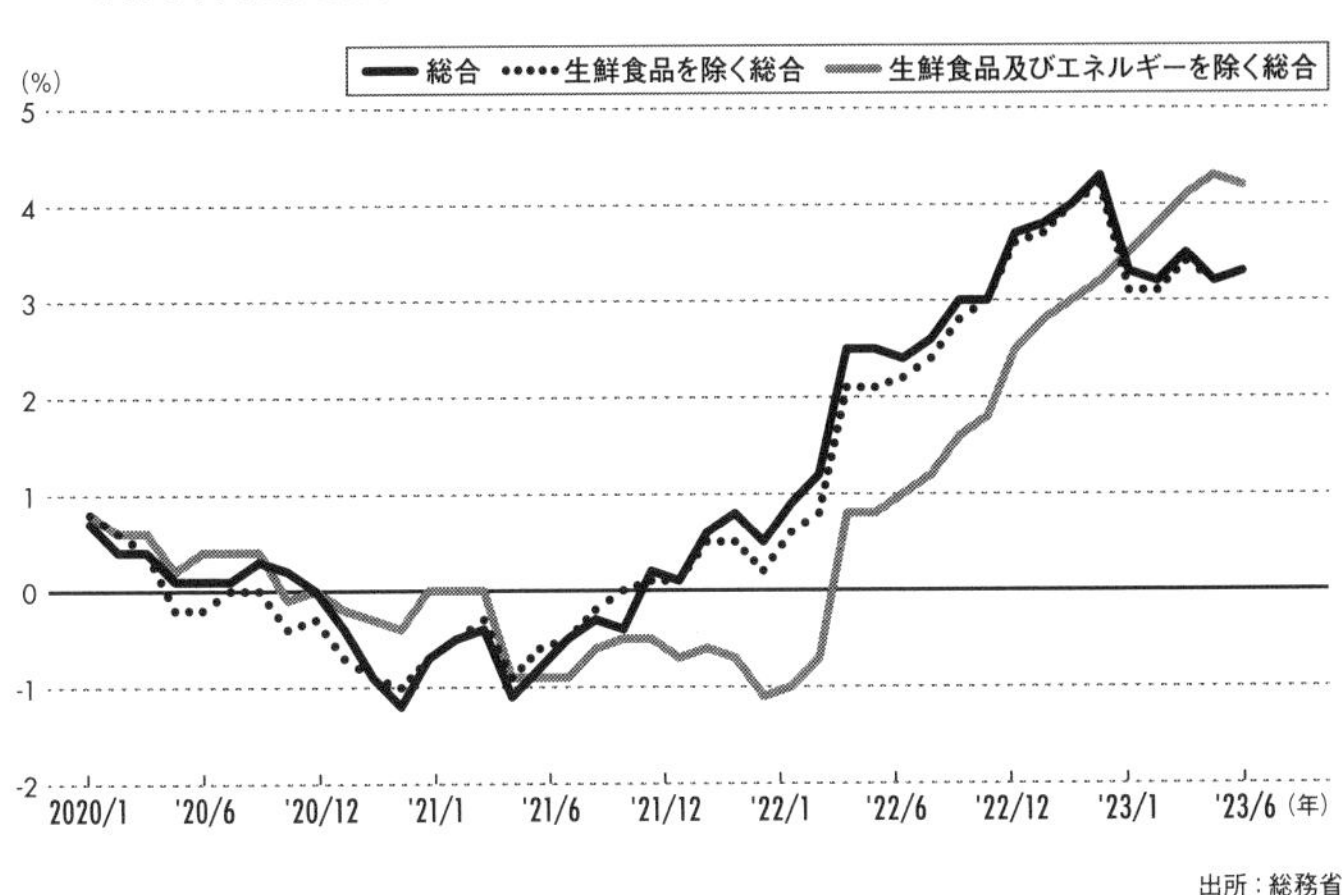

出所：総務省

とでした。インフレ率はその後も上昇し続け、2022年9月には3％となり、2022年12月には4％となりました。

日用品の値上がりも目立っています。生鮮食品を除く食料品の上昇率は2023年6月に9・2％となんと約47年ぶりの高水準となっています。食品メーカーが相次ぎ実施した値上げが店頭価格に反映されています。料理に欠かせない食品は値上がりをしたからといって、急に消費を減らすことはできず、消費者に深刻な影響を与えています。

次に、モノとサービスを分けてそれぞれのインフレ率を見ておきましょう。消費者物価指数は582品目の値段から計算されますが、そのうち、財は442品目、サービスは140品目となっています。ただし、財とサービスの物価への影響度合いであるウエイトはほぼ同じです（**図4**）。

財の価格は、2021年春頃から上昇傾向にあ

図4　財・サービス別インフレ率の動向(%)

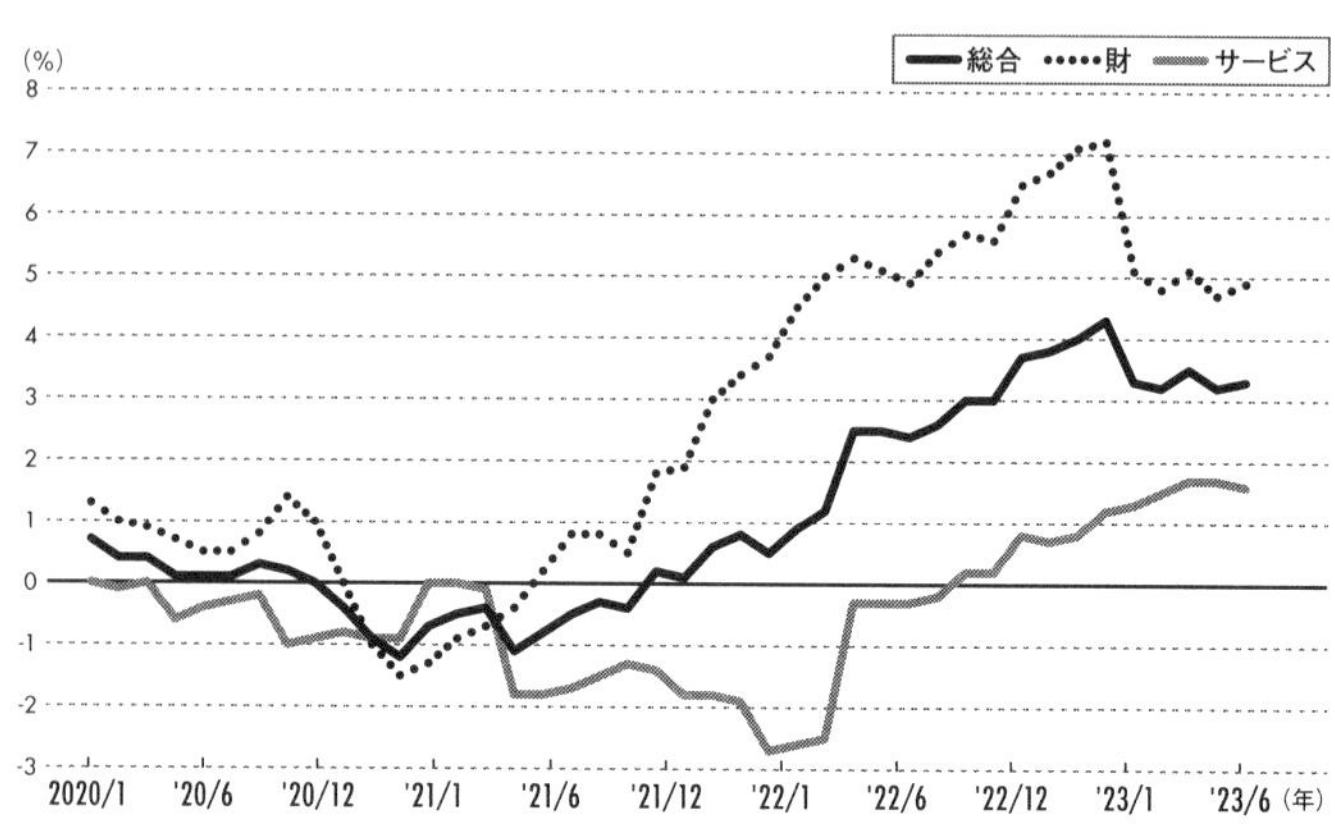

出所：総務省

ります。2021年5月の財の物価上昇率（前年同月比）は0・2%でしたが、2022年3月には5%に達し、2023年1月には7・2%まで上昇しました。その後、上昇のペースは鈍化しましたが、2023年6月の上昇率は4・9%と依然高い水準となっています。

一方、サービスの価格の上昇率は、携帯電話料金の値下げが大きく影響し、2021年春からはマイナスとなっていましたが、2022年8月にプラスに転じ、2023年6月には1・6%になりました。ただし、財の価格上昇率に比べると、サービスの価格上昇率は大分低い水準にあります。

このような背景には、新型コロナウイルス感染症拡大の影響があります。コロナ禍前の2017年から2019年までの3年間、財とサービスの価格上昇率は平均でそれぞれ1・1%と0・2%でした。つまり、この時期でも、サービスより財

図5　企業物価指数

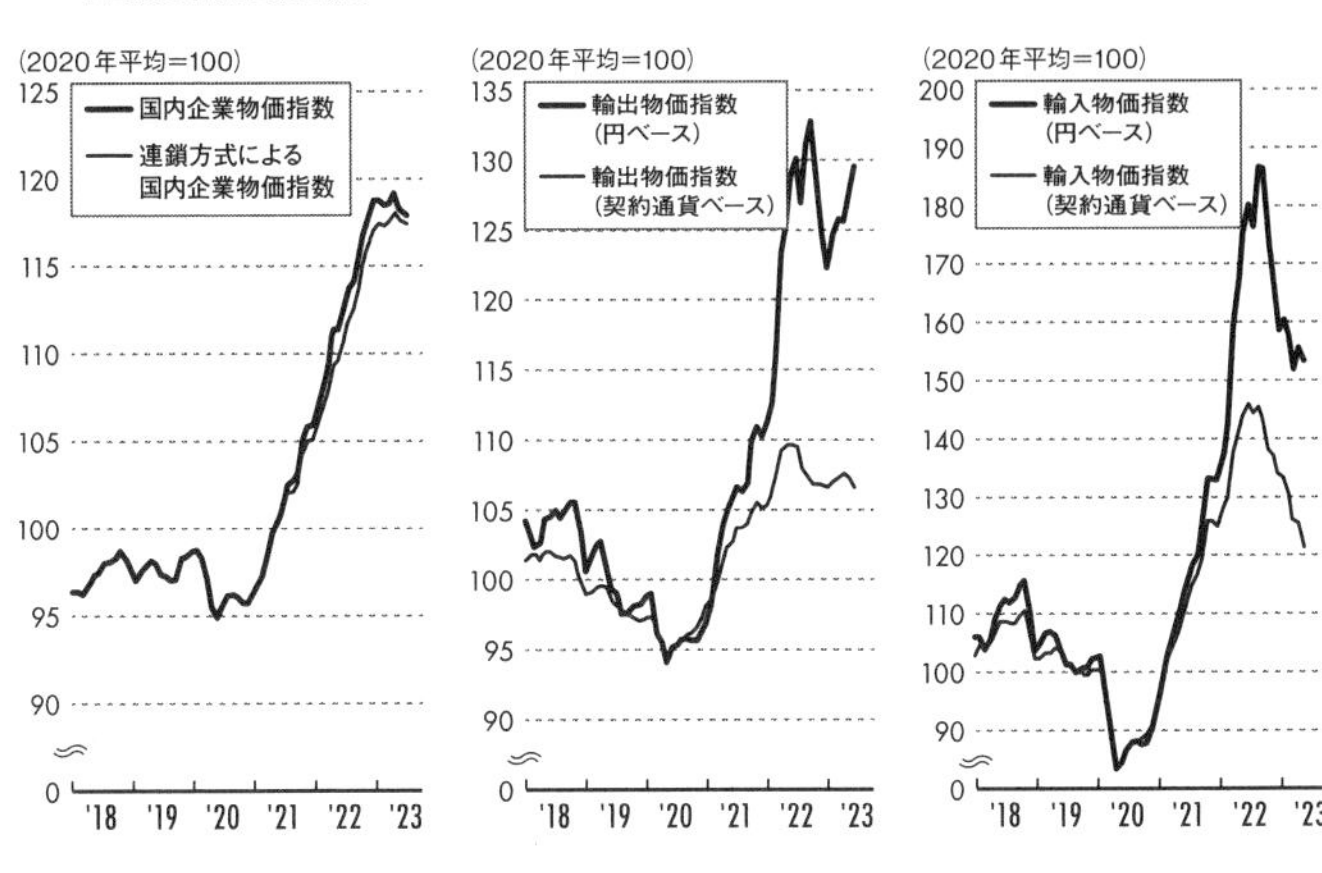

出所：日本銀行

の価格上昇率の方が高い状態でしたが、それでもサービス価格の上昇率はプラスでした。しかし、2022年春頃からは、財の価格上昇率はプラスが続く一方で、サービス価格の上昇率はマイナスになりました。

これは、2020年春から2022年春にかけて、緊急事態宣言やまん延防止等重点措置といった行動制限が断続的に措置されたため、サービス需要が低迷した一方で、財への需要は在宅時間の長期化もあり拡大したことが原因と考えられます。

企業物価指数の動き

次に、企業間で取引するモノの価格動向を示す「企業物価指数」の動きを確認しましょう。

図5をご覧ください。これは、企業物価指数の推移を示したものです。企業物価指数は、日本銀

行が毎月公表しているもので、国内の企業間取引における商品の価格変動を指数化した国内企業物価指数のほか、輸出品の価格を対象とした輸出物価指数、輸入品の価格を対象とした輸入物価指数があります。

国内企業物価指数は、2020年平均を100とした場合、2021年には104・6、2022年には114・7となっています。2023年6月には119・0と、過去最高だった2023年4月から横ばいとなっています。前年比で上昇率を見ると、2021年は4・6%だったのに対し、2022年には9・7%へと大きく上昇し、その後も、高水準で推移しています。年間ベースの伸びは、比較可能な1981年以来で最高の水準に達しています。

次に、輸入物価指数を見ましょう。輸入物価指数は、輸入品が日本に入着する段階の価格を調査したものです。海外の市況の影響を受けるので、変動が激しくなる傾向にあります。また、輸入契約は外貨建てで行われることが多いため、為替要因によっても大きく変動することがあります。そのため、輸入物価指数には、外貨建ての契約額を円換算した円ベースと、契約通貨ベースの2種類が公表されています。

輸入物価指数（2020年平均＝100）は、円ベースで2021年に121・6、2022年に169・1と上昇し、契約通貨ベースでは2021年に118・7、2022年に144・0となっています。2022年の上昇率（前年比）を見ると、円ベースは39・0%と、ドルなど契約通貨ベースの21・3%を大きく上回っており、輸入物価の上昇の約半分が円安要因ということがわかります。

２０２３年６月の円ベースの輸入物価指数は１５７・９で、前年同月比でマイナス11・３％となっています。上昇率は、２０２２年７月に49・２％でピークを迎え、その後もしばらくは高水準を維持していましたが、２０２３年４月からマイナスに転じています。

品目別に２０２２年（平均）の上昇率を見ると、電力・都市ガス・水道が36・０％、鉱山物が27・３％と、全体を押し上げていることがわかります。また、為替や資源価格の影響を受けやすい鉄鋼は26・７％、石油・石炭製品は18・０％と高い伸びを示しています。一方で、飲食料品は５・６％、繊維製品は４・０％上昇するなど、消費者に近い川下でも値上げが広がっています。輸入物価の上昇を主因としたサプライチェーンの川上の上昇が、川中、川下へと転嫁されているといえます。ただし、足元では、国際商品価格の下落や円安進行の一服を背景に、川上に近い商品では価格が下落に転じています。

企業は膨らんだコストを販売価格に転嫁できない場合、その収益が圧迫されます。これまで日本企業は、薄い利益率で耐えてきましたが、コスト削減努力だけでは吸収しきれない状況におかれています。

値上げは消費者にとって痛いものですが、値上げができないと企業にとっては大きな打撃となります。のちほど詳しく説明しますが、価格転嫁がうまくできてこなかったことが日本の問題のひとつです。

日本企業が値上げをしないのは、景気が改善しても賃金が上がらず、消費者が値上げを受け入れないという考え方が根強いためです。しかし、現在では価格転嫁が進んでいることを示すデータもあります。帝国データバンクによると、2022年には食品の主要メーカーだけでも2万品目以上の食品が値上げされています。これは、日本の経済にとって重要なポイントであり、価格転嫁が今後も進んでいくかどうかによって、企業の収益性や消費者の生活に大きな影響を与えると考えられます。

消費者のマインドも変化？

こうした中、消費者も物価が上がっていることを実感し、さらに、今後も物価上昇が続くと予想しています。

日本銀行の「生活意識に関するアンケート調査」は、国民の現在の物価に対する実感を調査しています**（図6）**。2023年6月の調査では、1年前と比べて物価が上がった（「かなり上がった」と「少し上がった」の合計）と答えた人の割合がなんと95・5％となっています。これは、過去最高だった2008年9月の94・6％をさらに上回る驚くべき数字です。物価が上がったと回答した人のうち、86％が「物価上昇はどちらかと言えばこまったこと」だと答えています。

図6　物価についての実感

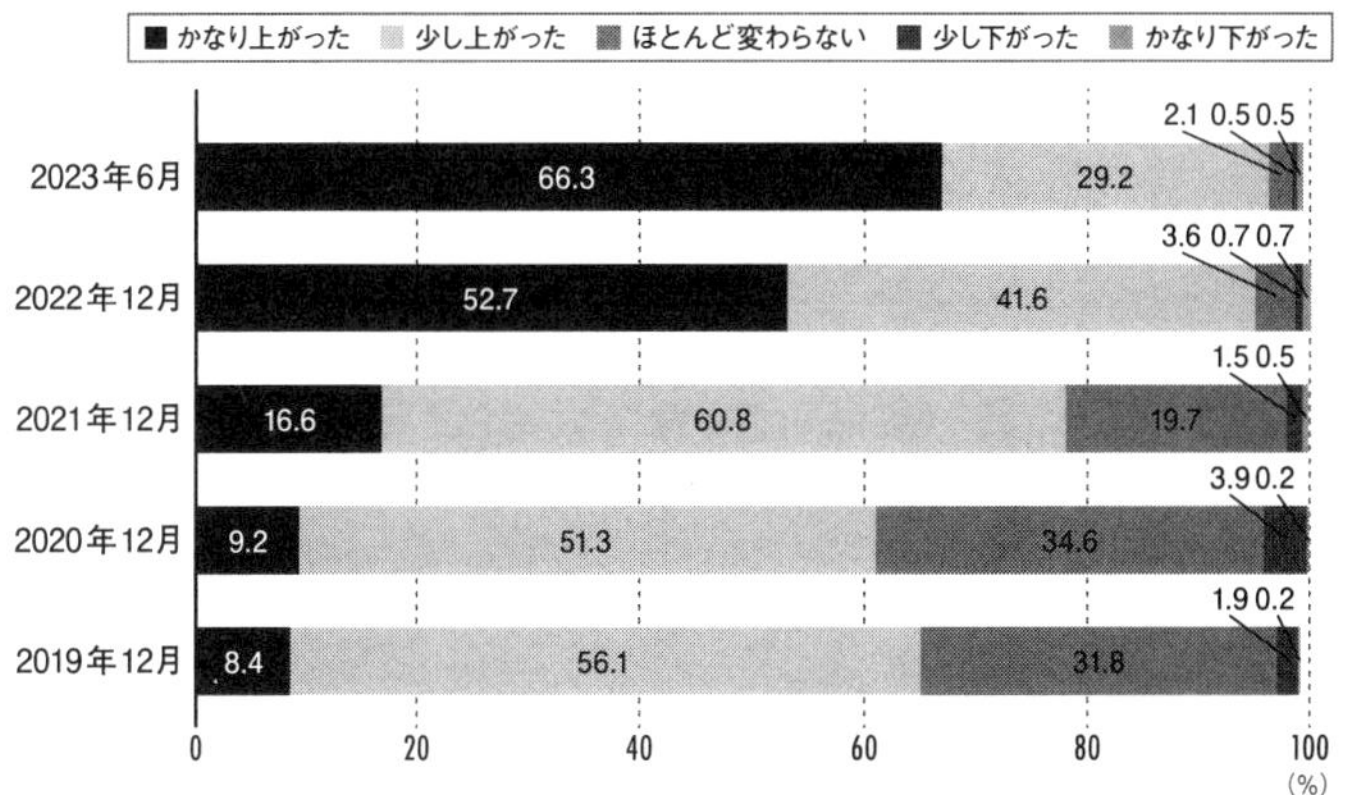

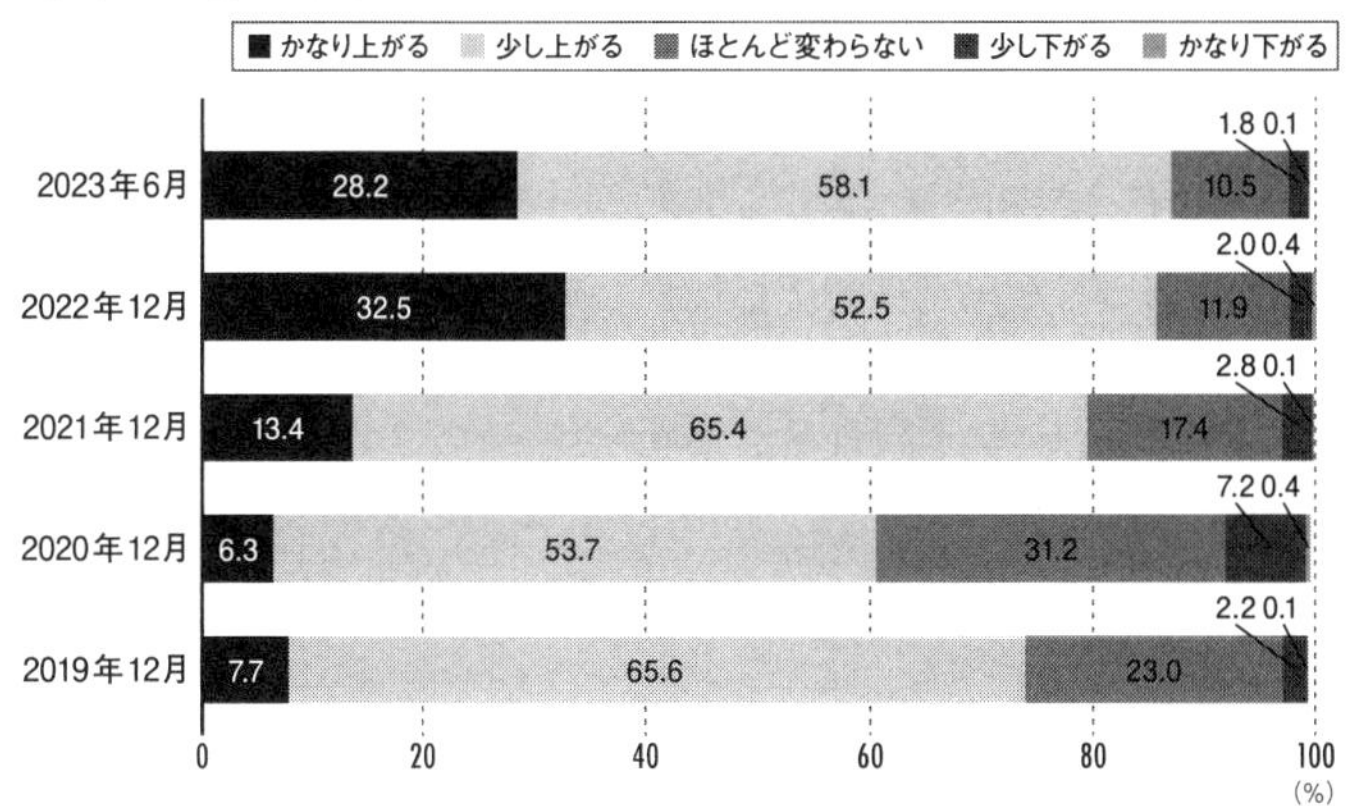

出所：日本銀行

これは、企業で価格転嫁の動きが続き、食料品や日用品などの幅広い品目で値上げが相次いだことが影響していると考えられます。人々は、1年前に比べて、現在の物価は15％程度、上がったと実感しています。

また、同調査では、1年後の物価の予想についても聞いています。「1年後の物価は、現在と比べるとどうなると思いますか」という質問に対しては、上がる（「かなり上がる」と「少し上がる」の合計）との回答割合が86％となっています。8割を超える個人が1年後にもさらに物価が上昇すると見ているのは、近年ない動きです。1年後の物価が今と比べて何％程度変化するか具体的な数値を聞いたところ、平均値は10・5％上昇と過去最高だった2023年3月調査の11・1％上昇よりも若干低下したものの依然として高い数字となっています。

内閣府の「消費動向調査」（2023年2月実施調査）でも、消費者が予想する1年後の物価は、上昇率が「5％以上」と回答した人が66・8％と、遡れる2004年4月以降で過去最高となるなど、多くの人が物価の上昇が続くと見ています。

3 インフレは世界的現象

世界同時インフレの実態

インフレは世界中で広がっています。グローバルにいろいろな国で同時発生的にインフレが起きるというのは実に半世紀ぶりのことです。

欧米の中央銀行は高インフレに対処するために、金利を引き上げる、つまり、金融引き締めを行っています。こうした施策の効果もあってインフレ率は多少頭打ちになっていますが、いまだに高水準です。

あらためて世界でインフレがどのように推移してきたのかを確認しましょう。

図7を見てください。これは過去約20年間のアメリカ、ユーロ圏、日本のインフレ率の推移を示したものです。

アメリカ、ユーロ圏のインフレ率は２０００年から２０２０年に平均２％程度で安定的に推移していましたが、２０２１年からインフレが加速しています。

アメリカのインフレ率は２０２１年４月に前年同期比で４・２％と３月の２・６％から大き

図7　インフレ率の推移

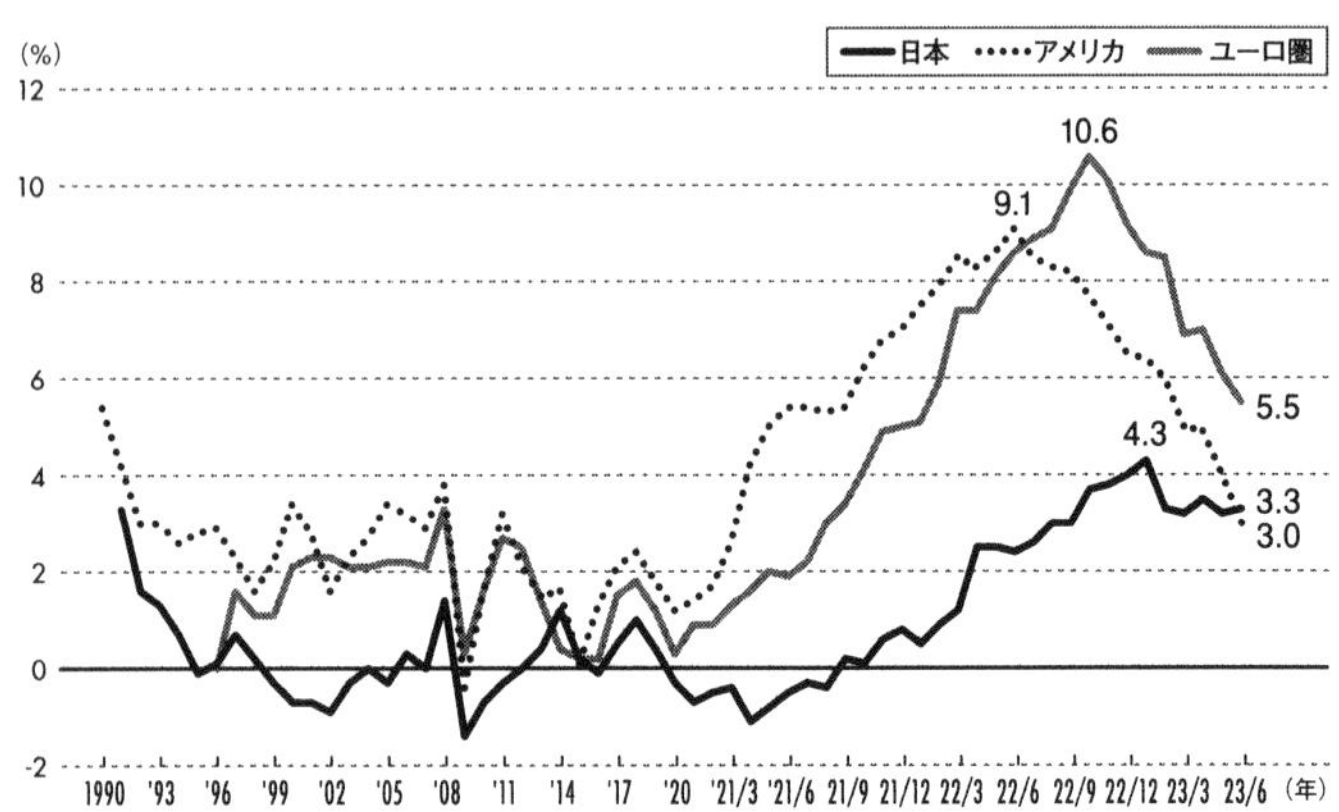

出所：総務省、Eurostat、U.S. Bureau of Labor Statistics

く伸び、その後も上昇を続けます。2022年6月には9・1%と約40年ぶりの高水準となりましたが、その後、12か月連続で鈍化し、2023年6月には3・0%となっています。

ユーロ圏では、2022年10月に消費者物価指数は前年同月比10・6%上昇しました。これは、統計で遡れる1997年以降で過去最高の水準でした。その後、インフレ率は鈍化し、2023年6月には5・5%となっていますが、依然として高い水準にあります。

どうして、半世紀ぶりに世界インフレが起きたのでしょうか？　また、世界で起きているインフレと日本で起きているインフレは同じなのでしょうか、あるいは違うのでしょうか。これらについては第2章で詳しく説明しますが、今、世界中でインフレが拡がっている主要因は新型コロナウイルスによるパンデミックです。パンデミックでモ

表1　IMFによるインフレ予測

	2000-19平均	2020	2021	2022	2023	2024
世界	3.9	3.2	4.7	8.7	6.8	5.2
先進国	1.8	0.7	3.1	7.3	4.7	2.8
日本	0.1	0.0	-0.2	2.5	3.4	2.7
アメリカ	2.0	0.9	2.6	9.1	4.4	2.8
ユーロ圏	1.7	0.3	2.6	8.4	5.2	2.8
新興市場国・発展途上国	6.0	5.2	5.9	9.8	8.3	6.8

注：2022年以降は推計値

出所：IMF

ノやサービスを供給する体制が不安定になりました。また、欧米では経済が本格的に再開されていますが、そうした中で需要が高まってきています。しかし、それに供給が追いつかないため、インフレが起きています。これに、2022年2月に勃発したロシアによるウクライナ侵攻による穀物価格やエネルギー価格の上昇が加わり、インフレが加速したのです。

世界経済の行方

今後、インフレはどうなっていくのでしょうか？

世界的に注目される予測のひとつが、国際通貨基金（IMF）の「世界経済見通し」です（**表1**）。IMFや世界銀行、経済協力開発機構（OECD）などの国際機関は、年に複数回、経済見通しを公表しています。ＩＭＦは、毎年4月と10月に経済見通しについて詳しい報告書を公表し、1月と7月にも成長率などの予測を改訂しています。

２０２３年7月の「世界経済見通し」（本書執筆時点で最新のもの）によると、世界のインフレ率は、２０２２年の８・７％から、２０２３年に６・８％へと鈍化し、２０２４年には５・２％へとさらに鈍化すると予測されています。ただし、これはコロナ禍前の２０１７～19年の水準である約３・５％を上回っています。

先進国では、インフレ率が、２０２２年の７・３％から２０２３年には４・７％、２０２４年には２・８％に低下すると予測されています。一方、新興市場国と発展途上国では、インフレ率は、２０２２年の９・８％から２０２３年には８・３％、２０２４年には６・８％に低下すると予想されています。なお、これは、パンデミック前の平均である４・９％を上回る見通しです。

ＩＭＦは２０２２年7～9月期に世界の総合インフレ率はピークに達したとの見解を示しています。世界的な需要低迷を受けた国際商品価格の下落と金融政策の引き締めによって需要が冷え込んだことにより、インフレが低下しつつあるということです。ただし、完全な形で金融引き締めによるインフレ鎮静化は、２０２４年までは見られないと予測されています。

4　インフレはなぜ起こるのか？

総需要と総供給のバランスで決まる

ここで、インフレがどのように生じるのかについて解説しましょう。

経済学では、財やサービスの価格と取引量は、需要と供給のバランスで決まると考えられています。

一般に、需要が供給よりも多い場合、価格が上がります。例えば、多くの人がリンゴを買いたくても、人数分のリンゴがなければ、普段よりも多少高くてもリンゴを買おうとする人が出てきます。これが、需要が供給を超過する場合です。逆に、供給が需要を上回れば、価格は下がります。このように個々の商品やサービスの価格はその需要と供給の関係で決まります。

インフレとは、世の中のモノやサービスの値段を総合的に表した物価が持続的に上昇することです。物価は、総需要と総供給のバランスで決まります。総需要とは、経済全体の需要をすべて足したものであり、総供給とは経済全体の供給をすべて足したものです。個々の財やサービスの価格の場合と同様に、総需要が総供給を上回れば、物価が上昇し、インフレが発生しま

図8　需要・供給のグラフ

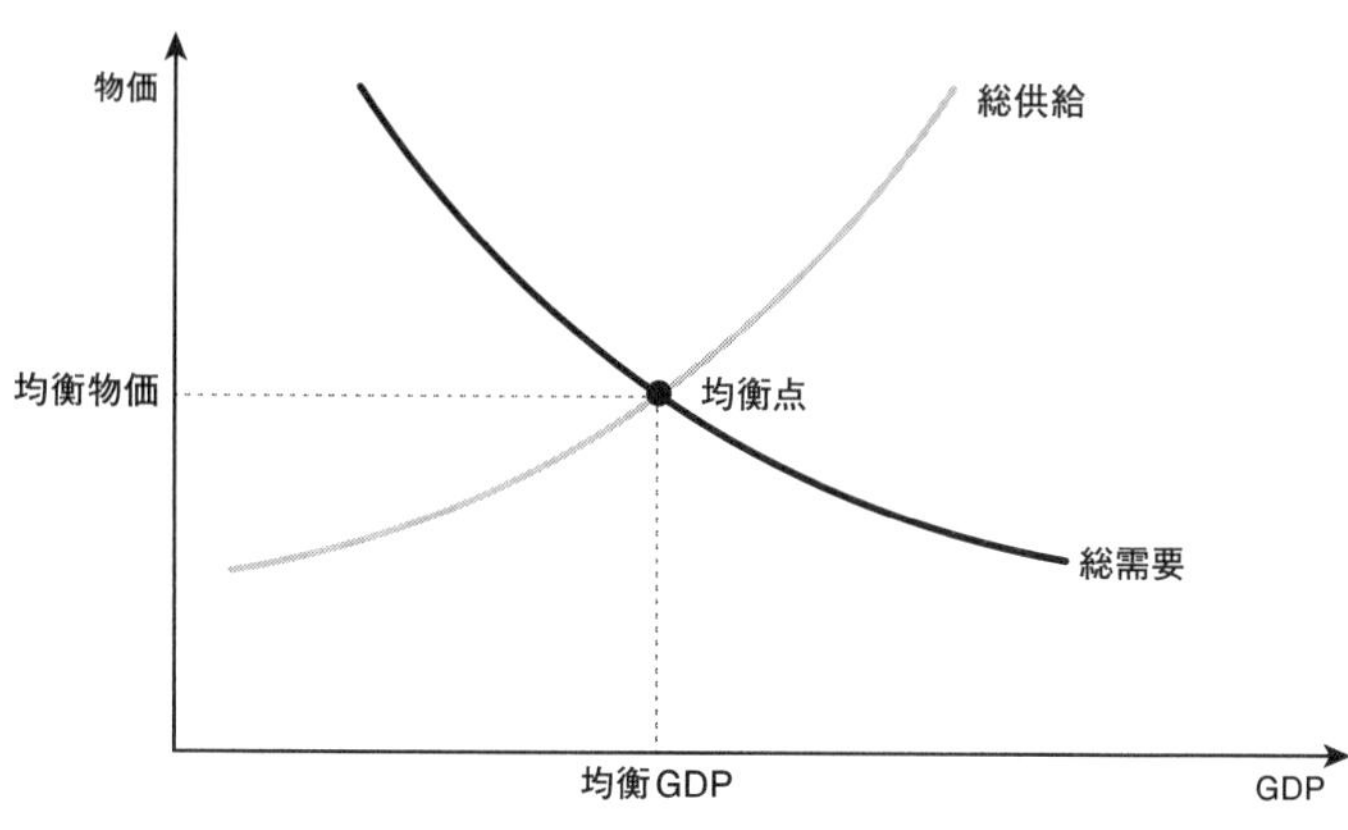

す。逆に、総供給が総需要を上回れば、物価は下がります。

これは図で考えるとわかりやすいと思います。横軸に財やサービスの量（GDP）を、縦軸に物価をとったグラフで考えましょう（図8）。このグラフ上で、総需要は右下がりの曲線、総供給は右上がりの曲線で表されます。この曲線は、それぞれ総需要曲線と総供給曲線と呼ばれます。

右下がりの総需要曲線は、物価が低い時には総需要が多く、物価が高くなると総需要が減少することを示しています。一方、右上がりの総供給曲線は、物価が低い時には総供給が少なく、物価が高くなると総供給が増えるということを示しています。

そして、総需要曲線と総供給曲線が交わる点は「均衡点」と呼ばれ、そこで物価とGDPが決まります。

図9　**超過需要と超過供給**

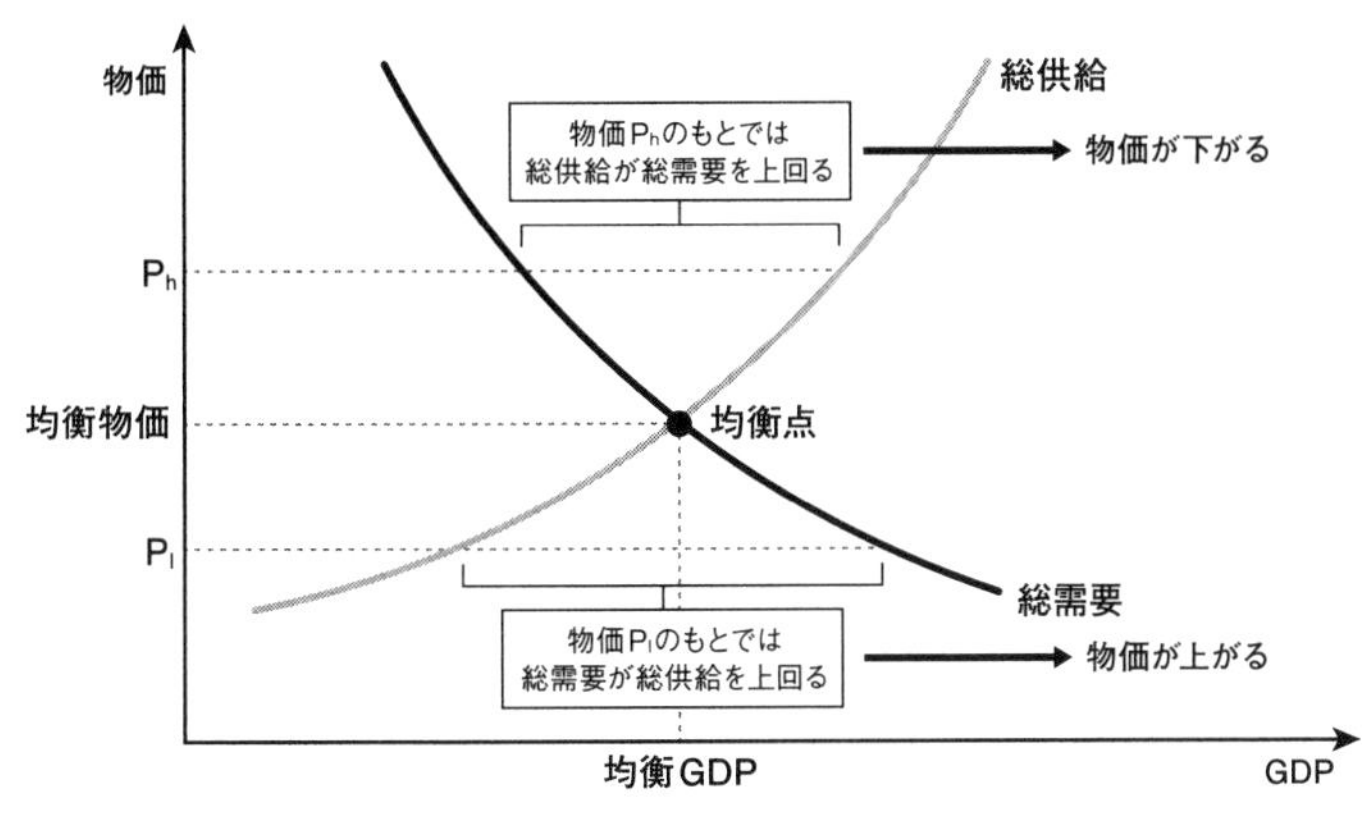

もし、物価が均衡の物価よりも高い場合（図9）、総供給が総需要よりも多くなり、財やサービスが余っている状態になります。その結果、物価は下がるように調整されます。この価格の調整は、総需要と総供給が一致するまで行われます。逆に、物価が均衡の物価よりも低い場合は、超過需要が発生するため、物価は上昇します。

良いインフレと悪いインフレ

さて、この総需要・総供給曲線を用いることで、インフレの発生理由を分析することができます。インフレは、総需要曲線が右にシフトするか、総供給曲線が左にシフトすることで発生します。

はじめに、総需要曲線が右にシフトする場合を考えてみましょう。**図10**のように、総需要曲線が右にシフトすると、均衡点は右上に移動します

図10　ディマンドプル・インフレーション

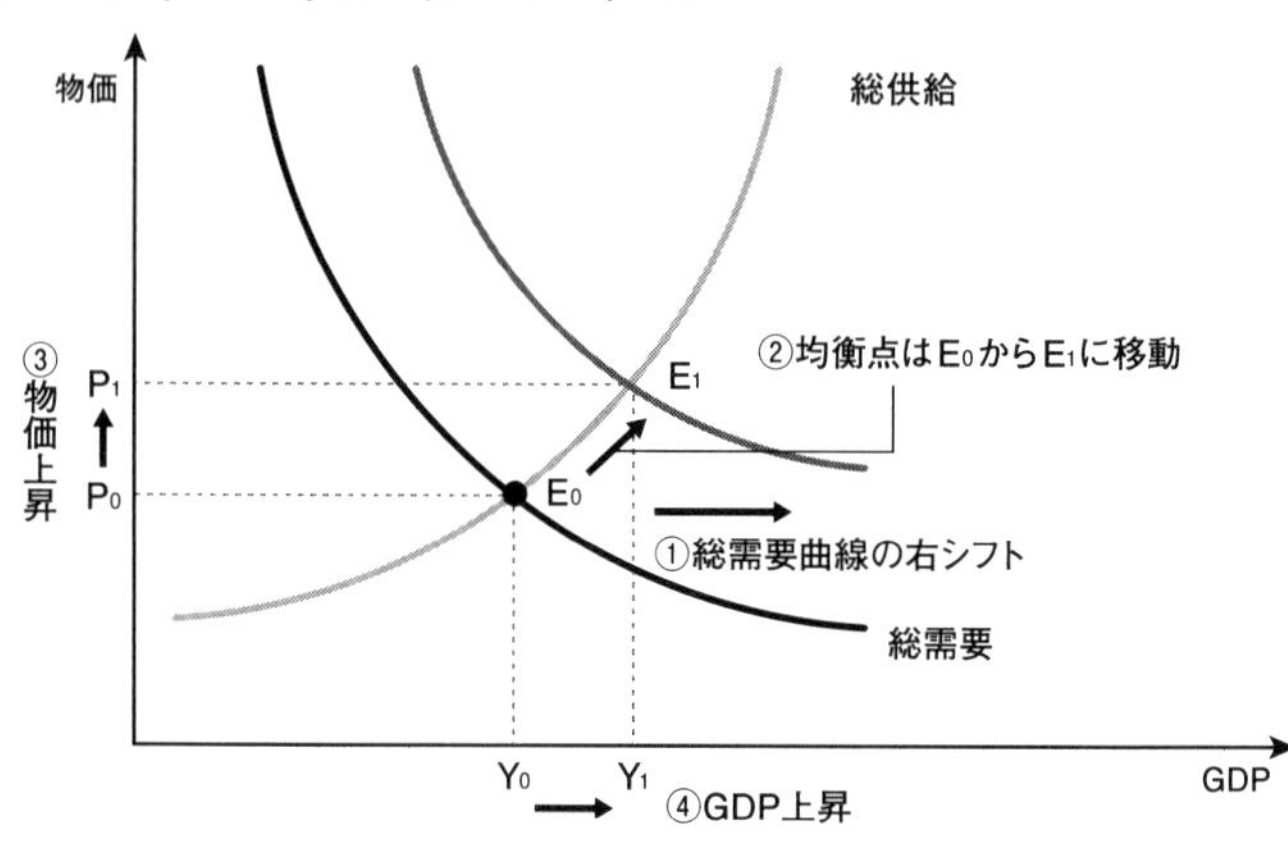

（点E0から点E1に移動します）。つまり、物価が上がり、財やサービスの取引量が増えることがわかります。

このように、総需要曲線が右にシフトすることで生じるインフレを「ディマンドプル・インフレーション」といいます。

総需要曲線が右にシフトするということは、総需要が増加したということです。つまり、商品やサービスを求める人が増えるため、物価が上昇し、取引量が増加します。需要が引っ張ることによって物価が上がるので、ディマンドプル・インフレーションと呼ぶのです。

総需要の増加は様々な要因によって生じるので、ひと口にディマンドプル・インフレーションといってもその原因はいろいろです。

例えば、景気が良くなり、経済で総需要が拡大すれば、インフレになります。景気が良くなると商品の価格が上がり、景気が悪くなると下がるというのは、多くの方の感覚に合うのではないでしょうか。

インフレは、モノやサービスの価格が上がっていくことなので、決して良いことではありませんが、景気が良くなるため、ディマンドプル・インフレーションは「良いインフレ」といわれることがあります。

また、政府支出が増えると、経済の総需要が増えるので、やはり総需要曲線は右にシフトします。その結果、経済活動の水準は上昇し、物価も上がります。つまり、景気対策としての財政政策はインフレを生じさせます。

経済学では、経済全体のお金の量（貨幣供給量）が総需要を変化させる重要な要因だと考えられています。これは「貨幣数量説」と呼ばれるもので、生産能力の拡大以上に貨幣供給量が増えると、物価が上昇し、インフレになるというものです。貨幣供給量は、中央銀行が基本的にコントロールすることができるので、この考え方に基づくと、金融政策が物価に影響を与えることになります。

インフレは総供給曲線のシフトによっても発生します。総供給曲線が左にシフトしたとしましょう。**図11**からわかるように、均衡は点E_0から点E_1へ移動します。つまり、経済全体の財やサービスの取引量は低下し、物価が上昇します。

総供給曲線が左にシフトして起こるインフレを、「コストプッシュ・インフレーション」とい

図11　コストプッシュ・インフレーション

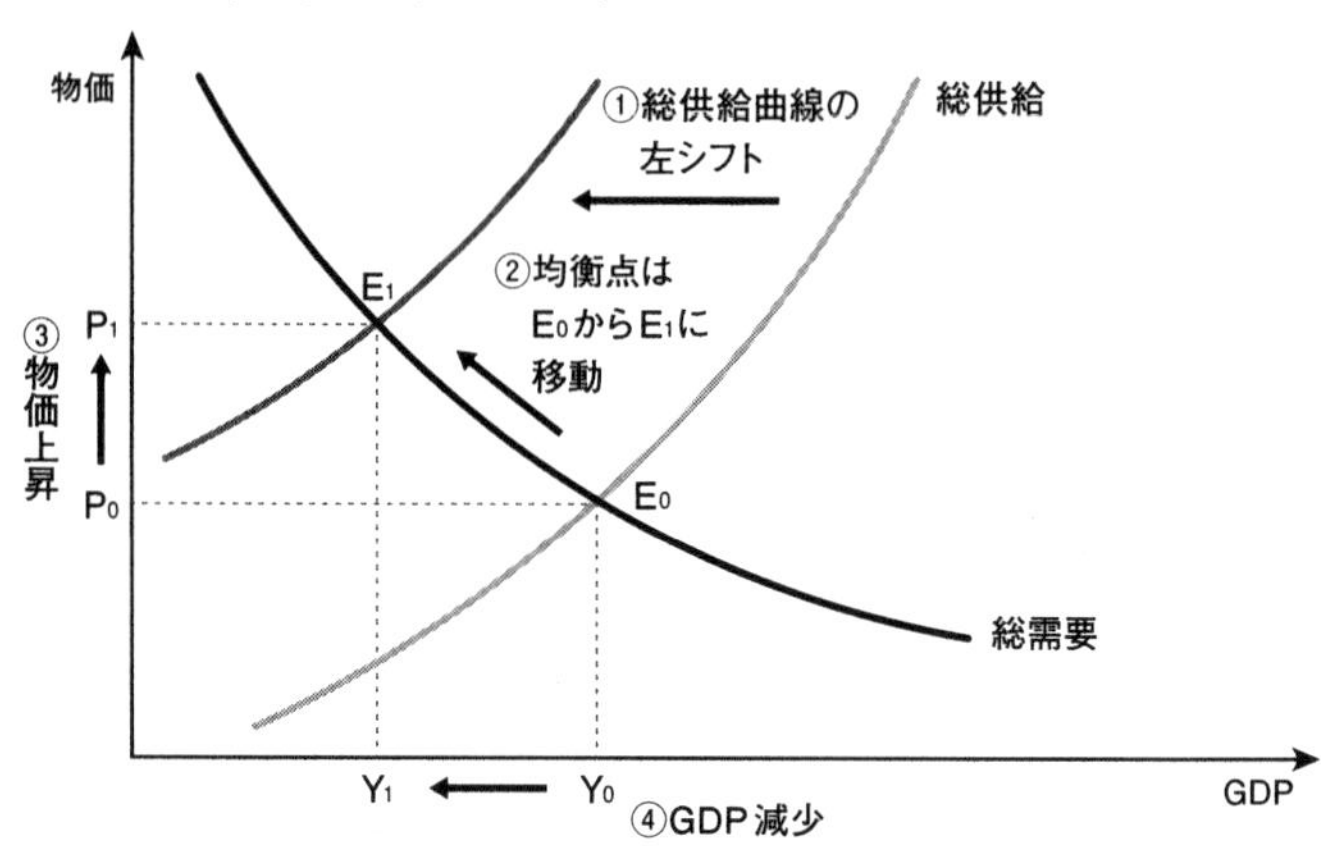

います。

インフレが発生したという点では、ディマンドプル・インフレーションと同じですが、財やサービスの取引量が減っているという点が大きく異なります。

何が、総供給曲線を左にシフトさせるのでしょうか？

一言でいえば、企業が生産に行う際に必要となるコストの上昇です。原材料費や賃金の上昇などが考えられます。コストが上がって、インフレになるので、コストプッシュ・インフレーションと呼ばれます。原材料や資源を供給する企業が価格を引き上げたり、人手不足で賃金が高騰した場合に発生します。

図11からもわかるように、コストプッシュ・インフレーションはGDPの減少を伴うため、「悪いインフレ」といわれることがあります。

インフレ期待も重要

総需要と総供給のバランスだけではなく、「インフレ期待」も物価に影響を与える重要なファクターであると考えられています。

インフレ期待とは、企業や個人が予想する将来の物価のことであり、その期待が、経済取引や意思決定に影響を与えます。

例えば、ある銀行が破綻することが予想され、恐怖心を抱いた預金者たちが一斉に預金を引き出すと、その銀行は実際に破綻する可能性が高くなります。同様に、インフレ期待が高まると、実際にインフレが発生することがあります。

期待インフレは、実際の物価や景気に影響を与えると考えられているため、世界の中央銀行の多くは金融政策の方向性を決定する際に、期待インフレ率の動向に注目しています。

インフレは何が問題なのか？

インフレは、私たちの生活や経済に様々な影響を与えます。

もし、世の中のあらゆるところで同時にインフレが起こった場合、すべての価格が同時に同じように上昇するので、私たちの生活には実質的な変化はありません。例えば、すべてのモノやサービスの価格が倍になったとしても、お給料も倍になっていれば、購入量は変化しません。

しかし、現実の経済では、すべての価格が同時に同じように上昇することはありません。商品の値段だけが上がり、賃金が変化しない場合には、購入できる商品が減少するため、私たちの生活は厳しくなります。

また、インフレは現金や預貯金などの価値を減少させます。皆さんが、将来の夢や目標を叶えるために、毎月の給料から貯金を積み立ててきたとします。しかし、物価が急上昇し、同じ商品やサービスが高くなると、皆さんが積み立てた貯金の価値は下がってしまいます。例えば、インフレで今年1万円の商品やサービスが、来年には1万1000円になるとすると、1000万円の貯金は、来年には実質的に10%も低下してしまいます。インフレによるお金の実質的な価値の低下は、とりわけ、銀行預金や郵便貯金などの貯蓄に頼っている高齢者世帯にとっては深刻です。

さらに、インフレを鎮静化するためには、不況というコストを支払わなくてはならないこともあります。具体的には、中央銀行が金融政策を引き締め、金利を上げることがあります。しかし、このような措置が長期化すると、景気後退を引き起こすことがあります。金利が上昇すると、個人の消費や企業の投資が減少するからです。

このように、インフレは国民生活や経済全般に多大な影響を与えます。

インフレの社会コストを考える際に重要なのは、インフレがあらかじめ予想されたものなのか、それとも予期せぬものなのかです。もし、ある程度予想されたものであった場合、人々はそれを織り込んで意思決定や行動ができます。とはいえ、このようなケースでもインフレには様々な問題があります。経済学で指摘されているものをいくつか紹介しましょう。

まず、メニュー・コストと言われる問題があります。

インフレが発生すると、商品の価格が上がります。このため、レストランなどのビジネスにおいては、料理の価格を改定する必要が生じます。そのためには、メニューを書き換える必要がありますが、これには印刷代や労力がかかります。このような価格改定に伴う費用を一般にメニュー・コストと言います。この費用は、インフレがあらかじめ予想されていたとしても避けることができません。インフレのたびに頻繁にメニューを書き換えなくてはいけないとしたら、そのコストは経済全体で考えると決して小さくはありません。

また、インフレが発生すると、相対価格に歪みが生じ、資源配分に混乱を引き起こす可能性があります。商品やサービスの価格が同じペースでは上がらないため、相対価格に変化が生じることがあります。これにより、消費者の財やサービスの購入や企業の生産のあり方が混乱する可能性があります。

インフレは税制の歪みをもたらすこともしばしば指摘されています。所得税を考えてみましょう。日本では所得に対する課税は累進課税となっています。所得が高い人には高い税率が適用されるため、実質所得が変わらなくても、物価上昇に伴い名目所得が上がった場合に、納付する税金額が増える可能性があります。これは、税金が額面の所得（名目所得）に基づいて計算されるためです。例えば、物価上昇によって年収が10％上昇した場合、名目所得が上がることにより所得税率が高くなり、納付する税金額も増えます。つまり、物価上昇によって税負担が重くなることがあるのです。

予期せぬインフレは、予測されたインフレよりも大きな社会的コストをもたらします。予期せぬインフレが起こると、年金生活者の実質所得が低下するため、生活が苦しくなることがあります。また、インフレに伴い賃金が上昇しない場合、勤労者の実質所得も減少するため、生活が苦しくなることがあります。

さらに、予期せぬインフレは、貸し借りにも影響を与えます。借金をしている人は、実質的な借金額が減るため、得をすることがあります。しかし、お金を貸している人は、貸している額の実質的な価値が減少するため、損をすることがあります。

また、インフレは、貨幣を持つ人たちに対する「増税」という顔を持ちます。例えば、皆さんが1年前に1万円を持っていたとします。インフレ率が3％だった場合、今年、その1万円では実質的に9700円分しか商品やサービスを購入できなくなってしまいます。これは、あたかも1年前の1万円に対して3％の税金を支払ったのと同じ影響です。このように、インフレは貨幣を持つことに対する課税ととらえることができます。

5 ― スタグフレーションとは何か？

景気が良い時には物価が上がり、景気が悪い時には物価が下がるのが当たり前のように思われがちですが、実はそうでもありません。時には、景気の停滞とともに物価が上昇することがあります。

このような状況を「スタグフレーション」といいます。これは、景気停滞を意味する「スタグネーション」と物価上昇を表す「インフレーション」を合わせた造語です。この現象は、先進国では1970年代から80年代前半にかけて発生し、世界的な議論を呼びました。

スタグフレーションはどうして起きるのでしょうか？

ディマンドプル・インフレーションは、物価上昇が景気の良い時に起こるので、スタグフレーションをうまく説明することはできません。スタグフレーションを説明するのはコストプッシュ・インフレーションです。賃金や原材料価格などコストの上昇は、物価の引き上げにつながると同時に、企業の収益を圧迫します。これは企業が生産コストの上昇分をすべて製品価格に転嫁することが難しいからです。

スタグフレーションを説明する上で重要なのが、インフレ期待です。物価が上昇する中で、人々が今後もインフレが続くと予想すると、賃金が上がらないと生活に困るため、企業に賃上げを求めます。賃金の上昇は、製品価格に跳ね返り、さらなる物価上昇につながります。このように、物価上昇がインフレ期待を高め、賃金上昇につながり、それが、さらなる物価上昇、企業業績を下げるという悪循環を引き起こします。

6 どうやってインフレに対応するのか？

金融緩和と引き締め

高インフレに対処するため、各国の中央銀行は金利を引き上げ、金融引き締めを行っています。ここでは、金融政策について簡単に解説しましょう。

中央銀行は、景気が低迷すると「金融緩和」というアクセルを踏み、逆に、景気が過熱すると「金融引き締め」というブレーキをかけます。

具体的には、金融緩和では政策金利（中央銀行が操作する金利）を下げたり、資産を買い上げたりして、資金の供給量を増やします。政策金利が下がれば、金融機関の貸し出し金利も下がります。企業や個人は、お金が借りやすくなるので、投資や消費が増え、経済活動が活発になるというわけです。

金融引き締めはこの逆です。政策金利を上げたり、マネーの供給量を減らしたりします。これにより、経済活動が抑制されます。

図12　ディマンドプル・インフレーションの場合の金融引き締め効果

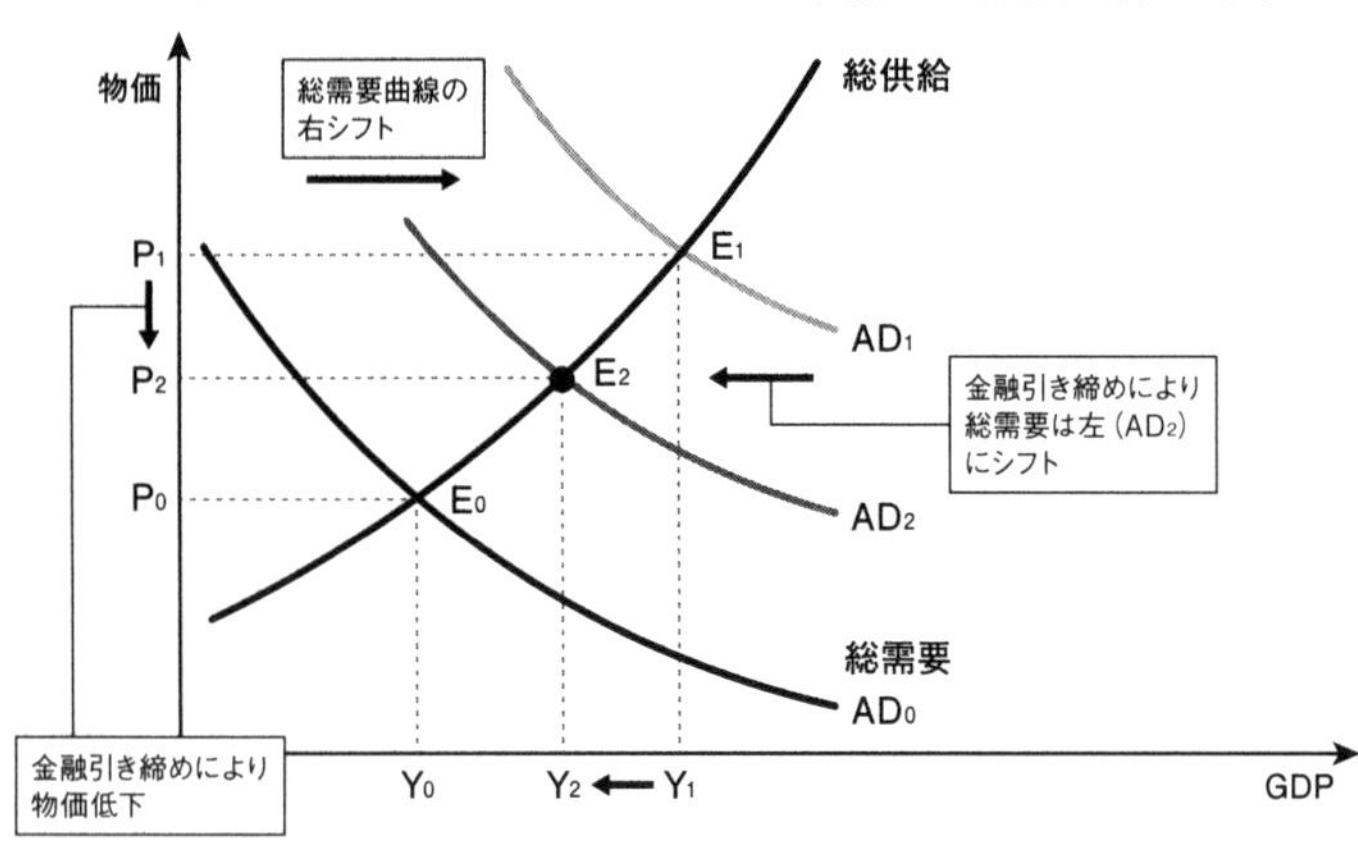

総需要曲線と総供給曲線のグラフを用いて、金融政策の効果を考えてみましょう。

金融政策は、総需要曲線を動かすことができます。

金融緩和は、景気が悪くなったときに総需要曲線を右にシフトさせる手法であり、金融引き締めは、景気が過熱し、インフレが進行しているときに総需要曲線を左にシフトさせる手法です。

インフレの原因には、需要が高まり過ぎることで生じるディマンドプル・インフレーションと、生産コストの上昇によるコストプッシュ・インフレーションがあることを思い出してください。

例えば、ディマンドプル・インフレーションが生じた場合、**図12**のように総需要曲線がAD_0からAD_1にシフトします。この結果、均衡点はE_0からE_1に移動し、実質GDPはY_0からY_1に増加しますが、物価もP_0からP_1に上昇します。

図13　コストプッシュ・インフレーションの場合の金融引き締め効果

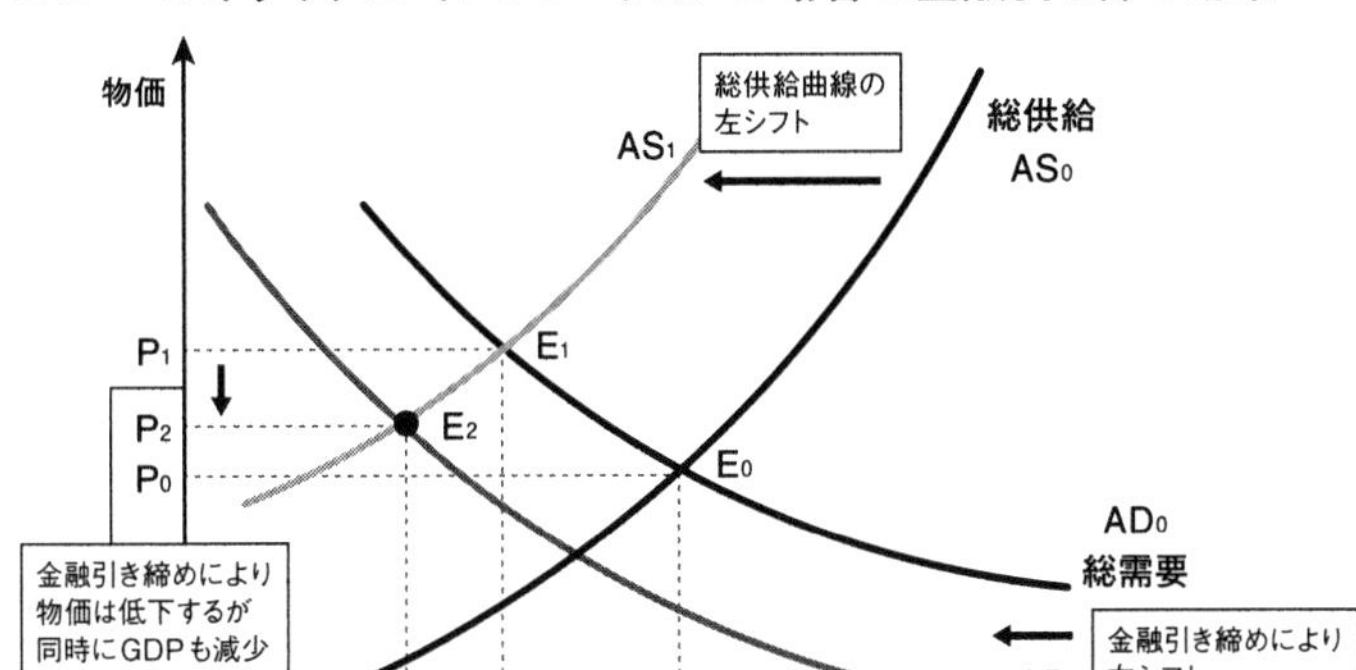

ここで、中央銀行が金融引き締めを行ったとしましょう。金融引き締めは、総需要曲線を左にシフトさせます。このため、総需要曲線はＡＤ^{1}からＡＤ^{2}にシフトし、均衡点はＥ^{1}からＥ^{2}へと移動します。すると、物価はＰ^{1}からＰ^{2}へと下がり、インフレが抑制されます。このように、中央銀行は、金融引き締めにより、インフレの抑制を行うことができます。

次に、コストプッシュ・インフレーションの場合を考えてみましょう。この場合は、総供給曲線が左にシフトすることで起こります。**図13**をご覧ください。総供給曲線がＡＳ^{0}からＡＳ^{1}にシフトすると、均衡点はＥ^{0}からＥ^{1}に移り、物価が上がる一方で、ＧＤＰが低下することがわかります。

では、このときに金融引き締めを行うとどうなるでしょうか。金融引き締めは総需要曲線を左にシフトさせます。もし、金融引き締めにより、総需要曲線がAD$_0$からAD$_1$にシフトすると、均衡点はE$_1$からE$_2$に移動します。これにより、物価は下がり、つまりインフレは抑制されますが、同時にGDPが減少することがわかります。

このように、コストプッシュ・インフレーションに対して、金融引き締め策を行うことは、GDPを大きく低下させるため、「適切」な解決策ではないことがわかります。

財政政策の効果

さて、ここまで、金融政策がどのようにインフレに影響を与えるかを説明してきました。ここで、もうひとつのマクロ経済政策である財政政策についても触れておきましょう。

金融政策と同様に、財政政策にも景気を良くする拡張的な政策と、景気を冷やす緊縮的な政策があります。拡張的財政政策は、政府支出の増加や減税などを通じて、総需要曲線を右にシフトさせ、物価を上昇させ、GDPを増やします。一方、緊縮的な財政政策は、政府支出の減少や増税により総供給曲線を左にシフトさせ、物価を低下させ、GDPを減少させます。

ところで、財政政策の効果はどのくらいなのでしょうか？

財政政策がどの程度経済に影響を与えるかについては、財政政策の「乗数効果」という概念があります。政府支出の増加や減税などの拡張的な財政政策が行われると、それによって生じる需要が、さらに別の需要を生み出し、経済全体の需要を増やすことがあります。これが財政政策の乗数効果です。乗数効果は、標準的な経済学の教科書でも紹介されるもので、景気対策としての財政政策の理論的根拠となっています。

具体例として、公共投資の効果を考えてみましょう。政府の公共投資によって生産と雇用が増えることで、国民の所得も増えます。そして、この所得の増加により、国民はより多くの消費をすることができます。この消費の増加は、再び生産と雇用の増加につながり、国民所得がさらに増加するという流れが生まれます。当初の公共投資額を上回る需要の増加、そして所得、生産の増加が生じるということです。

このような財政政策による効果を表す指標が「財政乗数」と呼ばれるものです。財政乗数は、政府支出の増加や減税などの政府の活動が、どれだけGDPの変化をもたらすのかを表します。財政乗数は、GDPの変化量を政府支出や税金の変化量で割ることで求めることができます。

財政乗数は、乗数効果がなければ政府支出の増加はその分だけ国民所得を増やすので、その値は1となります。しかし、乗数効果がある場合は、政府支出の増加がそれ以上の需要を生み出すため、国民所得は政府支出の増加分よりも増えることになり、財政乗数は1よりも大きくなります。これが、財政政策が景気対策として推奨される理由となっています。ただし、財政政策には副作用などもあるため、財政乗数が1を下回ることもあります。

では、財政乗数の値はどの程度なのでしょうか？　財政乗数の推定は、長年にわたって多くの研究者たちによって研究や議論が行われてきました。財政乗数の推定には、いくつかのアプローチがありますが、ここでは、内閣府経済社会総合研究所が作成した計量モデルによる公共投資の財政乗数の値を見てみましょう。

２０１８年の計量モデルによると、名目公共投資をＧＤＰの１％増加させた場合、１年目の名目ＧＤＰは１・13％増加します。これは、１兆円の公共投資を行うと、名目ＧＤＰが１兆１３００億円増えることを意味し、財政乗数は１・13となります。

ここで注目すべきは、日本の財政乗数が長期的に低下しているということです。財政乗数は計量モデルの枠組みによって異なるため、比較には注意が必要ですが、過去の内閣府のマクロ計量モデルによると、１９９０年代前半には１・２〜１・３程度だった財政乗数が、現在は、１・13と以前より低くなっています。また、カリフォルニア大学バークレー校のオーエルバッハ教授とゴロドニチェンコ教授による研究によれば、日本の財政乗数が顕著に低下していることが示されています。[2]

高齢国家では財政政策が効きにくい

なぜ、日本で財政乗数が低下、つまり、財政政策の景気浮揚効果が弱くなったのでしょうか？理由のひとつに高齢化が挙げられます。筆者がＩＭＦに在籍していた時に行った研究によると、高齢化が進んだ国では、経済政策の景気浮揚効果が弱くなる傾向があることが明らかにされま

図14　高齢化が財政政策に与える影響

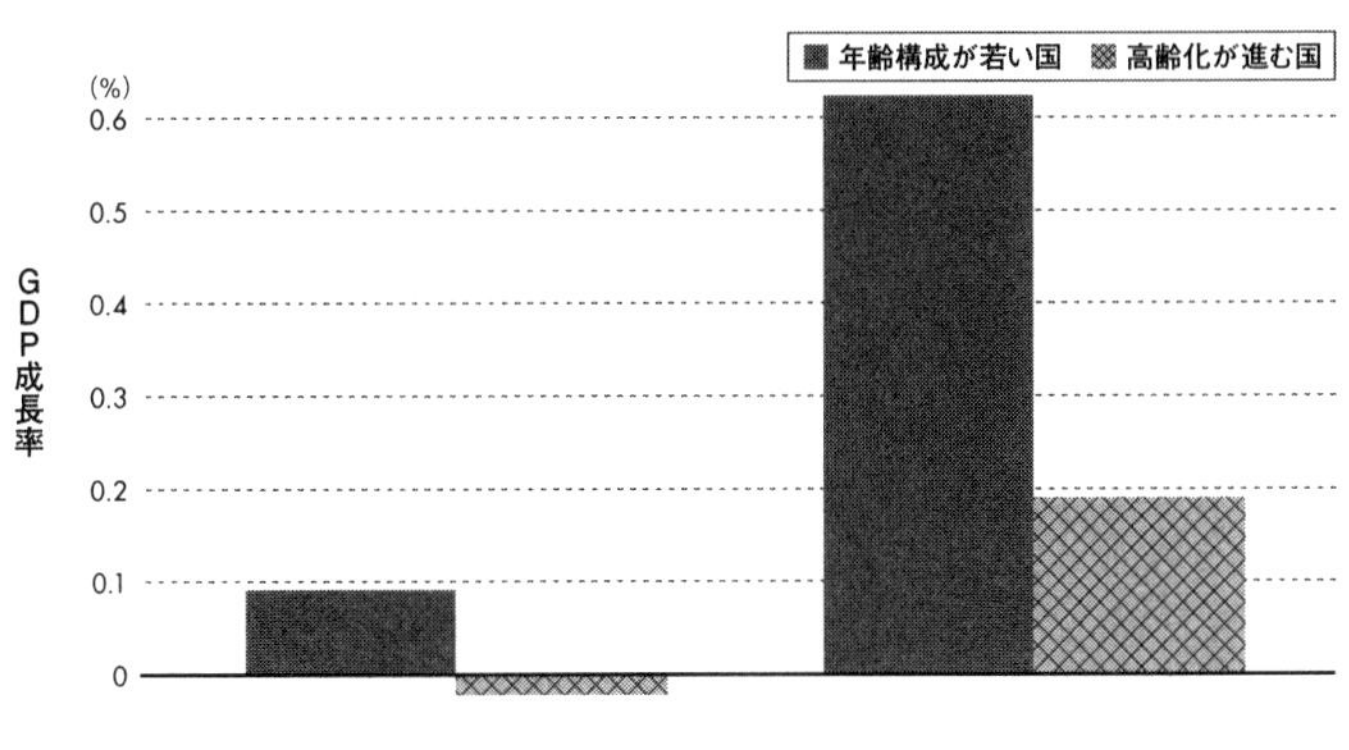

注）棒グラフ内、塗りつぶされた棒は財政政策の効果が統計的に有意であることを示している。
一方、網掛けの棒は統計的に有意ではない。

出所：筆者作成

した[3]。以下、その研究結果を簡単に紹介しましょう。

筆者は、OECD諸国のデータを用いて、高齢化が財政政策の景気浮揚効果にどのように影響するかを分析しました。具体的には、1985年から2017年についてOECD諸国の17カ国を、高齢化の度合いに基づいて、高齢化が進んでいる経済と進んでいない経済にわけました。そして、それぞれのグループにおける財政乗数を推定しました。

研究結果は**図14**が示すように、財政刺激策が経済成長率に及ぼす効果を見ると、年齢構成がより若い国では大きなプラスの効果が生まれている一方で、高齢化が進んでいる国では財政刺激策の効果が相当に低いことがわかります。

高齢化が進んだ国の経済で財政政策の有効性が著しく低下する理由は、高齢化により乗数効果が働きにくくなるためです。

政府が公共投資などで支出を増やすと、雇用機会が増えて人々の所得も上がります。それにより、消費が拡大し、総需要が増加します。需要増を満たすため、企業は生産を拡大し、それが人々の所得をさらに増加させ、財政政策の乗数効果が生まれます。しかし、この効果は退職した高齢者には直接的に影響しません。なぜなら、退職者の多くは職探しをしておらず、財政出動は雇用拡大にはつながらないうえに、彼らは賃金所得を得ていないため、所得増加による消費の増加も見込めないからです。

また、若者と高齢者ではその消費のパターンが異なり、財政政策に対して消費を増やす傾向にあるのは若者であることが知られています。経済全体で高齢者の割合が高まれば、財政政策に対する個人消費の反応も鈍化します。このように、高齢化が進んだ経済では財政政策の景気浮揚効果は弱くなるのです。

金融政策と財政政策のミックス

インフレの抑制を考える際に、金融政策だけでなく財政政策の役割について考えることも重要です。ＩＭＦの調査研究によると、インフレを抑制するためには、金融引き締めだけでなく、財政の健全化を含めたアプローチが効果的であることが示されています。[4]

ＩＭＦの研究は、経済成長に対して同様の影響を持つ金融引き締めのみのアプローチと、財政健全化を含むアプローチの２つをシミュレーション分析で比較、検討しています。両アプローチともにインフレ抑制に効果的であるという結果が出ていますが、公的債務や為替レートに与える影響が異なります。

金融政策のみに依存するアプローチでは、インフレ抑制のための金利の上昇と成長の鈍化が公的債務の増大につながります。また、利回りの上昇が投資家をひきつけるため、通貨が上昇します。

一方、財政健全化を含むアプローチでは、財政引き締めによって金利の上昇を必要とすることなく、需要が抑制されるために為替レートが低下します。そして、債務返済費用の低下と基礎的財政赤字の縮小に伴い、公的債務が減ることになります。

ＩＭＦの研究は、多くの中央銀行がインフレ抑制のために金融を引き締めている現在、政策ミックスが重要であることを示唆しています。財政健全化は、金融政策単独で対策を打つよりも、インフレを抑制するコストを減らす可能性があります。

フィリップス曲線が表す関係

経済のパフォーマンスを表す指標として、インフレ率と並んで注目されるのが失業率です。こ

図15　フィリップス曲線

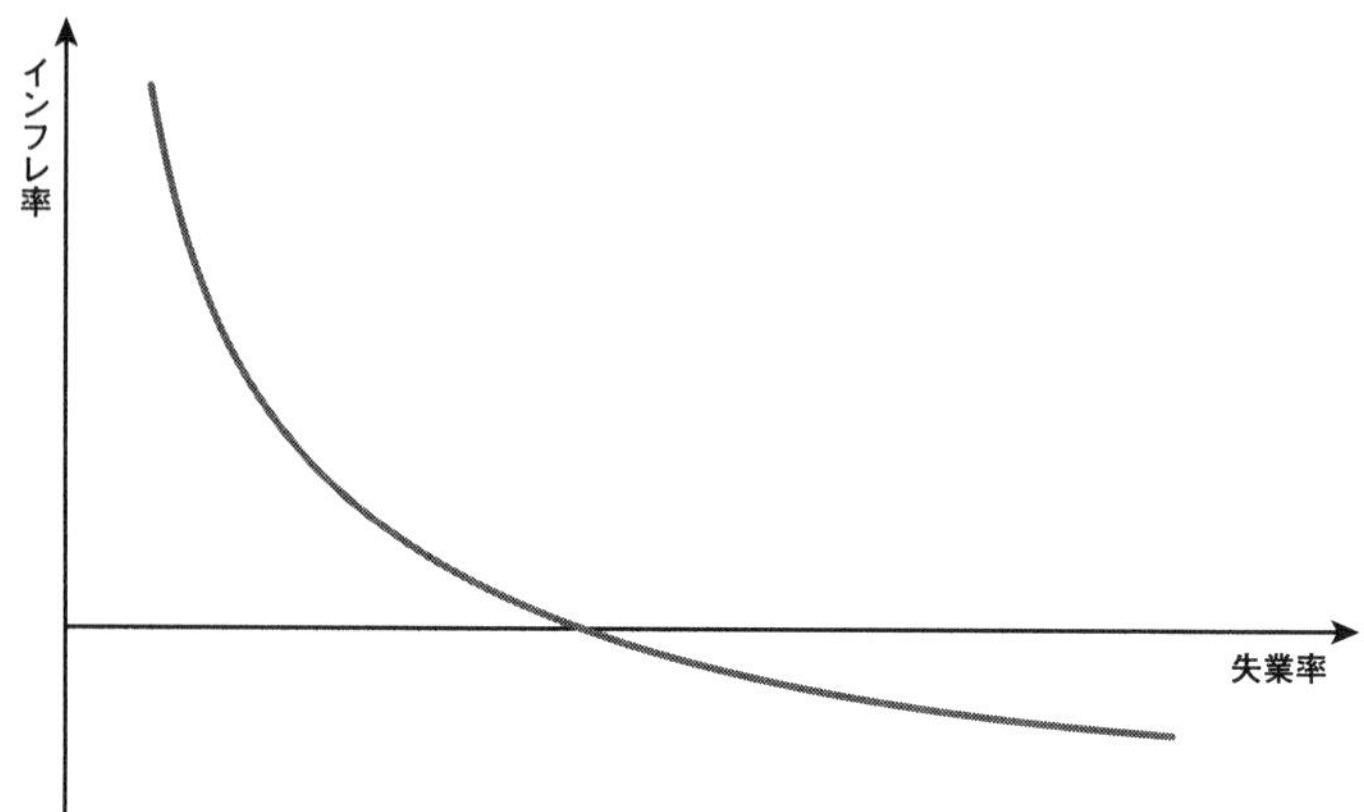

出所：筆者作成

の２つの関係を示すのが、「フィリップス曲線」です。

図15に示されるように、横軸に失業率、縦軸にインフレ率をとると、両者の関係は右下がりの曲線で表されます。

右下がりのフィリップス曲線は、失業率が高いときにはインフレ率が低く、失業率が低いときにはインフレ率が高くなるというトレードオフの関係があるということを示しています。この関係性は、経済学者のウィリアム・フィリップスによって、長年にわたるイギリスのデータから発見されたことに由来して、フィリップス曲線と呼ばれています。同様の関係は他の多くの国でも観察されています。

なぜ、インフレ率と失業率の間にはこのような負の関係が生じるのでしょうか？　まず、総需要が増えると、物価が上昇する関係にあることを思い出してください。総需要の増加は、経済全体に価格の上昇圧力をもたらし、インフレ率を高めます。一方、総需要が高い水準にある時には、商品やサービスが購入されやすいので、企業は生産を拡大します。そのため雇用が増え、失業率は低下します。結果として、低失業と高インフレが同時に生じることになります。

アメリカの中央銀行である連邦準備銀行（ＦＲＢ）の目標は、「物価の安定」と「雇用の最大化」です。この2つを達成するために、ＦＲＢは金融政策を調整しています。これは、フィリップス曲線上で、最適な点を追求するということを意味しています。景気が過熱し、雇用が増えすぎ、失業率が低下すると、物価が上昇してしまうので、ＦＲＢは金融引き締めを行い、景気をクールダウンさせようとします。逆に、不況で失業率が上昇すると、インフレ率が低下しすぎるため、ＦＲＢは金融緩和を行い、景気を浮揚させようとします。

一方、日本銀行を含め、世界の中央銀行の中には雇用を明確に政策目標にしていないものもありますが、経済を分析する際には、やはり雇用や失業率の動向を注視しています。つまり、世界の中央銀行は、フィリップス曲線を、金融政策を検討する際の重要なツールとして位置付けているのです。

こうしたフィリップス曲線に対し、コロナ禍後には変化が起こっていることが指摘されています。サンフランシスコ連邦準備銀行のエコノミストが行った調査研究によれば、コロナ禍からの経済回復の中で、アメリカをはじめ多くの先進国で、フィリップス曲線の傾きが「急に」

図16　アメリカのフィリップス曲線

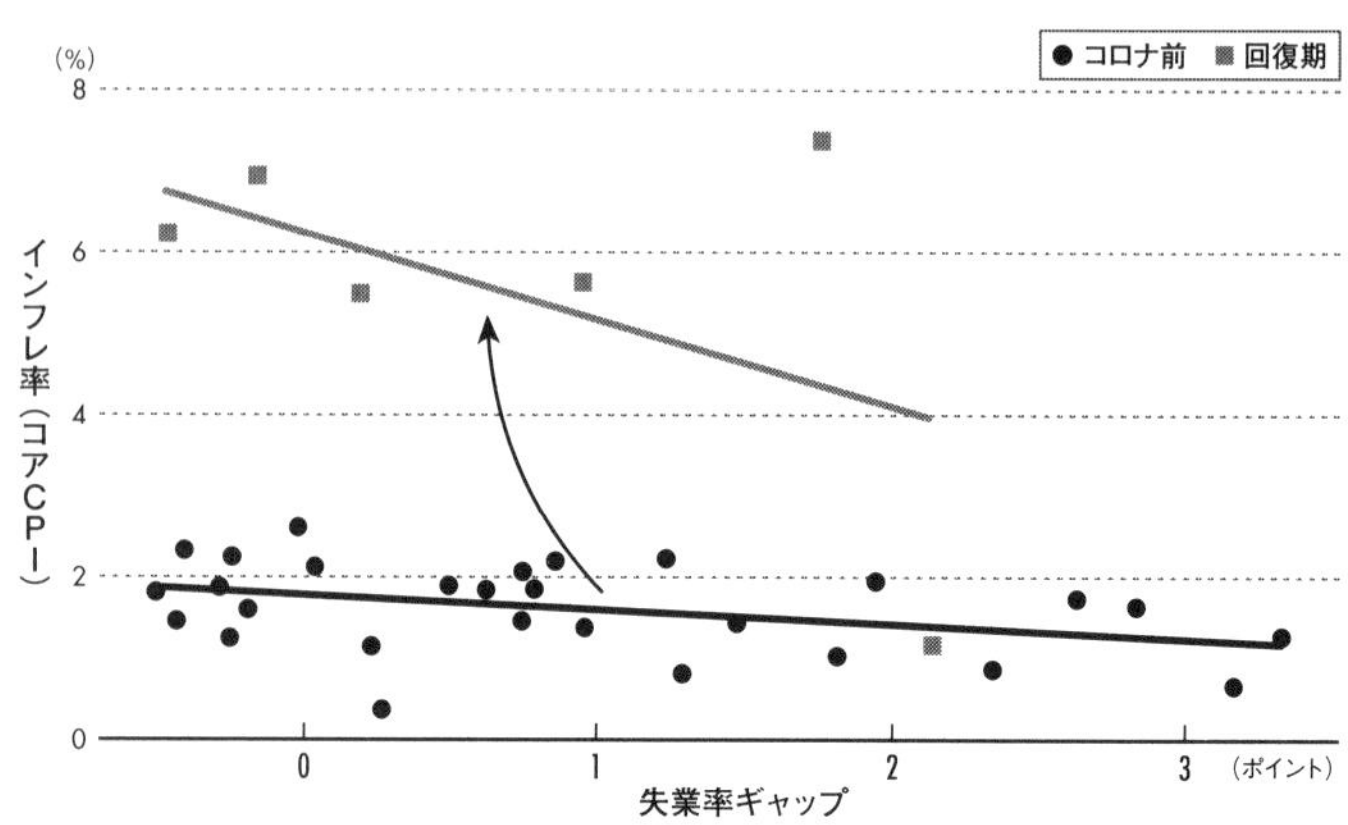

出所：Hobijn et al. (2023)

なっていることが示されています。[5]

図16をご覧ください。これは、パンデミック前の7年間（2013年から2019年）とパンデミックからの回復期の1年半（2021年第1四半期から2022年第2四半期）のアメリカのフィリップス曲線を示したものです。

アメリカのフィリップス曲線は、パンデミック前は平坦でしたが、パンデミックからの回復期にその傾きが急になったことがわかります。こうした、フィリップス曲線のスティープ化（傾斜上昇）は、アメリカだけでなく、イギリスやフランスなど他の先進国でも観察されています。

フィリップス曲線のスティープ化は何を意味するのでしょうか？　フィリップス曲線の傾きが平坦であれば、失業率が下がったときに、インフレ率はあまり上昇しないということを示しています。しかし、その傾きが急であれば、失業率が従来と同じ程度下がったとしても、インフレ率が大幅に上昇するということを意味しています。ただし、注意が必要です。図16からも、フィリップス曲線の形状が変化したことは明らかですが、本当にフィリップス曲線の傾きが変化したのか、また、そうであれば、それが一時的なものなのか、持続的なものなのかについてはまだ明らかにされていません。というのも、パンデミックからの回復期の期間は短く、正確な判断を下すには十分な情報がそろっていないからです。

とはいえ、フィリップス曲線の形状が変化したことで、従来のように金融政策を行うのが困難になっています。つまり、利上げの効果が見通しにくくなっているということです。たしかに、現在はフィリップス曲線の傾きが変化したことがデータで示されていますが、政策当局者が政策を決める際には、リアルタイムでこの変化が把握できるわけではありません。それゆえ、現在は金利を上げてインフレの様子を見極めるという手探りの金融政策が行われているのです。

1　帝国データバンク「特別企画：「食品主要１０５社」価格改定動向調査―２０２２年動向・23年見通し」２０２２年12月21日。https//www.tdb.co.jp/report/watching/press/pdf/p221211.pdf

2　Auerbach, A., and Y. Gorodnichenko. 2017. "Fiscal Multipliers in Japan." *Research in Economics* 71(3): 411-421.

3　Honda, J., and H. Miyamoto. 2021. "How does population aging affect the effectiveness of fiscal stimulus over the business cycle?" *Journal of Macroeconomics*, Volume 68, 103288.

4　http://www.imf.org/en/Blogs/Articles/2022/11/21/how-fiscal-restraint-can-help-fight-inflation

5　Hobijn, B., R. Miles, J. Royal, and J. Zhang, 2023. "The Recent Steepening of Phillips Curves." *Chicago Fed Letter*, No. 475, Federal Reserve Bank of Chicago.

第2章

デフレに襲い掛かった世界インフレ

1 世界規模のインフレはなぜ起きたのか？

サプライチェーンの寸断

半世紀ぶりに、グローバルに多くの国で同時にインフレが発生しています。なぜ、世界規模のインフレが発生したのでしょうか？

先に答えを言うと、主要因は２０２０年に始まった新型コロナウイルスによるパンデミックです。このパンデミックは、供給と需要の両面から物価上昇の波を引き起こしました。

まず、供給サイドから見てみましょう。パンデミックは、世界的なサプライチェーンを寸断しました。サプライチェーンとは、製品の原材料や部品の調達から販売までの一連の流れのことです。

新型コロナウイルスが猛威を振るう前、私たちが日常で使用する製品や商品は世界中で生産され、輸送されていました。しかし、パンデミックにより経済活動が抑制されます。ロックダウンにより都市や工場が閉鎖され、労働者は出勤できなくなりました。また、航空機や貨物船の運航が制限されるなどして、製品や商品の供給が滞ることになりました。例えば、コンピュータやスマートフォンの製造に不可欠な部品を生産する工場が生産停止に陥ったり、輸送が遅延することで、コンピュータやスマートフォンの製造が滞ることになりました。

　このように、コロナの影響でサプライチェーンが途絶えてしまい、その結果、需要に対して供給が少なくなり、物価が上昇したのです。

人手不足――大退職時代の到来

　また、人手不足も供給サイドのインフレ要因となっています。

　コロナ禍では、大量の労働者が解雇されました。アメリカでは、失業率はコロナ禍前までは3％台後半で推移していましたが、2020年4月に過去最悪の14・7％まで急上昇しました。雇用者数は2200万人減少し、過去10年間の景気拡大で増加した分がほぼ失われました。しかし、その後、経済が再開され、失業者数は2022年7月にはほぼコロナ前の水準まで戻りました（**図17**）。

　一方、非農業部門の求人数が急速に増加しており、人手不足が顕著になっています。求人数はコロナ禍前の2017年から2019年にかけて月平均約680万件でしたが、2020年の4月に約469万件に減少。その後、2020年秋頃にはコロナ禍前の水準まで回復しました。求人数はその後も増加を続け、2021年後半からは1000万件を超える高水準で推移

図17　アメリカの失業者数と求人数

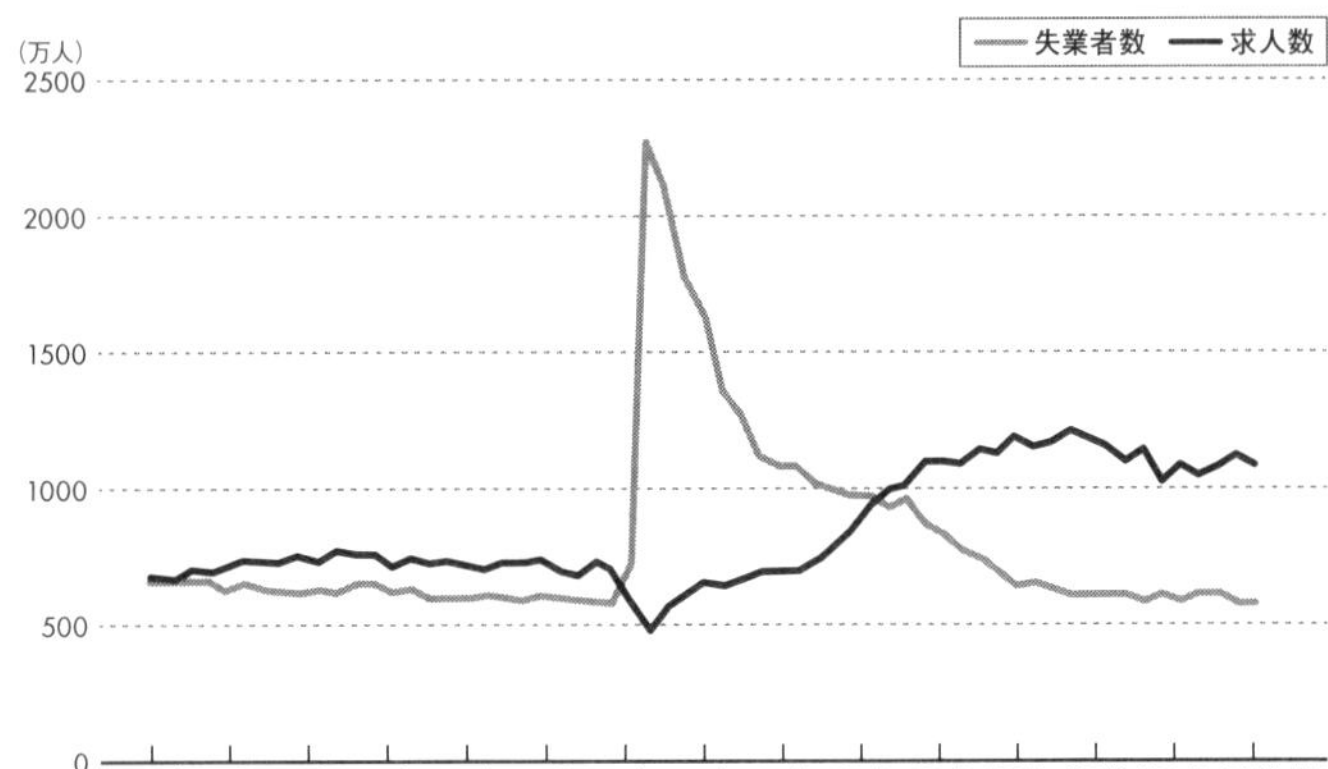

出所：Bureau of Labor Statistics

しています（図17）。

この背後には、「グレート・レジグネーション（大退職）」と呼ばれる大量の離職があります。解雇されるのではなく、自ら仕事を辞める人の数が劇的に増えているのです。就業者に占める離職者の割合はコロナ禍前の２０１７年から２０１９年の３年間平均で２・２％でしたが、２０２１年に上昇し、11月には３・０％と遡れる２０００年以来で最高水準となりました。２０２２年には、離職者が５０００万人以上と、過去最多の水準となっています（図18）。

大量離職の根本原因は新型コロナウイルスだと考えられています。

新型コロナウイルスは、働き方や生き方を根本から見直すきっかけとなりました。コロナ禍で、感染を避けるためにリモートワークが普及しましたが、飲食やサービス業など、対面で働かざるを

図18　アメリカの離職率と離職者数

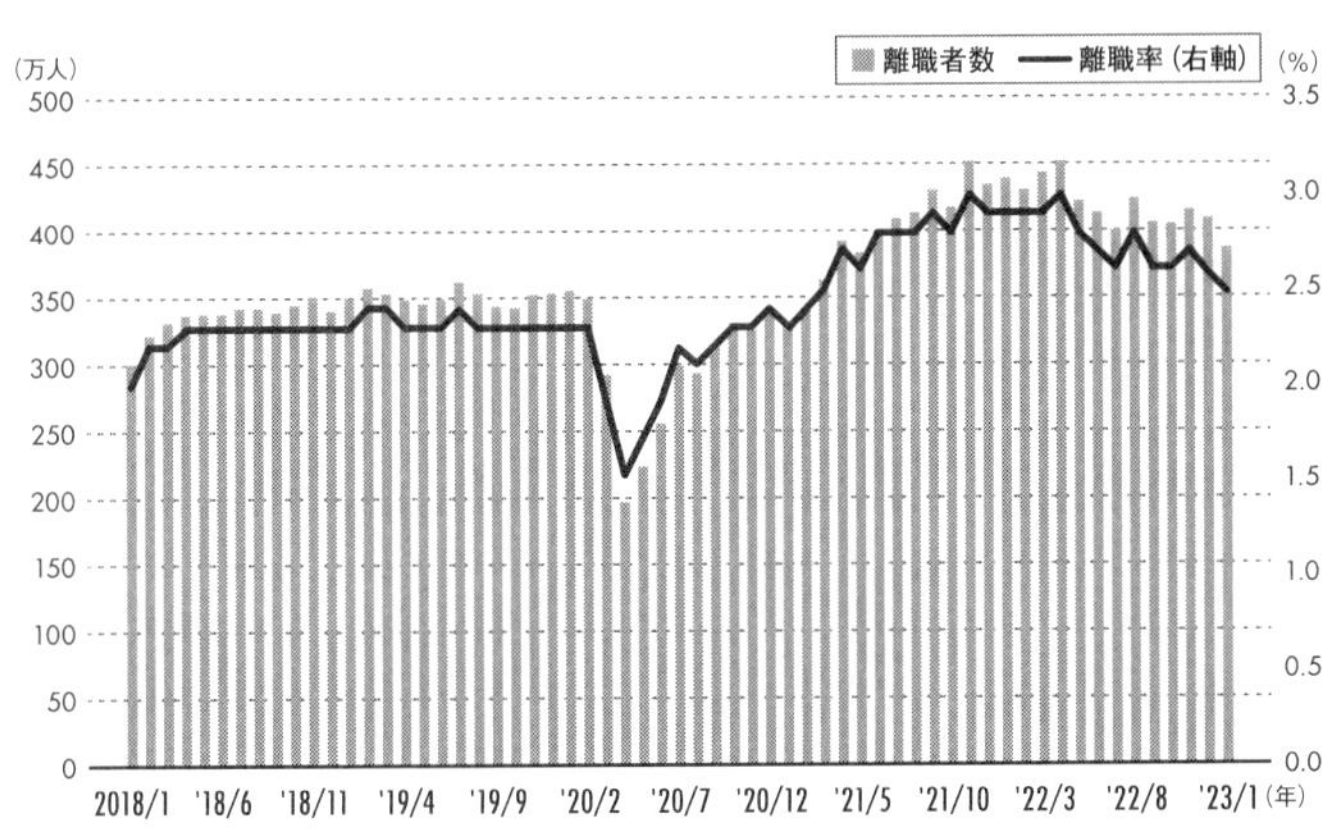

出所：Bureau of Labor Statistics

得ない職種の人々はそう簡単には適用できませんでした。感染リスクにさらされながら働く中で、従業員たちはより良い待遇を求めて職を変えるようになりました。これに対応しようと、企業は賃金を引き上げて人手を確保しようとしましたが、逆にこれが離職を加速させる結果となりました。他の企業も賃金を上げる流れになると、高い給料と良い待遇を求めて転職する人が増えたのです。

さらに、これまで自分の仕事の質を過小評価してきた労働者が、周囲の労働者が辞めるのを見て、自分の価値を再評価して、自分も辞めるという相乗効果も働いたと考えられています。

また、働く親（特に母親）と高齢者の退職も指摘されています。コロナ感染拡大後に一部の地域では長期間、オンライン授業が続き、親たちの外出が制限される状況になりました。さらに、シニア層においても早期退職が増える傾向にあり、働

図19　**労働参加率の推移**（OECD平均、アメリカ、日本、イギリス）

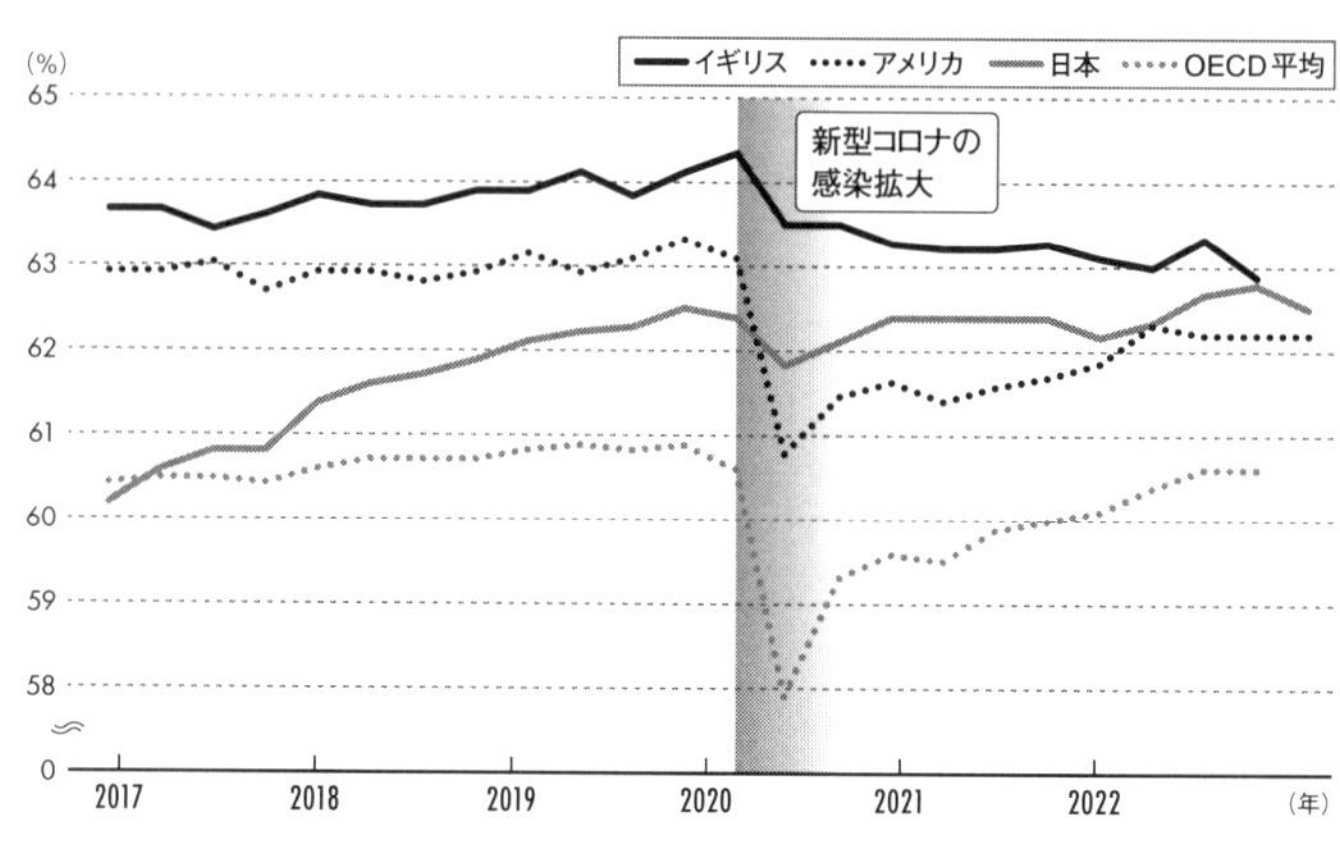

出所：OECD

く親たちとあわせて離職増加の原因となったと指摘されています。

　働き手が増えない状態が続いているのは、アメリカだけではありません。当初は、新型コロナウイルスの厳しい行動制限が緩和されれば、離職した人々が職場に戻ると予想されていましたが、先進国ではそのような状況が見られません。

図19からわかるように、労働参加率（生産活動に参加できる人のうち、実際に働いている人と仕事を探している人の割合）はコロナ禍前より低調となっています。

　また、非労働力人口（働く意思のない人）についてみると、コロナ禍前の２０１９年第４四半期はＯＥＣＤ加盟国全体で約４・31億人だったのが、２０２０年第２四半期に約４・65億人まで増加、その後は減少しているものの、２０２２年第３四半期で約４・42億人とコロナ禍前よりも約１１０

0万人多くなっています。

財政政策や金融政策も要因

次に、新型コロナ危機が需要サイドに与えた影響を見てみましょう。

コロナ禍初期には、感染拡大を防ぐために、世界各地でロックダウンや移動制限が実施されました。その結果、外食の機会は大幅に減少。また、国内外の旅行ができなくなるなど、人々の消費が抑制されました。しかし、行動制限が解除され、経済活動が徐々に再開される中で、こうしたペントアップ需要（抑制された需要）が一気に爆発しました。

また、コロナ禍では、消費者の態度が変わり、サービスからモノへの需要のシフトが起きています。コロナ禍前までは、先進国でサービス消費が増加する傾向が見られましたが、これが反転し、モノ消費が中心となりました。特にコロナ禍初期には、外出制限の中で、レストランやホテルなどのサービス消費が低下し、一方で自炊や在宅ワークに必要な物品の購入が増える「巣ごもり需要」が顕著になりました。

このようなペントアップ需要やサービスからモノへの需要シフトが進む中で、物流の停滞や労働力不足などにより供給が低下し、需要が供給を上回る状況が生じ、物価が上昇したのです。

財政・金融政策からの支援も需要を拡大し、物価押し上げに大きく影響したと考えられます。

新型コロナウイルスが引き起こす経済危機に対処するため、世界各国は空前の規模で財政出動に乗り出しました。ＩＭＦによると、各国が２０２１年秋までに実施した財政支援の総額は16・9兆ドルに達します。この結果、先進国の政府債務残高は対ＧＤＰ比で、コロナ禍前の２０１９年の１０３・８％から２０２０年には１２２・７％へと急上昇し、第２次世界大戦後の水準に迫る状況となりました。

米ジョンズ・ホプキンス大学のフランチェスコ・ビアンキ氏と米シカゴ連銀のレオナルド・メロシ氏は、現在のインフレはコロナ禍での拡張的な財政政策や公的債務が大きく寄与していると主張しています。[6] 彼らは、その政策を修正しない限り、インフレ圧力は続き、金利上昇、景気後退、財政赤字拡大という悪循環が生じると警告しています。

また、世界の中央銀行はコロナ禍に対応するため、２０２０年に大規模な金融緩和に踏み切りました。市場に資金を供給するため大量の債券を購入し、長期金利の上昇を抑制して経済の底割れを防いだのです。

図20は主要中央銀行のマネー供給量の推移を示したものです。日本銀行、米連邦準備制度理事会（ＦＲＢ）、欧州中央銀行（ＥＣＢ）、英イングランド銀行の主要4中央銀行の総資産は、２０２０年2月の15兆ドルから２０２２年4月の25兆ドルまで、10兆ドル増加しました。なお、２０２１年にインフレが加速すると、欧米の主要中央銀行は金融引き締めに転じています。

図20　主要中央銀行のマネー供給量の推移

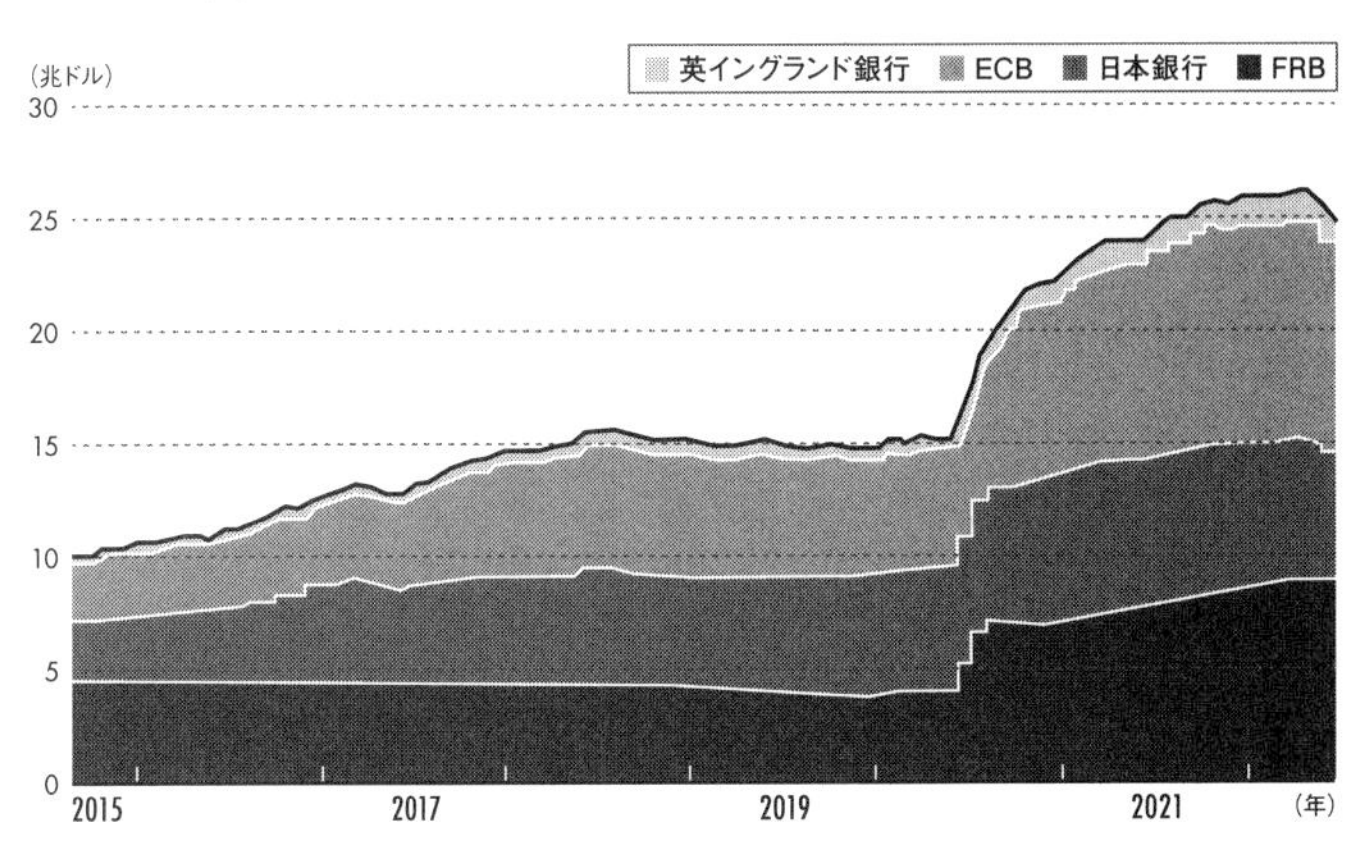

出所：Haver

ロシアのウクライナ侵攻がインフレに拍車をかけた

需給の不均衡とパンデミック下の政策支援によってインフレが進行する中、２０２２年２月24日にロシアがウクライナに侵攻しました。この出来事は、人道的な悲劇を引き起こすだけでなく、世界的な政治・経済の混乱を招き、インフレの加速にも寄与しました。

ただし、ロシアのウクライナ侵攻が現在のインフレの主要因ではありません。２０２２年２月以前にも、欧米諸国では既にインフレが高進していました。

ロシアのウクライナ侵攻は、近年の世界経済にとって懸念材料であった供給ショックをさらに悪化させています。

ロシアとウクライナは、１次産品の主要な輸出

図21　FAO食品価格指数（2014-2016年=100）

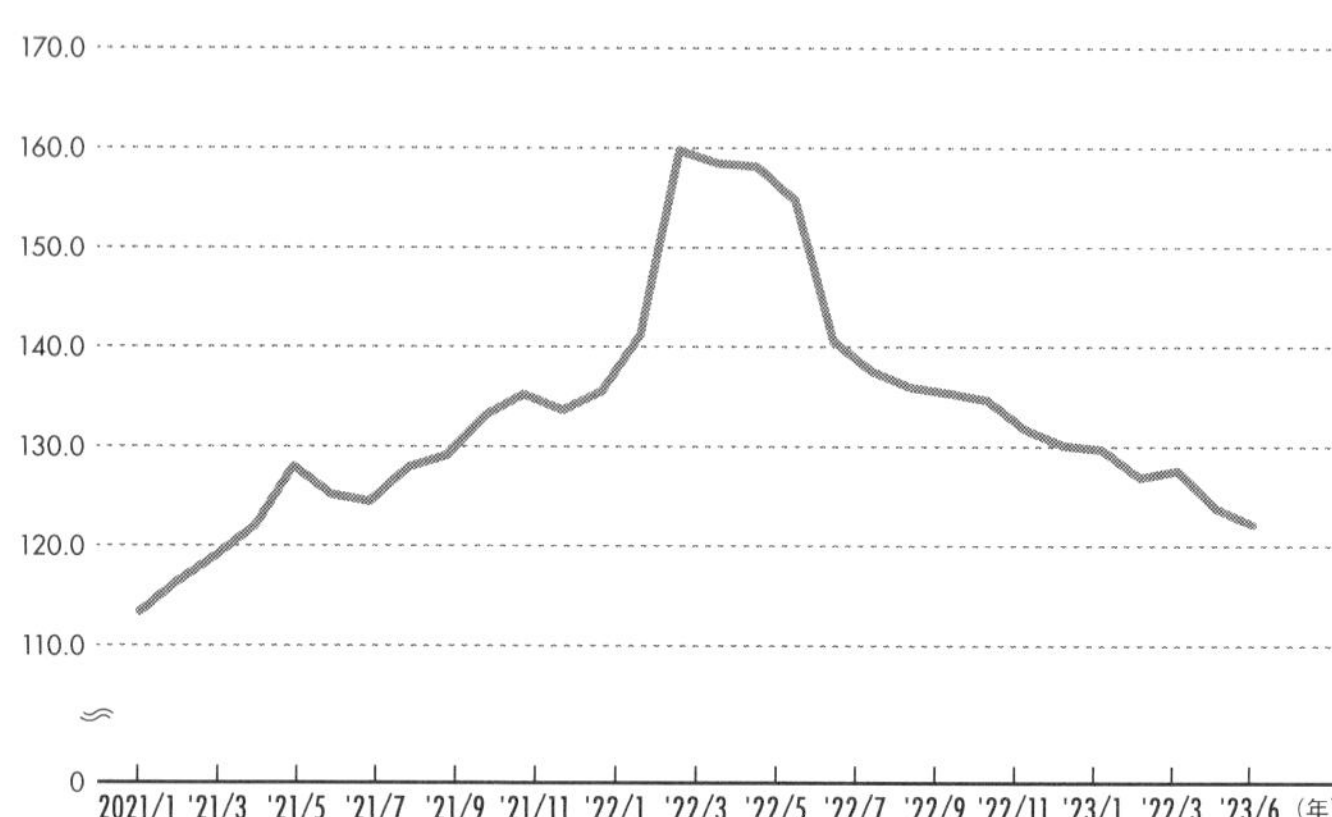

出所：FAO

国です。例えば、小麦の輸出では、ロシアが世界1位、ウクライナが世界5位で、両国合わせて世界の輸出量の約3割を占めています。ロシアの侵攻により、小麦の輸出が滞る懸念が広がり、価格が上昇しました。2022年3月上旬には、米シカゴ市場の小麦先物（国際価格の指標）は、1ブッシェルあたり13ドル台後半と、約14年ぶりに最高値を更新しました。また、トウモロコシも2022年4月下旬には、指標となる先物価格が一時、約9年8か月ぶりの高値水準まで上昇しました。その後、小麦やトウモロコシなどの穀物価格は下落傾向に転じています。

　国連食糧農業機関（FAO）が毎月発表する世界食品価格のバロメーター、「食品価格指数」（2014-2016年=100）を見ると、2022年3月は前月から18・5ポイント上昇し、159・7に達しました（**図21**）。これは1990年以来の最高値です。その後、食品価格指数は2023年6月には122・3とピークよりも約2割強下がりましたが、依然として高い値となっています。

さらに、ロシアのウクライナ侵攻はエネルギー価格の上昇も引き起こしています。ロシアは世界的な天然ガス・石油生産国のひとつであり、ウクライナ侵攻の影響でエネルギー資源の供給が不安定になりました。特に欧州は、ロシアからの天然ガス輸入に大きく依存しており、その割合は全体の30％以上にのぼります。天然ガス価格の上昇はエネルギー価格全般を押し上げ、生産や輸送コストの上昇につながります。これらのコストは最終的に製品価格に反映されることになります。

需要要因なのか、供給要因なのか？

ここまで見てきたように、現在のインフレは新型コロナウイルスが引き金となり、ロシアによるウクライナ侵攻が拍車をかけています。インフレの要因としては、サプライチェーンの寸断や人手不足などの供給要因、また、ペントアップ需要やサービスからモノへの需要シフト、さらには政府の政策など需要要因の両方が挙げられます。では、供給要因と需要要因のどちらがより強い影響を与えているのでしょうか。

サンフランシスコ連邦準備銀行は、インフレ率を「需要要因によるもの」、「供給要因による

図22　インフレ率（コア）の分解

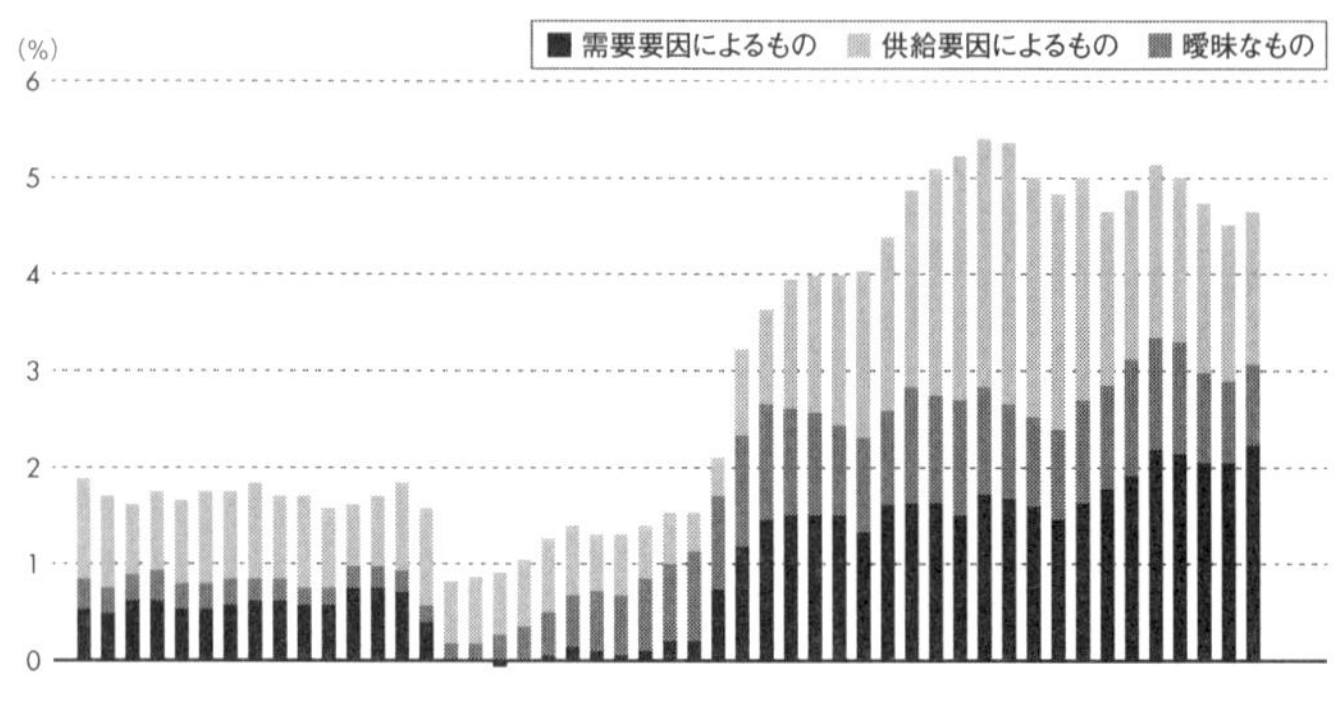

出所：サンフランシスコ連邦準備銀行

もの」、「要因が曖昧なもの」の3つに分ける分析を行っています。

　この分析では、各商品やサービスの価格と購入量に注目します。価格と購入量が同時に上昇しているカテゴリーでは、インフレは主に需要要因で引き起こされていると考えることができます。一方、価格は上昇しているものの、数量が減っている場合は供給要因によるものと考えることができます。これは第1章のディマンドプル・インフレとコストプッシュ・インフレの話を思い出していただくと理解しやすいでしょう。また、需要主導型、供給主導型のどちらにもうまく当てはまらないカテゴリーは「要因が曖昧なもの」に分類されます。[78]

　図22は、アメリカのコアインフレ率（PCE）を上記3つのカテゴリーに分解したものです。コアインフレ率が最も高くなった2022年春には、

需要要因が約3割、供給要因が約5割を占めていましたが、秋には状況が変化し、需要要因の影響が供給要因を上回っています。2023年1月のインフレ要因では、需要要因が約5割、供給要因が約3割となっています。サンフランシスコ連銀は、航空運賃やホテル宿泊費などの旅行関連部門が、需要主導型インフレの最も根強い要因であると指摘しています。これは、サービス業が再開し、ロックダウン中にため込まれた貯蓄を消費しようとする動きと一致しています。

一般的に、需要主導型インフレは供給主導型インフレよりも持続性があると考えられています。これは、パンデミックやロシアによるウクライナ侵攻による供給の混乱が収束した場合でも、インフレが持続する可能性が高いことを示唆しています。そのため、インフレ抑制のための金融政策の引き締めが今後も必要であることが予想されます。もっとも、需要要因、供給要因のどちらかに分けることができない「曖昧な要因」も2割程度となっており、価格に対する需要と供給の影響を切り離すことは簡単ではないことがわかります。

なお、ユーロ圏についても、2021年半ば以降のインフレ率の急上昇は、異常に拡大した需要環境と逼迫した供給環境の組み合わせによって引き起こされたと考えられていますが、ユーロ圏が世界的なエネルギー価格の不利なショックにより大きくさらされていることと整合的に、供給側の役割がやや大きくなっていることが指摘されています。[9]

2　欧米諸国はインフレにどう対応してきたか?

次に、欧米諸国がどのようにインフレに対応してきたかを振り返っておきます。各国の中央銀行は数十年ぶりに物価上昇への対応に追われています。

アメリカの動き

まずはアメリカの動きを見ましょう。

アメリカでは、コロナ禍による需要と供給の不均衡や政府の政策など、様々な要因が複合的に作用した結果、2021年春以降、インフレが急速に進行しました。2021年4月の消費者物価指数（前年同月比）は前月より1・6ポイント上昇し、4・2%となりました。変動が大きい食料品とエネルギーを除いたコア指数は3・0%の上昇でした。

こうしたインフレ率の上昇は、新型コロナウイルスの感染拡大により前年に物価が大幅に低下した反動によるところも大きく、当初は一時的であるとの見方が市場では大勢でした。

しかし、その後もインフレは勢いを増し、2021年11月には消費者物価指数の前年同月比が6・8％に達し、1982年以降の最高水準を更新しました。これを受けて、それまでインフレを一時的だと見ていたFRBは見解を変更し、インフレが持続的なものになる可能性が高いと判断して金融政策を転換します。

インフレというのは例えれば、車のスピードです。速度を上げるにはアクセルを踏み、速度を下げるにはブレーキを踏みます。金融政策はまさにこのアクセルとブレーキの役割を担っています。アクセルは金融緩和、ブレーキは金融引き締めに相当します。具体的には、金融緩和では政策金利を下げたり、マネーの供給量を増やしたりします。金融引き締めはこの逆です。政策金利を上げたり、マネーの供給量を減らしたりします。なお、FRBの金融政策の方針を決定する会合が、米連邦公開市場委員会（FOMC）です。

先に見たように、FRBはコロナ禍でアメリカ経済を支えるために金融緩和策を講じていました。2020年3月には、政策金利をそれまでの1・75％からゼロ近くまで引き下げ、ゼロ金利政策を実施しました。また、マネーの供給量を増やす量的緩和も実行しました。これは、金融機関が保有する国債や住宅ローン担保証券を購入して、市場に流通するお金の量を増やすものです。2020年3月から4月の2か月間で2兆ドルの資産を増やし、その後も月1200億ドルのペースで国債や住宅ローン担保証券を買い入れ、市場にマネーを供給していました。これにより、企業や個人がお金を借りやすくして景気を刺激してきたのです。

しかし、FRBは2021年11月にインフレが一時的でないと認めると、まず、量的緩和政策を段階的に縮小していく「テーパリング」を決定しました。テーパリングとは英語で「tapering」と書きますが、taperとは「先が細っていく、徐々に減っていく」という意味です。先ほどの例でいえば、アクセルを徐々に弱めていくということです。

2021年11月のFOMCでは、国債などの購入額を月に150億ドルずつ削減することが決まりました。しかし、その後の12月の会議では、資産購入額を月に300億ドルずつ減らし、2022年3月にはゼロにすると決定されます。国債などの購入額がゼロになると、FRBの保有資産はそれ以上に増えず、量的緩和政策が終了となります。FRBが当初の予定からテーパリングを加速させたのは、一時的と見ていたインフレが想定外に長期化していたからです。

インフレはその後も加速を続け、消費者物価指数の上昇率は2022年3月には8・5%に達し、1981年12月以来、約40年ぶりの高水準を記録しました。これを受けて、FRBはブレーキを踏みます。コロナ禍で導入されたゼロ金利政策を2年ぶりに解除し、政策金利を0・25%引き上げ、金利の誘導目標を0・25~0・5%に設定しました。

通常、政策金利の引き上げ幅は0・25%ですが、FRBは5月にその倍の0・5%の引き上げに踏み切りました。さらに、6月、7月、9月、11月の4回の会合では、通常の3倍である0・75%の大幅引き上げを実施しました。金融を急激に引き締め、景気に強烈なブレーキをかけることで、インフレを抑制しようとしました。12月の会合では、利上げ幅は0・75%から0・

図23　主要銀行の政策金利推移

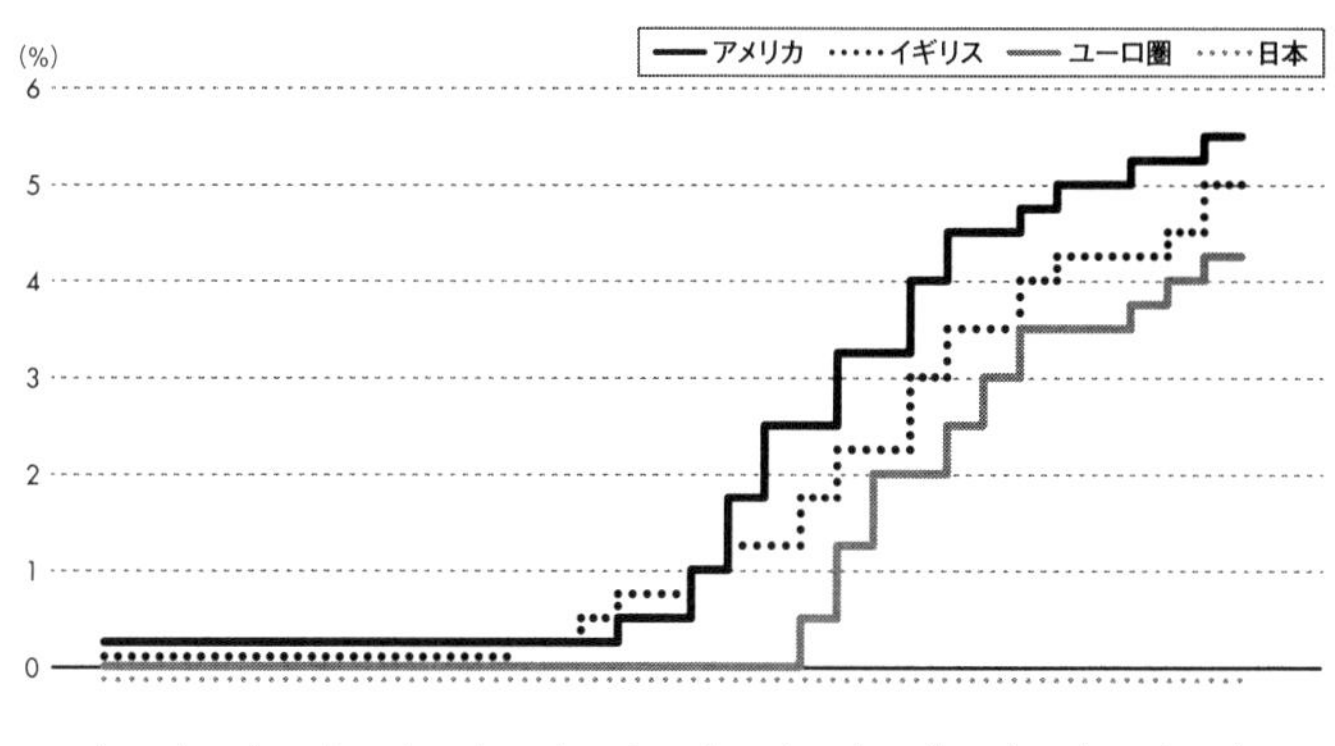

出所：日本銀行、FRB、ECB、イングランド銀行

5%に縮小されました。物価を抑えるためにブレーキはかけ続けるが、その勢いが次第に収まりつつあるとの見方が示されました。

インフレ率は2022年6月に9・1%を記録した後、徐々に鈍化し、2022年12月には6・5%と1年1か月ぶりに7%台を割りました。2023年2月の会合では、0・25%の利上げと、通常のペースに戻りました。その後、3月、5月、そして7月の会合でそれぞれ0・25%の利上げを決定し、金利水準は5・25〜5・5%となり、2008年の世界金融危機前を上回りました。

また、FRBは2022年6月に国債などの保有資産を減らす「量的引き締め」を開始しました。先ほど見たように、新型コロナウイルスのパンデミック対応で、FRBは量的緩和政策を実施、その結果、保有資産は約9兆ドルに膨張しました。歴史的なインフレ昂進に直面し、FRBはその保有資産を圧縮しようとしています。

欧州の動き

アメリカ以外の先進国でも中央銀行がインフレ抑制のため、金融政策の方向を引き締めに転換しています。

新型コロナウイルス感染症拡大以降、日米欧の主要中銀で初めて利上げに踏み切ったのはイギリスのイングランド銀行です。イングランド銀行はインフレ率2％を持続的に達成することをその目標としていますが、2021年11月にインフレ率が5・1％と約10年ぶりの高水準を記録すると、金融引き締めに舵を切りました。翌12月に政策金利を0・15ポイント引き上げ、年0・25％とします。その後も会合ごとに利上げを進め、2023年6月には13会合連続となる利上げを行い、政策金利は年5・0％となっています。

欧州中央銀行（ECB）も2022年7月に金利を引き上げました。ユーロ圏の物価上昇率は2021年春頃には2％程度でしたが、2022年6月には8・6％まで上昇し、過去最高となりました。ECBは7月に政策金利を0・5％引き上げ、2014年に導入したマイナス金利政策を解除しました。利上げは11年ぶりで、その上げ幅も2000年以来22年ぶりの大きさでした。ECBはその後、9月、10月に0・75％、12月、2023年2月、3月に0・5％

の大幅利上げをしています。5月には利上げ幅を0・25％に縮小したものの、その後も6月、7月と利上げを実施。政策金利は2000〜2001年の最高水準と並びました。

石油危機の教訓

アメリカのインフレ率は、2022年6月のピーク時の9・1％から徐々に下がり続け、2023年の6月には3％まで低下しました。FRBがインフレ目標とする2％にはまだ距離がありますが、果たしてインフレの脅威は過ぎ去りつつあるのでしょうか。

金融引き締めは、インフレを抑制する効果がある一方で、経済を減速させるという副作用を持ちます。インフレが実際に低下しているなら、経済の冷え込みを防ぐために、金融引き締めのブレーキを徐々に緩め、場合によってはアクセルを踏むことも必要になるかもしれません。ただし、この舵取りには非常に慎重であるべきです。

1970年代の石油危機による物価上昇が引き起こされた際、景気悪化を懸念して、利上げと利下げが短期間で繰り返されました。その結果、家計の期待インフレ率が高止まりし、後に高インフレが発生しました。そうした状況下で、のちに伝説のインフレファイターとして知られるポール・ボルカー氏がFRBの議長に就任。政策金利を20％に引き上げて、景気を犠牲にしてでも、インフレ退治を徹底しました。

この歴史から学ぶことは、インフレの芽が残っているうちに、インフレの脅威が過ぎ去ったと考え、金融引き締めを早期に解除すると、インフレが再び燃え上がり、より強力な金融引き締めが必要になる可能性があるということです。インフレがピークを過ぎる兆しが見えても、金融引き締めの緩和は簡単にはできないことを、歴史は教えてくれています。

3　日本銀行の対応と円安進行

デフレは経済衰退の病

海外の主要中央銀行がインフレ対策のため金融政策を引き締める一方で、日本銀行は金融緩和策を継続しています。ここで、近年の日本銀行の金融政策を日本経済の状況と共に振り返っておきましょう。

２０１３年４月、黒田東彦前総裁は就任後の最初の金融政策決定会合で、２％の物価目標を2年程度で達成するために、日本銀行が供給するマネタリーベースを2年間で2倍にするなど、大胆な金融緩和に踏み切りました。

その背景には、日本経済がデフレに苦しんでいたことがあります。

日本経済は１９９０年代半ばからデフレに陥りました。デフレとは、物価が持続的に下落する状況のことを指します。つまり、インフレ率がマイナスになり、それがかなりの期間継続するということです。

図24　インフレ率の推移

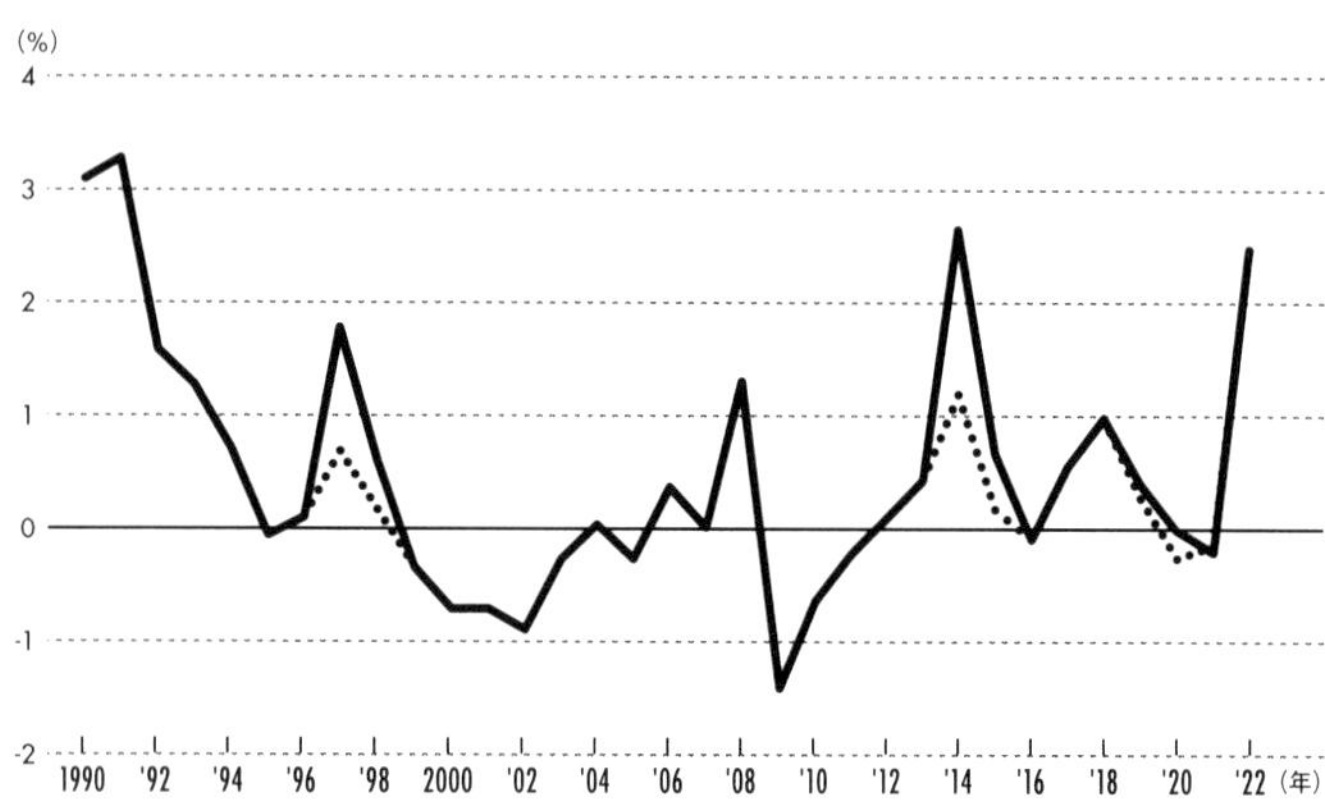

注：点線は消費税率引き上げを調整したもの　　出所：総務省

図24は日本の消費者物価指数の変動を示したものです。１９９０年代初めには３％程度だったインフレ率は、その後減少。１９９５年以降、消費税の引き上げの影響で物価が上昇した１９９７年と２０１４年、それと資源高が深刻だった２００８年を除くと、２０１０年代半ばまでほとんどの年が前年並みあるいはマイナスで推移しました。

日本では長期にわたりデフレが続きましたが、これは世界でも異例のことです。**図25**は、１９９５年から２０１２年の先進国の物価上昇率の平均を比べたものです。日本だけがインフレ率がマイナスになっていることがわかります。

デフレは、経済の衰退を招く病といえます。

デフレ経済では、商品やサービスの価格が下がり続けます。これは一見、人々にとって嬉しいことのように思いますが、実際にはそうではありません。商品やサービスの価格が将来さらに下がる

図25　**インフレ率の国際比較**（1995〜2012年平均）

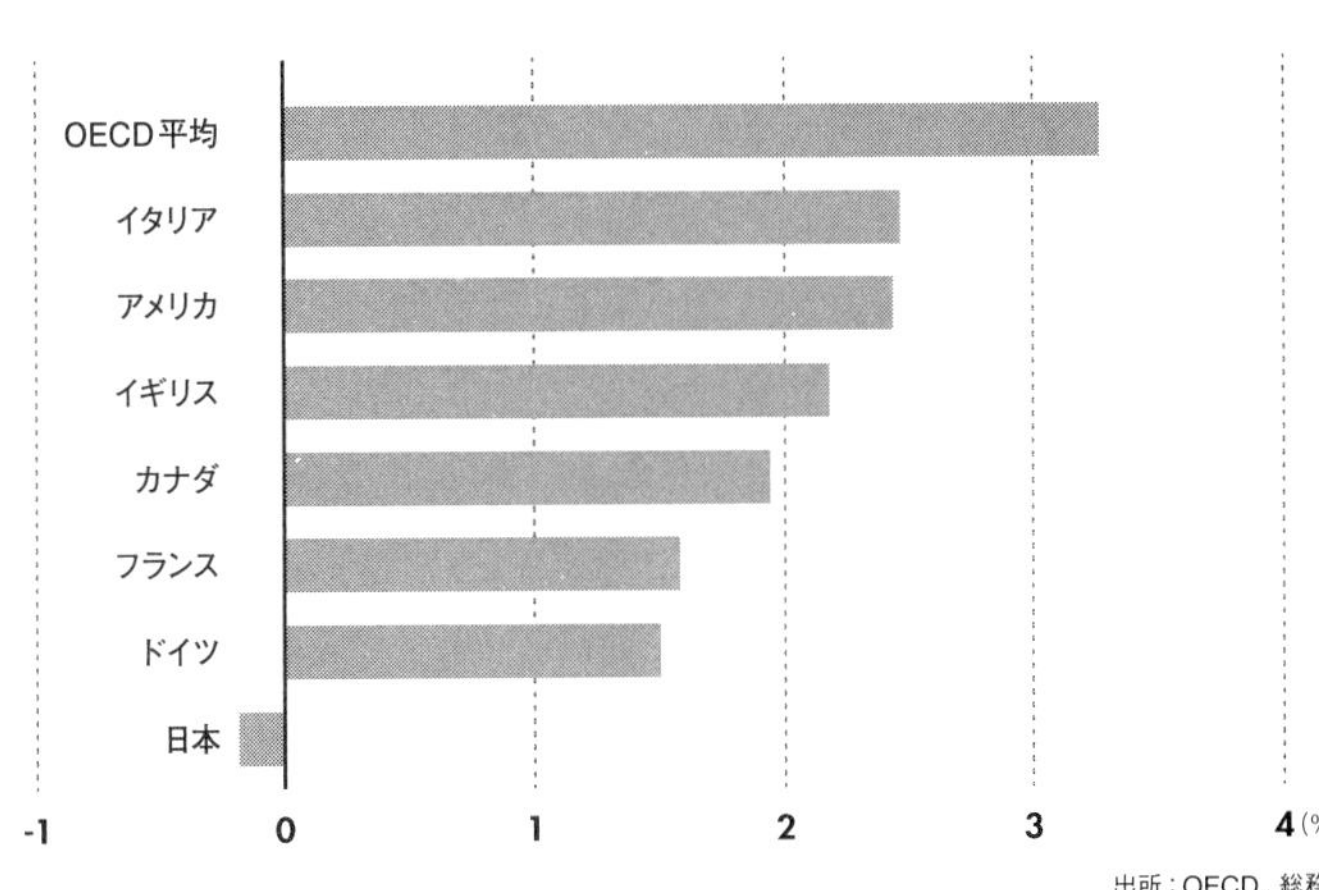

と予想されると、人々は購入を控えるようになります。ちょっと待てばもっと安く商品やサービスが手に入るのですから、当然のことです。そうなると、消費が減少、需要が低下します。

デフレ下では、これまで通りの生産活動を行っても価格が下がるため、売上が減少します。それに伴い、企業は投資を控えるようになります。また、消費者の買い控えが進めば、商品が売れなくなるため、企業はますます投資を躊躇することになります。投資は経済全体の約2割を占め、消費と投資を合わせると経済の8割を占めるため、これらが減少すると、総需要が大きく低下します。

総需要が低下すると、総供給が総需要を上回ります。つまり、商品を売りたい人が買いたい人よりも多くなるため、価格が下がり、経済はさらに縮小します。このように、デフレが連鎖的なデフレを引き起こす「デフレスパイラル」に陥る可能性もあります。

では、日本はなぜデフレに陥ったのでしょうか。デフレの原因については、貨幣供給不足、人口減少による需要の縮小、供給過多の産業構造など、様々な説が存在します。デフレの原因を突き止めることは本書のテーマではないので、詳細には触れませんが、デフレは複数の要因が絡み合って起こっており、ひとつの理由だけで説明できるものではないというのが私見です。

異次元の金融緩和

こうした状況に対し、日本経済をデフレから脱却させるべく、日本銀行は先述したように異次元の金融緩和に踏み切りました。政府と日本銀行が異例の共同声明を発表し、２０１３年４月に日本銀行は前年比で消費者物価上昇率を２％程度という安定的インフレを、２年以内にできるだけ早く実現することを目指しました。そのため、政策目標をそれまでの金利（無担保コールレート）から供給するマネーの量（マネタリーベース）へと変更し、国債などを大量に購入し、お金を市中に供給して経済を活性化する試みが始まりました。

緩和策の導入後、金融市場で円安と株高が進んだものの、物価はなかなか２％の目標には達しませんでした。そこで、日本銀行は２０１６年1月に「マイナス金利付き量的・質的金融緩和」を導入します。これは、民間銀行が日本銀行に預けるお金の一部にマイナス０・１％の金利を適用するものです。民間銀行は多くのお金を日本銀行に預けておくと利子を取られるため、民間銀行が世の中に出回るお金の量を増やすことで、家計や企業がお金を使いやすい環境を整えることを狙ったものです。しかし、マイナス金利政策によって金利全体がさらに低くなり、銀行が貸し出しで利ざやを稼ぎづらくなるなどの副作用が問題となりました。

そのため、2016年9月に日本銀行は「長短金利操作（イールドカーブ・コントロール）」という政策を導入します。通常、債券の利回りは償還期間が短いと低く、長くなると高くなります。期間に応じた金利の折れ線グラフを描いた曲線（イールドカーブ）を操作するのでイールドカーブ・コントロールと呼ばれます。この政策では、日本銀行が短期政策金利と長期金利の誘導目標を定め、それを実現するように国債の買い入れを行います。

具体的には、短期金利に関しては、金融機関が日本銀行にお金を預ける日銀当座預金の一部にマイナス0・1％の金利が設定されています。また、長期金利の代表である10年物国債の利回りは、ゼロ％程度に誘導されており、2022年12月には許容される利回りがプラスマイナス0・25％程度からプラスマイナス0・5％程度に拡大されました。市場関係者はこれを事実上の利上げだととらえました。さらに、日本銀行は2023年7月に長期金利操作の修正を決めました。長期金利の上限は0・5％を「めど」としたうえで、市場動向に応じてこの水準を一定程度超えることを容認しました。

このように日本銀行は2013年から10年間、大規模な金融緩和を続けてきました。202

2年までにインフレ率は日本銀行が目標とする2％に達することはなかったものの、2013年からコロナ禍が始まる前の2019年までは、インフレ率はプラスで推移しており、デフレ脱却には成功したと言えます。

急速に進む円安

日本と海外の中央銀行の金融政策の違いが為替相場に大きな影響を与えています。日本銀行が金融緩和を続ける一方で、FRBは利上げを実施しており、日米間の金利格差が拡大し、円安が急速に進行しました（図26）。

2022年3月のFRBの利上げ前、10年物国債利回りで見た日米の金利差は約1・5％でしたが、FRBの利上げに伴い格差が拡大し、同年10月には4％近くまで上昇しました。その後、若干縮小されましたが、2023年7月時点でも3％前半と、1年前と比べてほぼ倍の差があります。

こうした日米金利差の変動に伴い、外国為替市場では円安ドル高が進み、2022年3月初めに1ドル＝115円だった為替レートが、同年9月には140円台に急騰。政府と日本銀行は、急速な円安に対処するため、9月22日に、1998年6月以来、約24年ぶりとなる円買・ドル売りの為替介入を実施しました。為替介入後も、円安は加速し、10月には1ドル150円

図26　日米金利格差とドル円相場

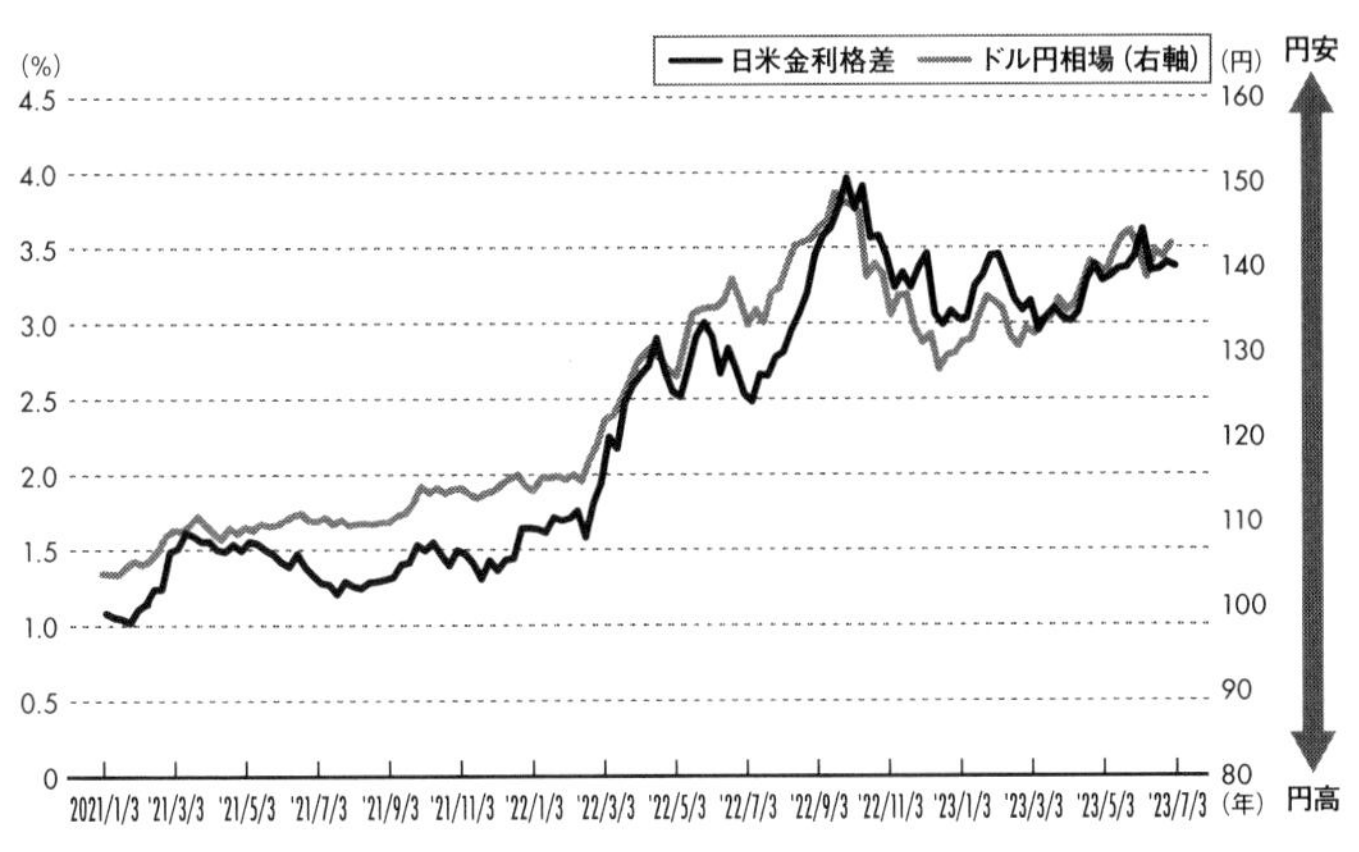

出所：日本銀行、BIS

台に達し、32年ぶりの安値を更新しました。

その後、日本銀行の金融緩和策の修正が予想されたことから、為替相場はドル安・円高に振れ、2023年1月には127円台まで戻りました。しかし、その後再び円安が進み、2023年7月末時点で1ドル＝140円台前半となっています。

ここで、為替レートについて簡単に説明しておきましょう。為替レートとは、円とドルや円とユーロのような2つの異なる通貨間の交換比率のことです。通貨を交換するときの「価格」ですから、基本的に為替レートは通貨の需要と供給のバランスで決まります。そして、経済の変動や人々の予想、さらには中央銀行の政策など多様な要因が、通貨の需給を介して為替レートに影響を与えます。

「円高」と「円安」という言葉は、文字通りそれぞれ日本円の価値が高まること、低下することを意味します。例えば、1ドル＝100円の為替レートでは、1ドルを買うために100円が必要です。しかし、為替レートが1ドル＝200円になると、1ドルを手に入れるのに200円が必要になります。つまり、100円では0・5ドルしか購入できなくなります。1ドル＝100円の時よりも100円で買えるドルが減ったことは、円の価値が下がったということです。したがって、為替レートが1ドル＝100円から1ドル＝200円になる場合、これは円安ということになります。

　では、なぜ日米金利差が為替レートに影響するのか、考えてみましょう。アメリカの金利が日本の金利よりも高くなると、円安・ドル高になるとはどういうことでしょうか。

　この疑問に答えるには、定期預金を例に考えるとわかりやすいでしょう。皆さんが日本の銀行かアメリカの銀行のどちらかに預金をしようとしているとします。日本の銀行の定期預金金利が0％で、アメリカの銀行の定期金利が3％だとします。アメリカの銀行の金利の方が高いため、そちらにお金を預ける方が有利だと考えるでしょう。しかし、皆さんが持っているのが日本円の場合、そのままアメリカの銀行に預金することができません。まず、手持ちの円をドルに両替する必要があります。つまり、円を売ってドルを買うことになります。その結果、為替レートは円安・ドル高に動くことになります。

　ただし、現在進行中の円安ドル高は、日米の金利格差が拡大したことだけが原因ではありません。世界的なエネルギーや原材料の価格高騰も影響しています。これにより、輸入のためにドルを調達する必要が増え、円売りが拡大しているのです。

円安のメリット・デメリット

最近の急激な円安に伴い、日本では「悪い円安」が話題になっています。円安にはメリットとデメリットが存在し、悪い円安とは、そのデメリットがメリットを上回る状況を意味します。それでは、どのようなメリットとデメリットが円安には存在するのでしょうか？

まず、円安のメリットについて探りましょう。円安が進むと、輸出企業にとって利益を増加させる機会が訪れます。これは、円安によって輸出品の価格が上昇するためです。

具体例を考えてみましょう。1ドル＝100円の時に、海外に10ドルで商品を販売した場合、その売上高は日本円で10ドル×100円＝1000円になります。しかし、為替レートが1ドル＝130円になると、同じ10ドルで販売しても売上高は1300円に増加します。これは、円安によって外貨から円に交換する際に、より多くの円が手に入るためです。製造コストが変わらなければ、その分利益が増えることになります。

一方、このメリットが徐々に薄れているとの見方もあります。かつて、日本経済は輸出型産業によって牽引され、円安は輸出競争力を高め、経済成長に寄与していました。しかし、輸出企業が生産拠点を海外へ移転しているため、円安による輸出へのメリットは徐々に減少しているとされています。もっとも、海外での現地生産が拡大しても、円安によって、円換算後の企業利益は高まることが期待されます。しかし、海外資産を円転しない場合には、その恩恵を受けることはありません。

また、円安が進むと、海外から見た日本の商品やサービスの価格が相対的に安くなるため、海外からの需要が高まるというメリットがあります。例えば、新型コロナウイルスの影響で訪日外国人旅行者数が一時大幅に減少していましたが、円安は本来、海外からの観光客の増加を促す効果があります。外国人旅行者が日本でお金を使うことで、日本経済にプラスのインパクトが生まれます。

一方、円安のデメリットとして、輸入物価の上昇が挙げられます。エネルギーや原材料を輸入に頼る企業にとって、円安が進むとコストが上昇し、採算が悪化することがあります。さらに、円安とエネルギー価格の高騰による輸入金額の増加は、輸入企業が円を売る取引を増やし、さらなる円安圧力につながります。

この影響は輸入業者にとどまらず、エネルギーや食料品の価格上昇によって家庭にも負担をもたらします。ウクライナ危機によりエネルギーや食料価格が上昇している状況での円安は、家計に大きなダメージを与えています。

また、円安が進むと、企業は技術開発や産業構造の改革を行わずとも利益が増加することがあります。これが、日本の生産性の停滞を助長する要因になっているとの見解もあります。つまり、円安は輸出企業の利益を拡大させるメリットがある一方で、長期的には古い産業を温存し、技術開発の妨げになるデメリットも潜んでいるということです。

4 ― 安いニッポン

ビッグマックでわかる日本の「安さ」

日本ではインフレが急速に進み、人々の生活に重圧がかかり始めています。第1章の冒頭では、日本マクドナルドが２０２３年1月に価格改定を実施したことに触れました。マクドナルドの人気商品であるビッグマックの価格は、それまでの４１０円から40円上昇し、４５０円になりました。小さくない衝撃を与えた新価格ですが、他の国々と比べるとまだまだ安いというのが現実です。

実は、ビッグマックは海外と価格を比較する際によく使用されます。ビッグマックはどこの国でもほぼ同じ品質で製造されているので、各国のビッグマックの価格を比較することで、それぞれの国の購買力を把握することができます。

理論的には、同じ品質であればどこで販売されても同じ価格になるはずです。しかし、実際には、各国の原材料費や労働コストなど様々な要因により、商品の価格は国ごとに異なります。

このため、ビッグマックの価格を比べることで、その国の購買力を比較できるわけです。ビッグマックを用いて各国の購買力を比較するというアイデアは、イギリスの経済専門誌『エコノミスト』が1986年に考案したもので、年に2回データが発表されます。

2023年7月時点で、日本で450円で販売されているビッグマックは、アメリカでは5・58ドルとなっていました。仮に同じ商品の価格が世界中どこでも同じだと考えると、為替レートは1ドル＝80・65円（＝450円÷5・58ドル）となりますが、実際の為替レートは1ドル＝142・08円で、円は約43％過小評価されていることになります。また、アメリカのビッグマック価格を日本円に換算すると、792円となり、日本の価格の約1・8倍となっています。もっとも値段が高いのはスイスで、日本円に換算するとなんと1094円となります。日本では450円で買えるのに、スイスだと倍以上の金額が必要となるため、日本人にとっては「高い」という感覚になるのではないでしょうか。しかし、現地のスイスの人にとっては、それがビッグマックの日常の価格なので、高いとは感じないのです。言い換えれば、それだけ日本は安い国であるということです。

この「安いニッポン」の傾向は、他の商品でも見られます。

例えば、米アマゾン・ドット・コムの会員制サービス「アマゾンプライム」の年間費用は日本では4900円ですが、米国では139ドル、英国では95ポンド、ドイツでは89・90ユーロとなっています。為替レートを1ドル＝130円とすると、アメリカの年会費は1万8070

円になり、日本の年会費はアメリカのほぼ3割に過ぎません。

また、日本のラーメン店チェーン「一風堂」はアメリカでも人気を博していますが、価格にはかなり差があります。日本国内では、ラーメン一杯790円で提供されていますが、米国では17ドルという価格がつけられています。1ドル＝130円で計算すると、アメリカでの一杯当たりの価格は2210円になります。

さらに、世界中で大人気のディズニーランドの入場料も、日本と他国では大きな違いが見られます。東京ディズニーランドは、2021年10月1日に値上げが行われ、大人の入場料が7900円から9400円に変更されました。入場料が高くなったと感じられる人も多いのではないかと思いますが、アメリカフロリダの1日券は109～189ドルで、1ドル＝130円換算で1万4170円～2万4570円になります。

アマゾンプライムの価格がアメリカで日本の3倍以上、一風堂のラーメン価格が2・8倍といった、日本と海外の価格差は為替レートの動きだけで説明がつくものではありません。それぞれの国での物価の動きも重要な要素となります。

例えば、日本と海外で物価上昇率が同じであれば、国内物価が海外物価よりも安くなったのは円安が理由と言えます。

しかし、現実は異なります。**図25**（87ページ）で示されているように、日本は長期デフレで物価が停滞している一方で、他の先進国では毎年平均2％近く物価が上昇していました。20

00年とコロナ禍直前の2019年の物価水準を比較すると、この20年間で日本の物価はわずか3％しか上昇していないのに対し、アメリカでは1・5倍にまで跳ね上がっています。

日本が海外に比べて安い国になったのは、昨日今日の話ではありません。むしろ、日本は長い期間にわたって安価になってきたのです。直前の円安だけで説明できるものではなく、長年にわたる日本と海外の物価上昇率の差が、安いニッポンをもたらしたのです。

そして、その根因には日本経済の体力が落ちていることがあります。経済が長期デフレで停滞した結果、国民の所得が伸びず、消費意欲が失われました。企業が少しでも値上げをすると、消費者は手を引く傾向がありました。顧客を獲得するため、コスト削減による値下げ競争も起きました。この状況が、消費者のデフレマインドを強化し、値上げに対して拒否反応を示す消費者が増え、企業はますます値上げができない状況に陥りました。一方で、海外では物価が上昇し続けたことから、日本の購買力が大幅に低下し、安いニッポンになったのです。

円の購買力は1970年代に逆戻り

日本円の総合的な力を測る指標として「実質実効為替レート」と呼ばれるものがあります。この指標は物価や複数の通貨間の関係を考慮し、円の実力を測るものです。

先ほど、「日本の購買力」を考える際には、国内と海外の物価を考慮する必要があると述べま

図27　実質実効為替レートの推移（2020年＝100）

出所：日本銀行

した。実質実効為替レートにおける「実質」は、まさにその点を反映しています。つまり、「実質」というのは、各国の物価状況を調整したということです。

また、これまで円とドルの為替レートに焦点を当ててきましたが、実際には多くの通貨ペアが存在します。例えば、円とユーロ、円とポンド、円と人民元などです。経済を為替レートから分析する場合、単一の為替レートだけなく、為替レート全体の動きをとらえる必要があります。実質実効為替レートの「実効」は、様々な通貨と円の間の為替レートを平均的に出すということです。

図27を見てください。ここでは、2020年を100とした指数の形で、円の実質実効為替レートの推移が示されています。実質実効為替レートが高いほど、対外的な購買力が強まり、海外製品をより手頃な価格で購入できることを意味してい

ます。

　２０２２年10月の実質実効為替レートは73・7と、１９７０年以降の最低水準まで低下しました。つまり、１ドル＝３６０円の固定相場制だった時代と同じ購買力しかないということです。その後、実質実効為替レートは若干、上昇しましたが、２０２３年5月は76・２と依然として低いままです。この数字はピークだった１９９５年４月の約４割の水準となっています。

5　考えなくてはいけない構造的なインフレ

現在進行中のインフレはコロナ禍が主要な原因であり、それにロシアによるウクライナ侵攻が拍車をかけている形ですが、足元そして今後のインフレを考えるうえで重要なものが２つあります。脱炭素化の流れと人口構造の変化です。それぞれについて見ていきましょう。

広がるグリーンフレーション

「グリーンフレーション」という言葉を聞いたことがあるでしょうか？　これは、脱炭素化など地球環境に配慮して経済活動を行うことを表す「グリーン」という言葉と、インフレーションを組み合わせた造語で、脱炭素化に伴う物価上昇を指します。

地球温暖化による気候変動は、私たちが直面する最大の課題です。経済はもちろんのこと、人間生活に壊滅的な打撃を与える可能性が高いと考えられています。例えば、世界経済フォーラムの「グローバルリスク報告書２０２３」では、今後10年間に発生する可能性が高いグローバルリスクの上位5位のうち、4つが環境リスクに関連しています。

このような状況を受け、世界各国は気候変動対策に取り組んでいます。地球温暖化の原因とされる温室効果ガスの排出量をネットゼロにする脱炭素化の動きが急速に進んでいます[10]。日本では、2020年に菅前首相が2050年までに温室効果ガスの排出をネットゼロにする方針を掲げました。アメリカ、イギリス、EUも2050年までに温室効果ガスを実質ゼロにすることを目指しています。

このような脱炭素化の取り組みが物価上昇を招くと考えられています。

国際社会が脱炭素化へと舵を切る中、石油や石炭などの化石燃料への新規投資を行うことは座礁資産になる可能性があります。化石燃料に対する投資が抑制されれば、その結果、化石燃料の供給が鈍化し、価格が上昇します。また、脱炭素化が進む中では、価格が上昇したからといって、産油国はこれまでのように増産に応じづらくなると考えられます。さらに、長期的に需要が減少する見通しのため、産油国は、安易に増産を行わず、高値を維持し、今のうちに収入を得ようとするかもしれません。

脱炭素化を実現するためには、温室効果ガスの代表である二酸化炭素を排出しない再生可能エネルギーへの転換が不可欠ですが、それには時間や膨大な費用がかかります。そのような中、欧州を中心に、石油や石炭に比べて相対的に環境負荷が少ない天然ガスへの需要が高まり、価格が押し上げられています。実際、2021年春以降、欧州の天然ガス価格は急騰しています。

さらに、太陽光発電や風力発電、電気自動車（ＥＶ）など、脱炭素社会を実現する技術は、銅やアルミなどの金属資源を大量に必要とします。例えば、ＥＶは車体軽量化のために多くのアルミを使用し、モーターなどに使われる銅の使用量は従来のエンジン車の4倍にもなるといわれています。また、太陽光発電では、火力発電の4倍の銅を使用することになります。これらの金属資源への需要が高まり、価格が上昇する現象も、グリーンフレーションの一種です。ブルームバーグＮＥＦによれば、太陽光、風力、蓄電池、電気自動車などのエネルギー移行技術の進展に欠かせない主要金属の需要は、２０５０年までに5倍に増大すると予測されています。

将来、脱炭素化が進めば、こうした化石燃料や金属資源の価格変動が経済全体の物価に及ぼす影響は低下していくと考えられますが、移行期間においては、グリーン化がむしろ化石燃料や金属資源の価格を押し上げ、インフレを加速させるリスクがあります。

さらに言えば、グリーンフレーションは構造的な問題で、短期的な話ではありません。専門家の中には、グリーンフレーションが解消されるまでに20～30年かかるとの見解を示す者もいます。

人口大逆転の影響

人口構造の変化がインフレに影響を与えるという興味深い見解もあります。

高齢化が経済に及ぼす影響を考える際、重要な視点のひとつは、貯蓄と投資への影響です。一般的に、高齢化は消費や投資の低下につながると考えられています。そして、消費が投資よりも早く減少することが予想されており、結果として貯蓄超過が増加し、利子率が低下すると考えられています。金融政策がこれらの変化を十分に取り込まなければ、インフレ率への持続的な下方圧力がかかることになります。

また、部分的に重複する要素もありますが、別の観点として、人口構造の変化は総需要と総供給に影響を及ぼします。高齢化により消費が減少し総需要が低下する一方、労働供給の減少により総供給も減少すると考えられます。需要の減少が供給の減少を上回れば、超過供給が生じ、価格は低下します。つまり、インフレ率は低くなります。

これらが一般的な見解ですが、高齢化が貯蓄や需給バランスに与える影響が逆になる可能性も指摘されています。例えば、ロンドン・スクール・オブ・エコノミクスの名誉教授チャールズ・グッドハートとマノジ・プラダンは、低出生率と高齢化により、これまでのディスインフレ基調から本格的なインフレと金利上昇時代が到来すると主張しています[11]。

実際、高齢化とインフレの関係はどうなのでしょうか。データをもとにした研究では、高齢化がデフレにつながっているという結果と、高齢化がインフレにつながっているという結果があり、いまだに両者の関係に確定的な結論は出ていません。さらなる研究が求められていると言えます。

6 ― 日本の金融政策の今後

足元でインフレが続く中、2023年4月に日本銀行の総裁が10年ぶりに交代しました。そうした中、長年、黒田東彦前総裁のもとで金融緩和を続けてきた日本銀行の政策の行方が注目されています。植田和男新総裁は、物価が上がれば金融政策を正常化する方向に舵を切るとしつつも、2％の物価目標が安定的に達成されるまで現在の金融政策を続けるとしています。

金融政策の変更は、経済、特に財政に大きな影響をもたらす可能性があります。

日本政府の債務残高の対GDP比はIMFによると、グロスで264％、ネットで170％と世界でも突出して高く、財政の持続可能性を懸念する研究も多いのが事実です。[12] 幸い、財政危機はまだ起きておらず、国債の利回りも低い水準で維持されています。

債務の維持可能性に赤信号が点灯すれば、リスクプレミアムにより国債の利回りは上がると考えられますが、現実にはそうなっていません。むしろ、過去4半世紀、国債残高が大きく増える一方で、利回りは大きく低下し、10年物でもほぼ0％近傍で推移してきました。

理由のひとつは、日本が貯蓄超過にあったことです。民間部門の余剰資金が政府部門の赤字を補塡してきたのです。政府債務が増えても、国内で国債に対する購入意欲が高ければ、利回りは低水準で推移することになります。国債の外国人保有比率は徐々に高まってきてはいますが、未だに約14％と低く、国債の外国人保有比率の高さが国際利回りを不安定にしてきた国とは大きく状況が異なります。

それ以上に大きな理由は、日本銀行が国債の大半を保有していることです。黒田前総裁のもとで、日本銀行による国債保有は急増。現在、国債保有の半分は日本銀行によるものとなっています。言い換えれば、金融緩和を続けたことで、国債の利回りを低く抑え、財政のやりくりをした10年だったとも言えます。

財政の維持可能性がすぐに危険となることはないにせよ、金融政策が正常に向かい、金利を上げるようになってくると問題になる可能性は否定できません。日本銀行は金融政策の設定のいかなる変更についても、市場がどう反応するのかを注意深く観察し、移行を円滑に進め、十分なコミュニケーションを取らなくてはいけません。理想としては、日本銀行が金融政策を正常化する前に、政府は財政状況を改善、あるいは改善する道筋をつけておく必要があるでしょう。

なお、幸運にも財政危機が回避されたとしても、日本の財政が維持可能というわけではありません。歳出の約3分の1を国債発行によって賄い、支出の4分の1が国債の元利払いという状況は決して健全ではありません。高齢化が進む日本では、今後、社会保障関係の支出のさらなる増加も見込まれており、財政状況はこのままではさらに厳しくなります。

中長期的には、財政バッファーを構築し、公的債務比率を下げるように財政の健全化を図る必要があります。この30年を振り返ると、世界金融危機やコロナ危機など、およそ10年に一度のペースで経済危機が発生しています。将来の危機に備えるためにも、十分な財政スペースを確保する必要があると言えます。

6　Bianchi, F., L. Melosi. 2022. "Inflation as a Fiscal Limit (September 21, 2022)". FRB of Chicago Working Paper No. 2022-37.
7　http://www.frbsf.org/economic-research/indicators-data/supply-and-demand-driven-pce-inflation/
8　ＮＹ連銀の調査分析によると、２０１９‐21の米国インフレの60％が需要要因（財に対する需要増）、40％が供給の抑制が要因。出典："How Much Did Supply Constraints Boost U.S. Inflation?"
9　BIS WP "What drives inflation? Disentangling demand and supply factors"
10　ネットゼロとは、温室効果ガスの排出を全体としてゼロにすることで、温室効果ガスの排出量から吸収量を差し引いた合計がゼロとなる実質ゼロを指す言葉です。
11　チャールズ・グッドハート／マノジ・プラダン著、澁谷浩訳（２０２２）『人口大逆転 高齢化、インフレの再来、不平等の縮小』日本経済新聞出版
12　政府が持つ資産を債務から差し引いたものが「ネット」、資産を差し引く前の債務は「グロス」と呼ばれます。なお、政府債務を考える際には、ネット債務ではなくグロス債務を見た方が良いというのが国際的な見解です。

第3章

先進国で日本だけ「賃金抑制」が続く理由

1　低迷が続く日本の賃金

賃上げが日本経済の最大の争点となっている

日本ではインフレが急速に進行している一方で、賃金は伸び悩んでいます。このため、国民の所得が減少し、貧困化の危険性が高まっています。また、値上げが相次ぐと、生活が苦しくなり、人々の節約志向が強まる可能性があります。その結果、商品やサービスが売れなくなり、経済の停滞が懸念されます。

こうした事態を避けるためには、賃金上昇の波が広がることが不可欠です。実際、政府や経済界からは、そのような動きの兆しが見られます。岸田文雄首相は、2023年1月の年頭会見で、物価上昇率を超える賃上げの実現を目指す方針を示しました。また、経団連の十倉雅和会長は、2023年の春季労使交渉を構造的な賃上げへの企業行動の転換を実現する絶好の機会だと位置づけました。同様に、連合の芳野友子会長も、これを「日本の未来を作り変えるターニングポイント」と強調しました。

とはいえ、日本の賃金は長年にわたって低迷が続いており、過去25年間でアメリカやイギリスなど他の先進国の賃金が2割から5割増えたのに対して、日本はほぼ横ばいで、「世界で一人負け」の状況です。

この章では、日本の賃金問題の深層を探るため、現状分析と背後にある要因を見ていきましょう。

賃金とは何か？

はじめに、賃金とは何かを説明しましょう。賃金とは、労働者の提供する労働サービスの対価として使用者が支払うものです。つまり、給料、手当て、賞与など、名称は異なるものの、これらはすべて賃金となります。

賃金を見る際には、名目賃金と実質賃金を区別することが重要です。

名目賃金は、労働者が受け取る額面の賃金そのものです。例えば、毎月の給料が30万円であれば、名目賃金は30万円です。これに対して、実質賃金とは、名目賃金を物価水準で調整したもので、労働者に支払われた賃金額で実際にどれだけの商品やサービスを購入できるのか表しています。

私たちの生活水準を評価する際には、名目賃金よりも実質賃金の動向を見ることが有益です。例えば、月給が1年間で30万円から30万6000円に増えたとしましょう。この場合、名目賃金の上昇率は2％です。しかし、生活水準が向上したかどうかは一概には言えません。もし1年間で、物価が2％上昇していたら、生活水準に変化はないことになります。また、物価上昇率が2％を上回る場合は、実質賃金が減るので、生活は苦しくなります。

統計で見る日本の賃金

それでは、日本の賃金動向を詳しく見ていきましょう。

賃金に関する主要な統計には、厚生労働省による「賃金構造基本統計調査」と「毎月勤労統計調査」、国税庁の「民間給与実態統計調査」があります。

賃金構造基本統計調査は、年齢、勤続年数、学歴、産業、雇用形態など属性別に賃金の実態を詳細に調査しています。ただし、大規模調査のため、年に1回だけ実施されます。

一方、毎月勤労統計調査は、その名の通り毎月行われる賃金構造基本統計調査の簡易版です。毎月調査が行われ、翌月末に速報が公表されるため、短期的な賃金動向を把握することができます。

民間給与実態統計調査は、民間事業所の給与所得者を対象としたもので、年間の給与実態を給与階級別、事業所規模別、企業規模別などで明らかにしています。また、この調査は租税収入の見積り、租税負担の検討、税務行政運営等の基本資料として利用されています。

それぞれの統計を参考に、賃金の状況を確認しましょう。

令和4年賃金構造基本統計調査によれば、2022年の賃金は男女計で月額31万1800円、年額374・2万円となっています。男性の賃金は月額34万2000円、女性の賃金は月額25万8900円となっており、男女間の賃金格差（男性＝100）は75・7となっています。

ただし、賃金には、年齢や学歴、企業規模、雇用形態などによって大きな差が存在します。

まず、年齢が上がるにつれて賃金も高くなります。20～24歳の月給が21万8500円であるのに対して、55～59歳の月給は37万円と、約1・7倍になります。年齢が高くなると賃金が高くなる傾向は、女性よりも男性で強くなっています。

次に、学歴別では、男女計で高校卒の月給が27万3800円、大学卒が36万2800円、大学院卒が46万4200円となっており、学歴が高いほど賃金も高くなっています。大学院卒の賃金は、高校卒の賃金の約1・7倍となっています。

さらに、企業規模別の賃金も見てみましょう。「賃金構造基本統計調査」では、常用労働者数で企業規模を分類し、1000人以上を「大企業」、100～999人を「中企業」、10～99人を「小企業」としています。賃金は、大企業で月額34万8300円、中企業で30万3000円、小企業で28万4500円となっており、企業規模が大きいほど賃金も高いことがわかります。大企業の賃金を100とすると、中企業の賃金は87・0、小企業の賃金は81・7となっています。

雇用形態別に賃金を見ると、正社員・正職員の月額32万8000円に対して、正社員・正職員以外の月給は22万1300円と、正社員・正職員の月給よりも3割以上低くなっています。

また、「賃金構造基本統計調査」から外国人労働者の賃金も確認できます。2022年の外国人労働者の月給は24万8400円で、調査全体平均の約8割となっています。

次に、毎月勤労統計調査の数字を確認しておきましょう。毎月勤労統計調査は、賃金構造基本統計調査の簡易版なので、その数字に大きな差はありません。2022年度の給与額（現金給与総額）は月額32万5817円、年額391万円となっています。毎月勤労統計調査では、労働者を一般労働者とパートタイム労働者の2つに分けていますが、一般労働者の月給は42万9051円、パートタイム労働者の月給は10万2078円となっており、両者の差は年間で約392万円にのぼります。

民間給与実態統計調査も見ておきましょう。令和3年分の調査結果によると、給与所得者の平均給与は433万円で、男性545万円、女性302万円となっています。また、正規、非正規の平均給与について見ると、正規508万円に対して、非正規は198万円と正規の給与の約39％となっています。

25年間低迷を続ける賃金

次に、賃金がこれまでどのように推移をしてきたのかを見てみましょう。

図28　**賃金の推移**（1997年＝100）

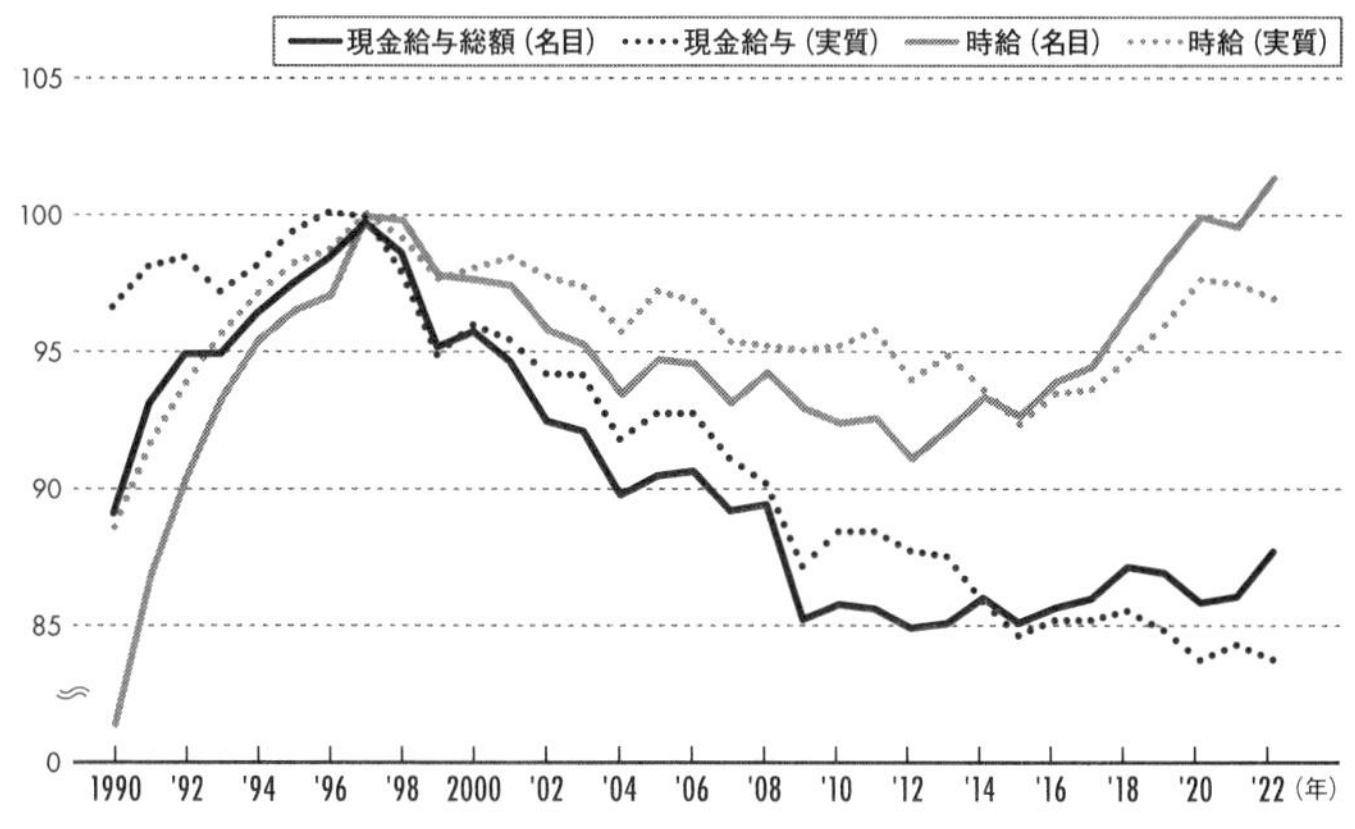

出所：厚生労働省

　図28は毎月勤労統計調査の現金給与総額の推移を示したものです。月給と時給の両方について、名目賃金と実質賃金の推移が示されています。

　まず、月給（名目）の動きを見ると、１９９７年までは着実に上昇していましたが、その後はＩＴバブル崩壊や２００８年のリーマンショックなどの影響で、２００９年まで低下傾向が続きます。２０１０年代の景気回復局面にはわずかに上昇しますが、２０２２年の数字はピーク時の１９９７年に比べ１割以上も低い水準にあります。実質賃金を見ても、１９９６年のピークから一貫して低下傾向が続いていることがわかります。

　月給は労働時間によって左右されるため、時給による賃金の動きを確認しておきましょう。正社員とパートやアルバイトなどの非正規社員の賃金を比較する際には、時給が重要な役割を果たします。正社員の多くは月給制であり、労働時間や日数に左右されない基本給が支払われていますが、非正規社員は時給制で労働時間に応じた支払いが一般的だからです。

時給で見ても、日本の賃金は１９９７年頃にピークに達し、その後しばらく低下傾向が続いたことがわかります。しかし、名目時給は２０１２年を底に上昇に転じ、２０２０年には１９９７年の水準まで回復し、２０２２年には１９９７年の賃金よりも１・５％ほど上昇しています。実質月給も似たようなパターンをたどっていますが、２０２２年の時点でピークの水準までは回復していません。

以上のように、月給と時給、さらに名目と実質では賃金の動向に若干の差がありますが、いずれも過去25年間で賃金はほとんど変わっていないか、むしろ低下していることがわかります。

次に、賃金の成長率に注目してみましょう。

月給の成長率は、１９９０年代初頭には高い値を示していましたが、その後低下し、１９９０年代後半にはマイナスに転じています（図29）。２０００年代は、ほとんどの年で賃金成長率がマイナスでしたが、２０１４年からは名目賃金の成長率がプラスに回復しました。２０００年から２０１３年までの平均上昇率はマイナス０・７％でしたが、２０１４年からパンデミック前の２０１９年までの平均は０・６％へ上昇しています。しかしながら、実質賃金を見ると、２０００年から２０１３年までの平均はマイナス０・５％、２０１３年から２０１９年までの平均はマイナス０・６％となっています。

図29　賃金成長率の推移

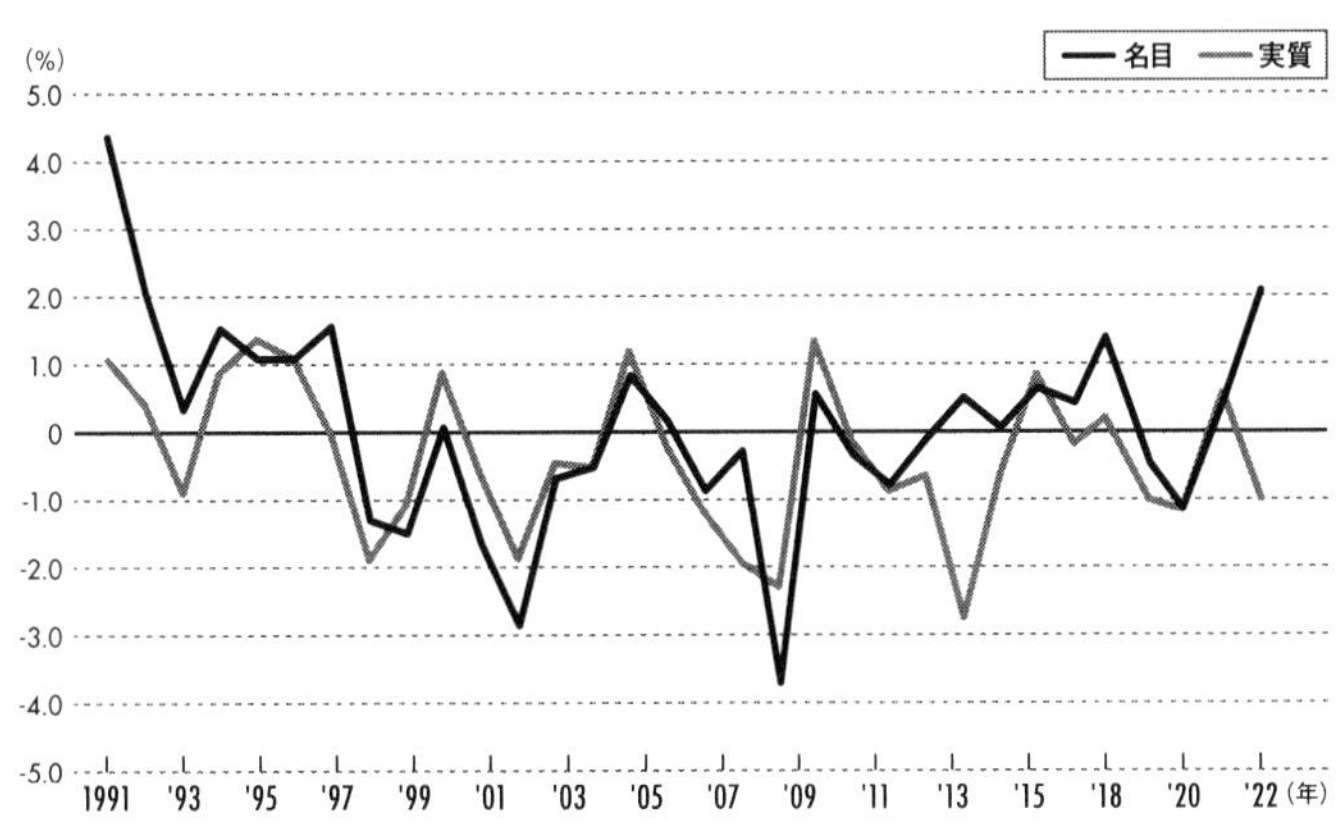

出所：厚生労働省

２０２２年には、名目賃金の成長率が２・０％に達し、日本では１９９２年以来、30年ぶりに高い水準を記録しました。しかし、インフレが進行したため、実質賃金の成長率はマイナス１・０％となっています。

親世代より貧しくなる子世代

さらに、別の統計でも賃金の動きを確認しておきましょう。**図30**は、国税庁「民間給与実態統計調査」による、平均年収（1年を通じて勤務した給与所得者のもの）の推移を示しています。

平均年収のピークは１９９７年の約４６７万円で、その後、２００９年の約４０６万円まで大幅に減少しました。この10年ほどは上昇していますが、２０２１年の平均年収は約４４３万円であり、ピーク時の１９９７年と比較して約24万円も低い

図30　平均年収の推移

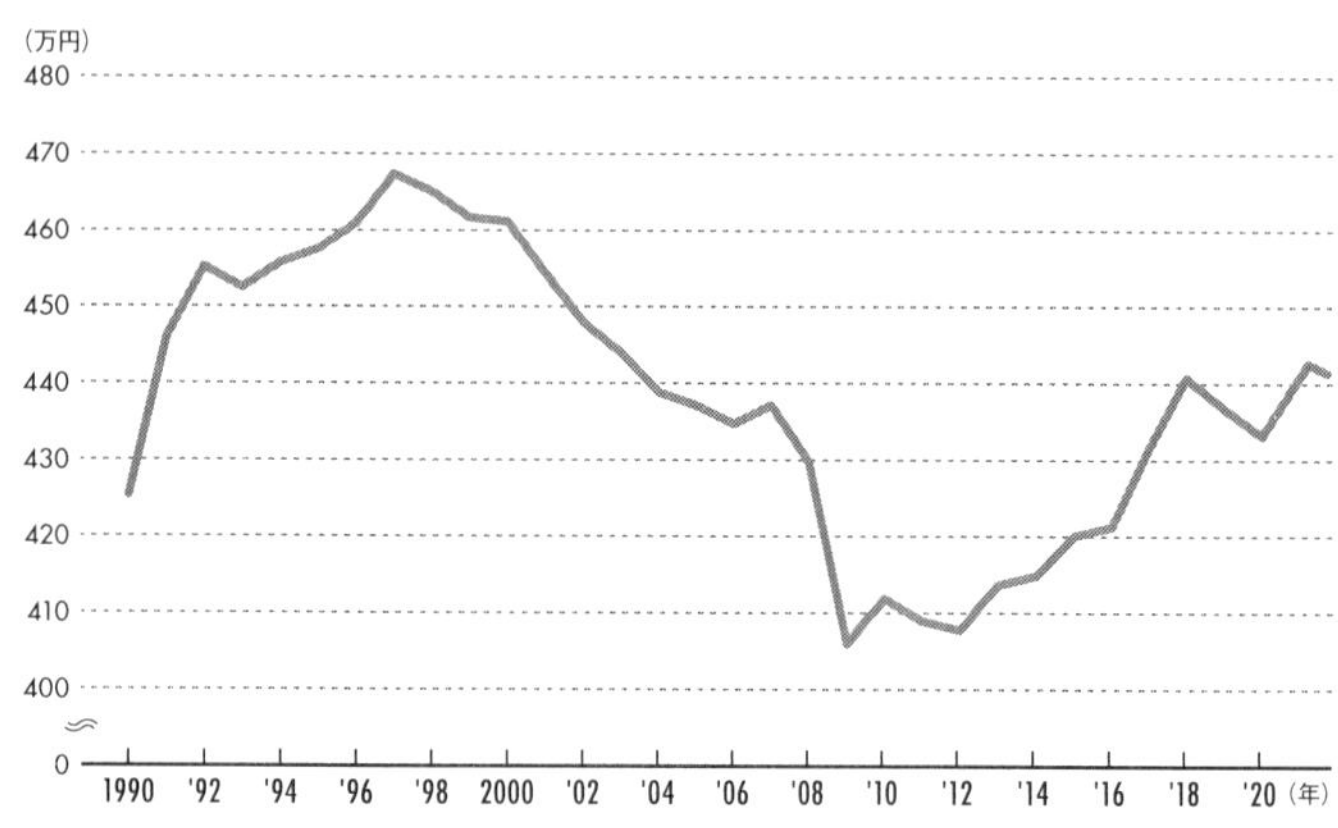

出所：国税庁「民間給与実態統計調査」

金額となっています。

賃金が上がらなければ、人々の生活水準は上がりません。親世代が達成してきた生活水準を子世代が超えることも難しくなります。実際に、2010年から2019年の10年間の平均給与額は約421万円だったのに対して、30年前の1990年代の10年間の平均年収は約455万円となっており、子世代の年収は親世代よりも約34万円も低くなっていることがわかります。これでは、若い人が明るい未来を夢見ることは難しくなってしまいます。

なお、定年後の生活の支えとなる退職金も、昔に比べてその額が大きく減っています。厚生労働省の調査によると、大卒者の平均退職金額は1997年には2871万円でしたが、2018年には1983万円と、この30年間で900万円近く低下していることがわかります。

2　一人負けニッポン

日本の賃金はOECD平均以下

日本の賃金水準は、先進諸国と比較してどの程度なのでしょうか。

ＯＥＣＤが公表している加盟国の平均賃金のデータを見てみましょう。ＯＥＣＤの統計データベースでは、各国の平均年間賃金を、①名目・現地通貨建て、②実質・自国通貨建て、および、③実質・購買力平価によるドル換算の３つで公表しています。これらの中で、国際比較が直接可能なのは、購買力平価によるドル換算のデータです。

このデータから２つのことがわかります。ひとつは、日本の賃金水準が低いということです。もうひとつは、賃金の上昇率も低いということです。

まず、賃金のレベルから確認しましょう。**図31**は２０２２年の平均年間賃金を比較したものです。日本の賃金は、４万１５０９ドルであり、ＯＥＣＤ平均の５万３４１６ドルを大幅に下回っています。また、日本はＯＥＣＤ加盟38カ国中25位であり、主要７カ国（Ｇ７）の中では最下位となっています。

図31　平均年間賃金の国際比較

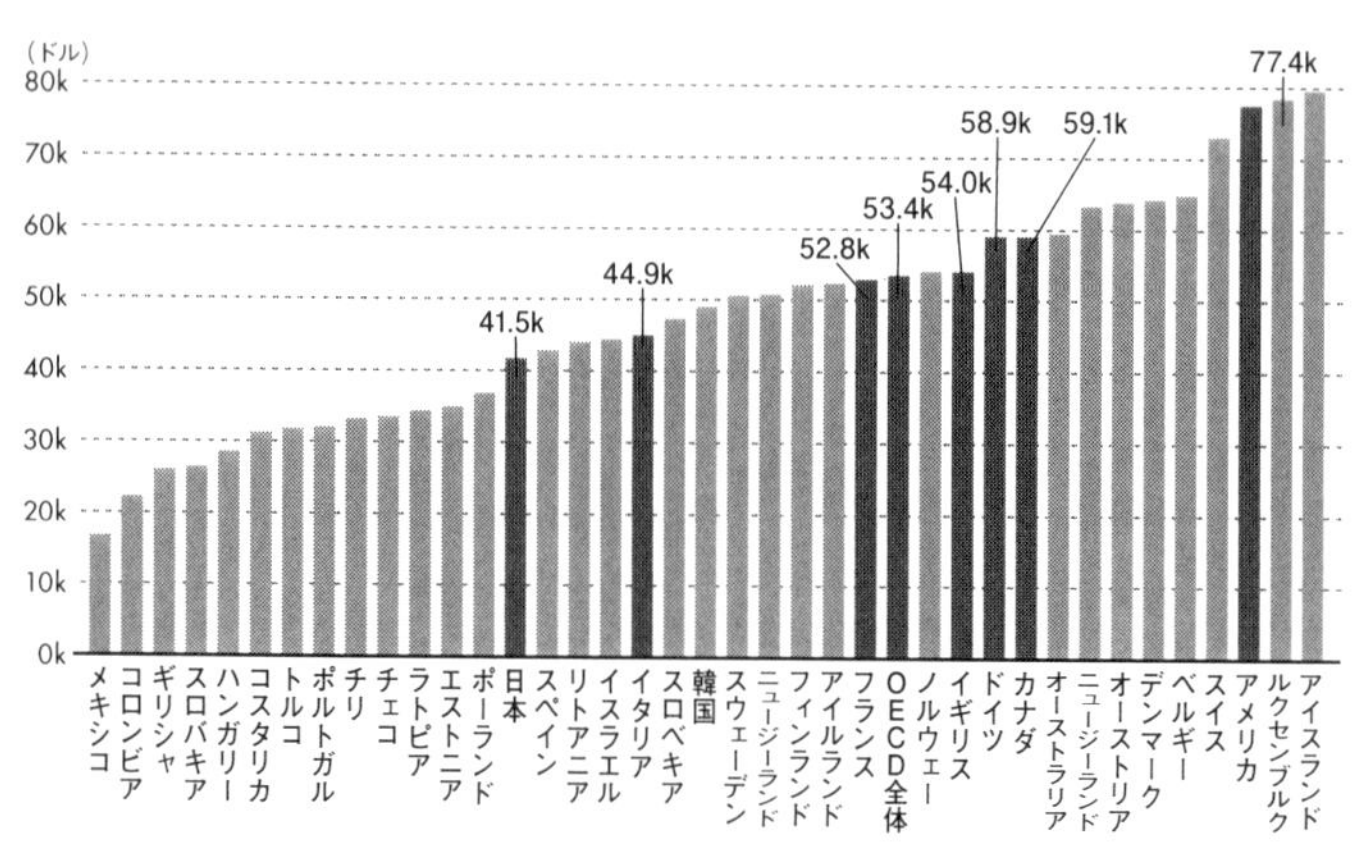

出所：OECD

Ｇ７の平均年間賃金を見ると、最も高いのはアメリカの７万７４６３ドル、次いで、カナダの５万９０５０ドル、ドイツの５万８９４０ドル、イギリスの５万３９８５ドル、フランスの５万２７６４ドル、イタリアの４万４８９３ドルとなっています。トップのアメリカの賃金と比べると、日本の賃金はおおよそ半分に過ぎません。

また、お隣の韓国の賃金は４万８９２２ドルで、38カ国中18位となっており、日本の順位は韓国よりも６ランク下です。日本の順位は、２０００年には18位でしたが、２０１０年には21位に、そして２０１５年には24位へと下降しました。

次に、賃金の推移を見てみましょう。**図32**は、１９９７年の平均年間賃金を基準として１００とし、Ｇ７諸国および韓国の賃金の推移を示したものです。１９９７年を基準としているのは、日本の賃金がその年をピークにして以降、減少傾向に

図32　平均年間賃金の推移（1997年＝100）

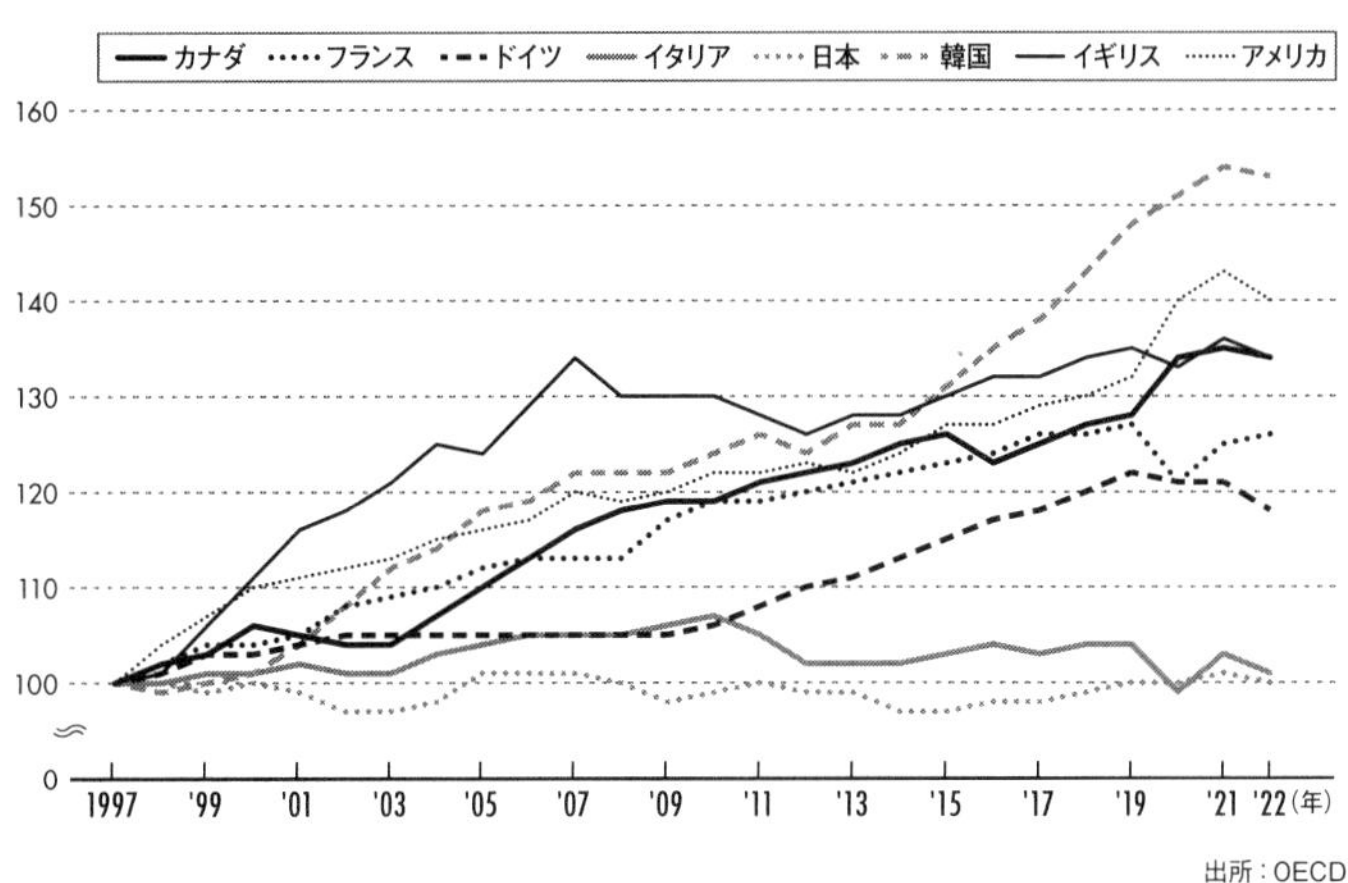

出所：OECD

あるためです。

図32から、日本の賃金が過去25年間ほとんど上がっていないことがわかります。２０２２年における日本の指数は１００で、一方、アメリカは１４０で、賃金は過去25年間で約１・４倍に増加しています。また、イギリス、カナダやフランスは約１・３倍に、ドイツも約１・２倍に成長しています。韓国の数字は１５３で、賃金の大幅な伸びが確認できます。このように、他の先進諸国では、この25年間に賃金が２割から５割上昇しているのに対して、日本だけが「一人負け」といっても過言でないほど賃金が上がっていません。

ただし、これらの数字は現実の賃金格差を直接示すものではありません。なぜなら、データは物価変動の影響を差し引いた実質賃金であり、名目賃金ではないからです。さらに、ドル換算に際しては、「購買力平価」が用いられて、現実の為替

図33　名目平均賃金の推移（ドル換算）

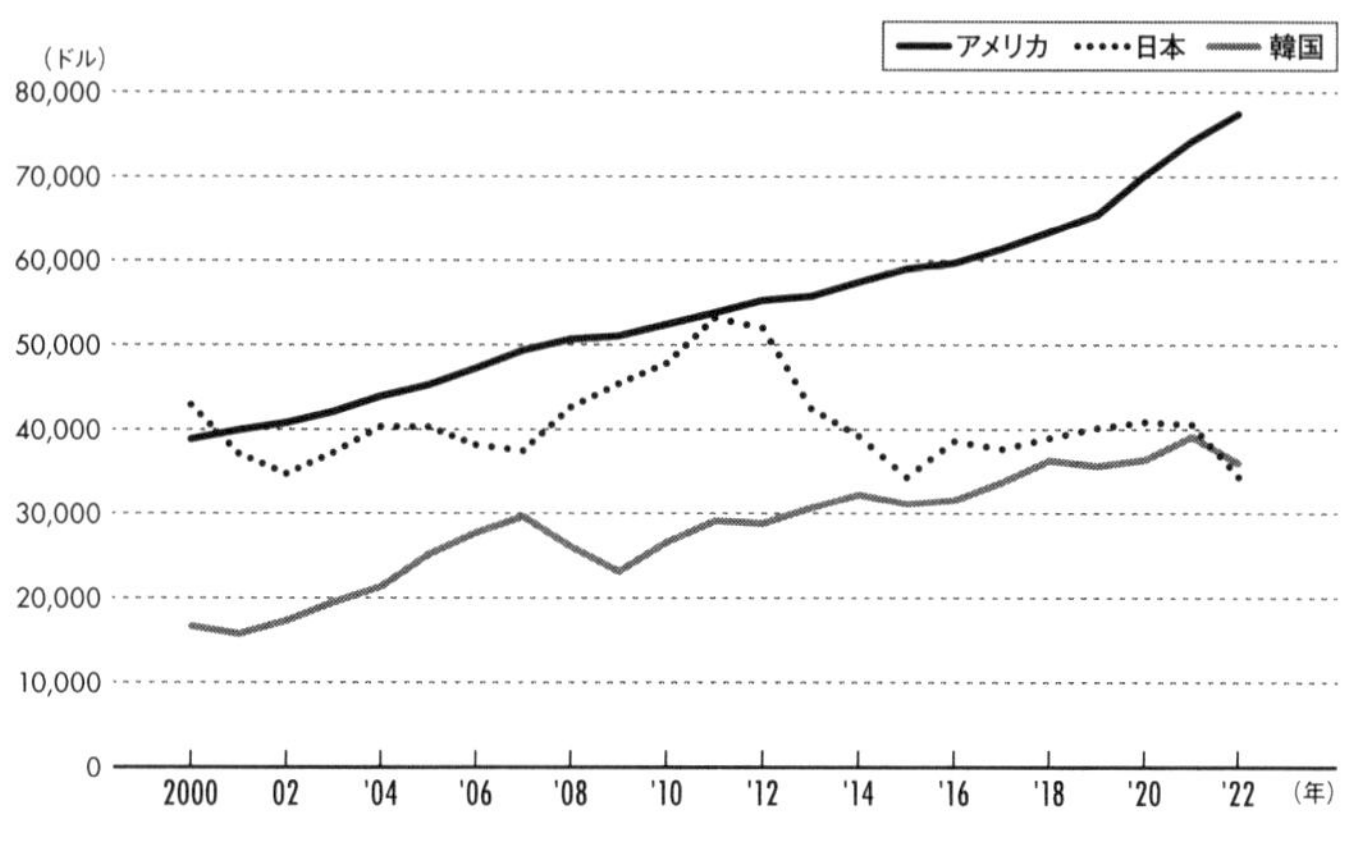

出所：OECDとIMFのデータより筆者作成

レートとの乖離が存在します。購買力平価とは、ある国の通貨建ての資金の購買力が他の国でも同等の水準となるように為替レートが決定されるという考え方に基づくものです。

そこで、現実の為替レートで換算した名目賃金を比較してみましょう。**図33**は日本、アメリカ、韓国の各年の名目平均賃金をその年の平均為替レートでドル換算したものの推移を示しています。

目を引くのが２０００年の数字です。日本の平均賃金がアメリカよりも高かったことがわかります。２０００年の名目平均賃金は日本で約４６２万円、アメリカで３万８８６３ドルでした。当時の為替レートが１ドル＝１０７・８円だったため、日本の賃金はドル換算で４万２９１４ドルと、アメリカの賃金よりも１割ほど高い水準でした。また、韓国の賃金はドル換算で１万６６５９ドルと、日本の賃金の４割弱でした。

ところが、2022年の賃金を見ると、日本の3万393ドルに対して、アメリカは7万7463ドルと、日本の2・3倍となっています。また、韓国の賃金は3万6012ドルと、実質、購買力平価の場合と同様、日本を超えています。

大卒初任給は、ニューヨーク市の最低賃金より安い!?

大卒の初任給についても確認しておきましょう。

厚生労働省「令和4年賃金構造基本統計調査」によると、大卒初任給は男女計で22万8500円で、男性が22万9700円、女性が22万7200円となっています。これを単純に12倍して年収に換算すると、男女計で約274万円、夏と冬のボーナス（給料の2か月分）を含めると約320万円となります。

日本の大卒初任給を海外と比べると、驚くべき事実が明らかになります。アメリカの人材組織コンサル企業、ウィリス・タワーズワトソンによると、2019年の大卒初任給（平均年額）は、スイスで800万円超、アメリカで632万円、ドイツで534万円でした。これに対して、日本の大卒初任給は経団連の調査によると262万円に過ぎませんでした。一番、高いスイスと比べると、日本の賃金は3分の1以下であり、その差は歴然としています。また、アメリカやドイツと比べても半分以下の水準です。

韓国とも比較してみましょう。日本貿易振興機構（JETRO）の調査レポートによると、2019年の大卒初任給は、日本の2万7540ドルに対して、韓国は2万7379ドルとなっており、全体としては両国でほぼ変わらないものの、大企業では韓国が日本より高く、従業員数99人以下の中小企業では日本の方が高いとしています[14]。

ところで、ニューヨーク市の最低賃金は15ドルです。週5日1日8時間で働いたとすると、月に160時間×15ドルで月給は2400ドルになります。1ドル＝130円で換算すると、約31万円です。日本人の大卒初任給は月額約23万円なので、ニューヨーク市の最低賃金を下回ることになります。もっとも、ニューヨークと日本では物価が異なるので、生活水準については簡単に比較できませんが、額面上の給料にこれほどの差があるというのは驚きの事実です。

そうした中、日本でも初任給を見直す動きが出てきています。新入社員の初任給を引き上げ、若手人材を確保しようとする企業が増えてきています。

例えば、三井住友銀行は2023年の新卒初任給を5万円（25％）引き上げました。また、ユニクロを運営するファーストリテイリングは、2023年3月から国内従業員の年収を最大4割引き上げ、新入社員の初任給は月25万5000円から30万円になりました。

一般財団法人労務行政研究所の調査によると、東証プライム上場企業の157社のうち、2023年4月に入社した新卒社員の初任給を引き上げた企業は過去10年間で最多の7割を超えています。産業別に見ると、製造業は83・3％の企業が引き上げを行い、非製造業では56・2

図34　初任給の引き上げ率の推移

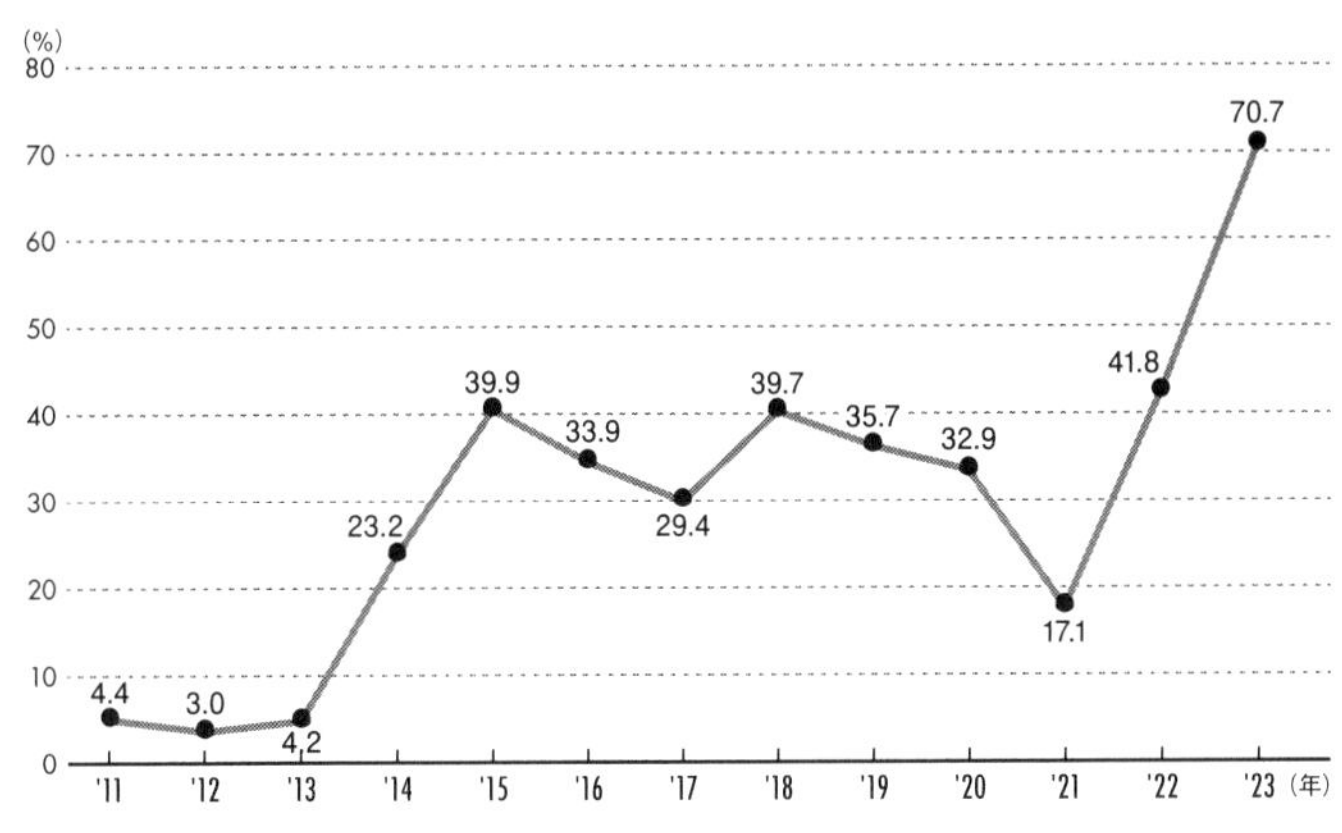

出所：労務行政研究所

%となっています。

図34は初任給の引き上げ率（「全学歴引き上げ」した企業の割合）の推移を示したものです。世界金融危機の影響を受けて、初任給を引き上げた企業の割合は２０１３年度までは３〜４%台と低迷していましたが、２０１４年度には輸出産業を中心とする企業回復やデフレ脱却に向けた賃上げの政労使合意などを背景に、23・２%に大幅に上昇しました。２０１５年度にはさらに上昇し、約４割の企業が初任給を引き上げました。その後、引き上げ率は若干、減少しましたが、３割を超えて推移していました。しかし、コロナ禍の影響で、２０２１年度には17・１%にまで大幅に低下。しかし、２０２２年年度は一転して40%台へと上昇、さらに２０２３年度は70%を超えました。

3 なぜ、賃金が上がらないのか？

賃金を決める4つのファクター

ここまで、日本の賃金はこの25年間低迷を続けてきているのに対して、先進諸国では賃金が2割から5割程度、上昇しており、日本が「世界で一人負け」といえる状況であることを見てきました。

なぜ、日本の賃金は長期にわたり低迷をし続けているのでしょうか？　この問いに答えるためには、賃金がどのように決まるのか、つまり、賃金の決定要因を知る必要があります。

賃金の決定要因は様々ですが、主要なものとして次の4つが挙げられます。

①労働市場の需給バランス
②労働生産性
③労働市場の構造

④インフレ率

以下、それぞれについて詳しく見ていきましょう。

労働需給

経済学の基本は、需要と供給のバランスです。需要が供給を上回ると価格が上昇し、逆に、供給が需要を上回ると価格が低下します。これは、労働市場にも当てはまります。労働市場における「価格」は労働サービスの価格である賃金です。労働需要が労働供給よりも多ければ、つまり人手不足の状況では賃金が上昇し、逆に労働供給が労働需要よりも多い、人が余っている状況では賃金が低下します。

それでは、労働市場の需給状況を見ていきましょう。

まずは、需要サイドの動きを確認します。**図35**は有効求人倍率の推移を示したものです。有効求人倍率は、求人数を求職者数で割ったもので、求職者一人あたりの求人数を表します。例えば、100人分の仕事があり、200人が応募した場合、有効求人倍率は0・5倍となります。有効求人倍率が1倍を上回ると、求人数の方が求職者数よりも多い、つまり人手不足の状況です。逆に、1倍を下回れば、人が余っている状態だといえます。新規求人倍率は新規求職

図35　求人倍率の推移

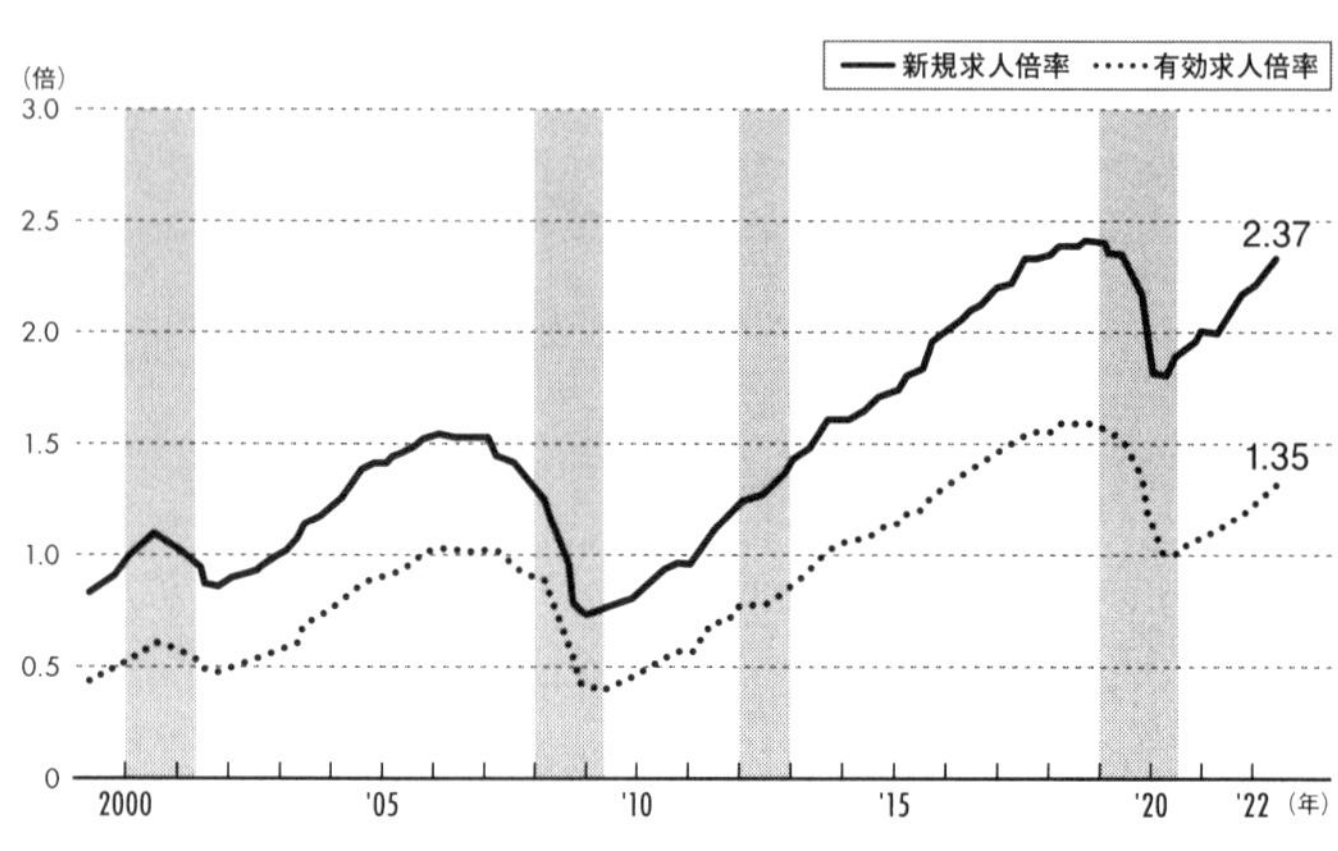

出所：厚生労働省「一般職業紹介状況」

者に対する新規求人数の割合です。

有効求人倍率は、リーマンショック後の不況で２００９年には史上最低を記録しましたが、２０１０年から回復が始まり、その後上昇し続け、２０１８年には１・61倍と、１９７３年以来45年ぶりの高水準に達しました。しかし、コロナ禍で大きく低下。２０２０年には１・18倍となりますが、現在は回復傾向にあります。２０２２年12月の数字は１・35倍とコロナ前に比べると低いものの、人手不足になっています。一方、新規有効求人倍率は２０２２年12月に２・37倍と、コロナ前の水準まで戻っており、これは、１９７０年代前半の深刻な人手不足や１９９０年代後半のバブル期並みの高水準です。

次に、供給サイドの動向を見てみましょう。**図36**をご覧ください。労働力人口は２０１０年代初頭まで低下傾向にありましたが、その後上昇に転

図36　労働力人口と就業者数の推移

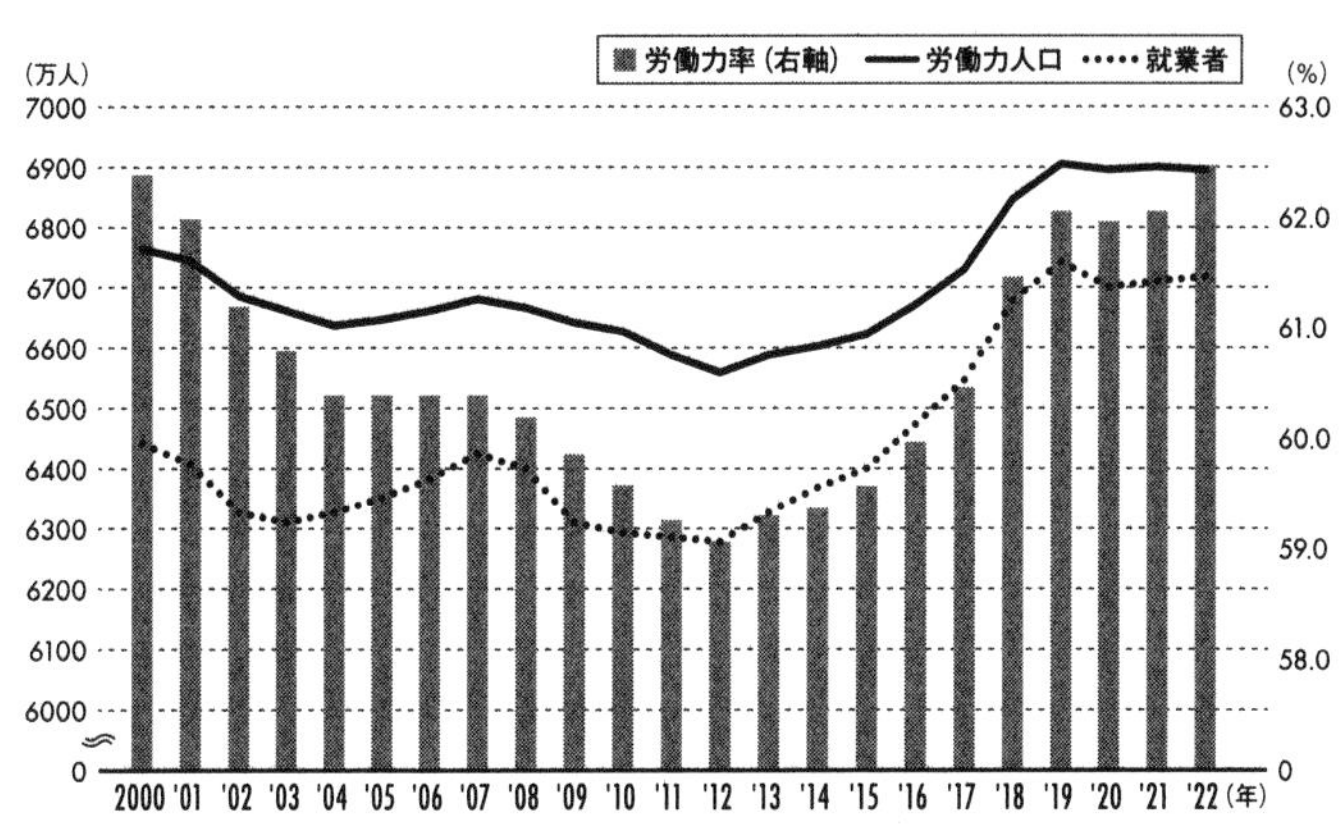

出所：総務省「労働力調査」

じ、2019年以降は概ね横ばいの状態が続いています。

労働力率も同様の傾向を示しています。労働力率は、労働力人口を15歳以上人口で割った値で、働くことが可能な人のうち、実際に働いている、あるいは働こうとしている人々の割合を表します。2000年に62・4%だった労働力率は2012年には59・1%まで低下しましたが、その後上昇し、2022年には62・5%と、2000年の水準まで回復しています。

日本では総人口が減少しているものの、労働力人口が増加した理由は、女性や高齢者の労働供給が増えたためです。

労働力人口を男女別に見ると、男性の労働力人口は長期的に低下傾向にあります（図37）。2000年には4014万人だった男性の労働力人口は、2022年には3805万人と、その間で2

図37　男女別労働力人口の推移

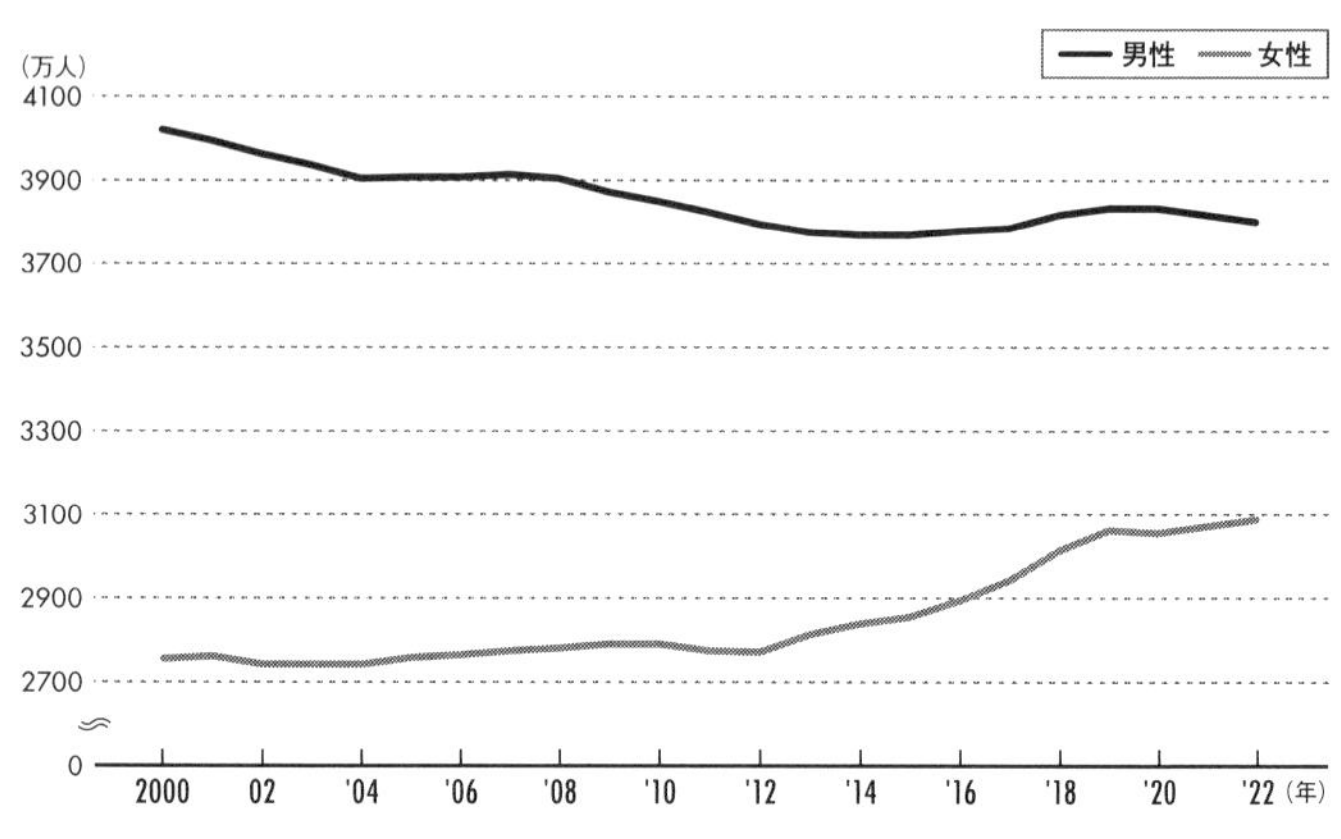

出所：総務省「労働力調査」

09万人減少しました。一方で、女性の労働力人口は2000年には2753万人だったものが、2022年には3096万人と、343万人増加しています。特に、2012年以降、女性の労働力人口は顕著に増えましたが、現在はその勢いがやや鈍化しています。

また、労働力人口の推移を年齢別に見ると、65歳以上の労働力人口が、2000年代後半から大きく増えたことがわかります（図38）。2005年には約500万人だった高齢者の労働力人口は2022年には927万人となっています。労働力率は、2005年の19・8%から2022年には25・6%まで上昇しています。しかし、2019年以降は高齢者の労働供給の増勢が弱まっています。

近年の労働供給増加の背景には、外国人労働者の流入もあります。コロナ禍により外国人労働者

図38　高齢者の労働力

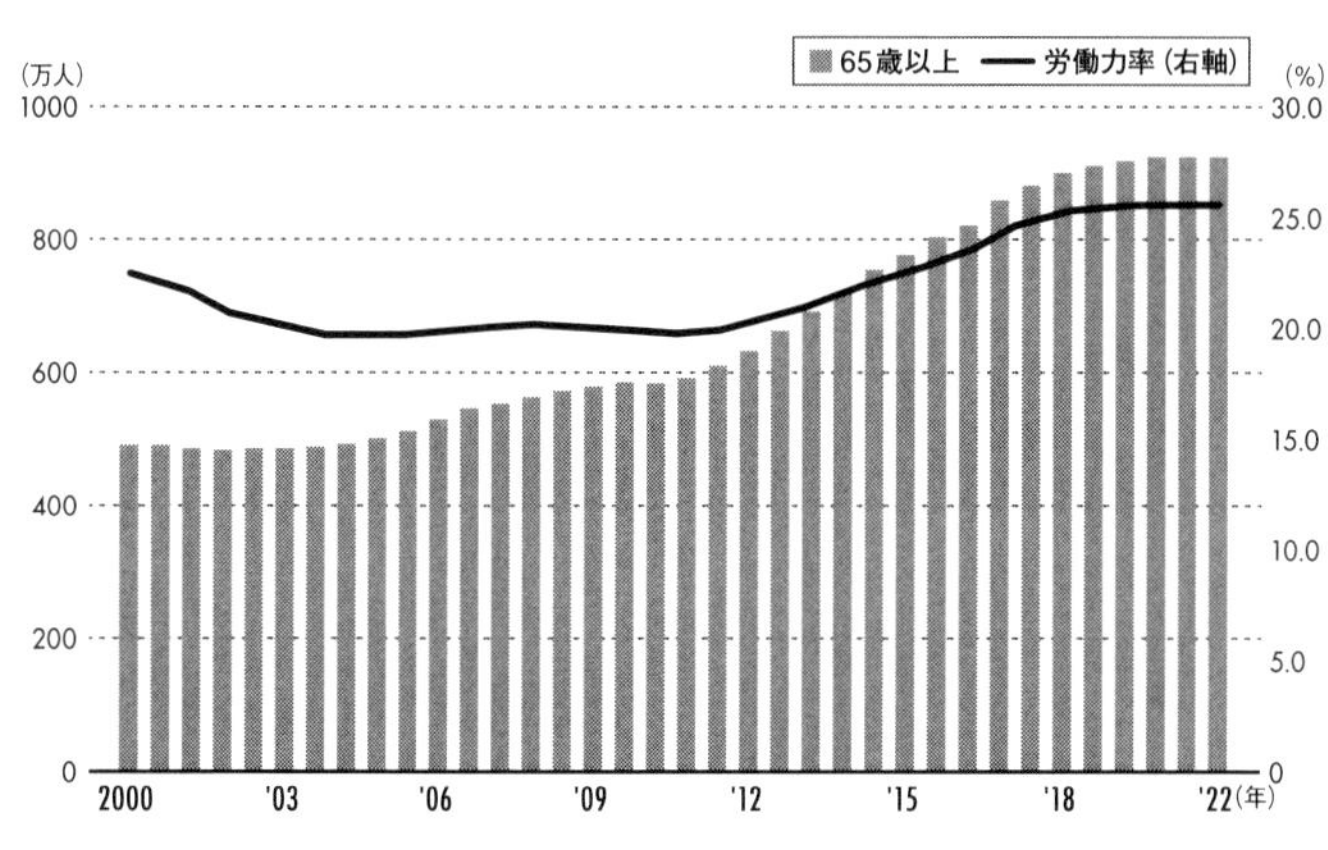

出所：総務省「労働力調査」

の流入は大きく減少しましたが、コロナ禍前までは、年間10万〜20万人増加していました。2022年の外国人労働者数は182・3万人と過去最高となっています。

最後に、失業の動きを見ておきましょう（図39）。この10年間、失業率は低下傾向にあります。リーマンショック後の100年に一度の大不況といわれた中で、失業率は5％を超えましたが、その後減少。2018年には2・4％まで低下しました。これは1992年以来、26年ぶりの低水準でした。コロナ禍で失業率は上昇しますが、その上昇幅は0・2ポイントと小さいものでした。2022年には再び失業率は減少に転じています。

労働生産性とは何か？

経済学の世界では、賃金は労働生産性と密接に

図39　失業者数と失業率の推移

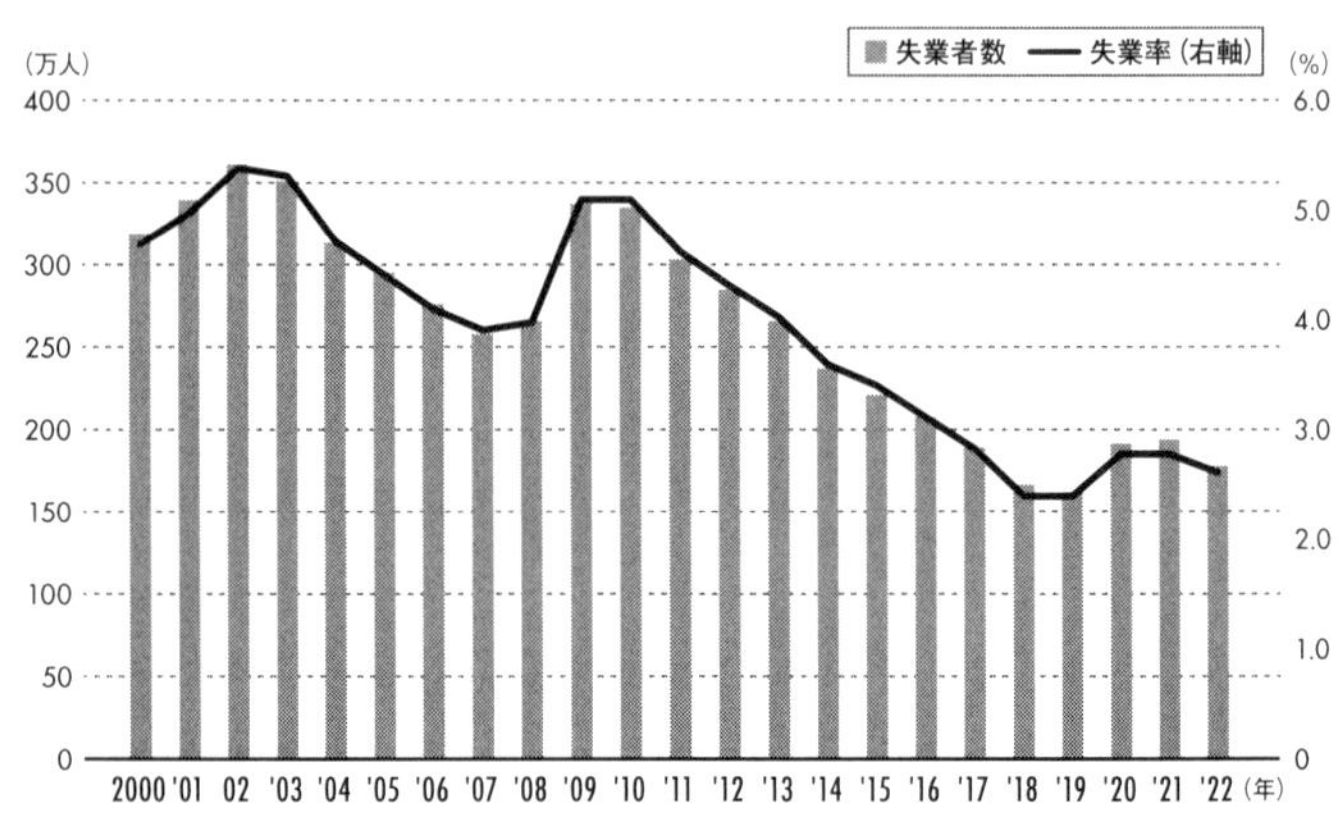

出所：総務省「労働力調査」

関連して決定されるとされています。労働生産性とは、労働1単位当たりどれだけの生産量または付加価値が生み出せるかを表す指標です。これを式で表すと、

労働生産性＝生産量（付加価値）÷労働投入量

となります。労働投入量としては、労働者数あるいは労働者数と平均労働時間をかけ合わせたマンアワーが用いられます。分子である付加価値が大きくなる、あるいは分母である労働投入量が少なくなると、労働生産性は高くなります。

では、労働生産性と賃金の関係はどのように説明されるのでしょうか。労働生産性が向上することで企業収入が増加し、その一部が労働者に分配されるので、賃金が上昇することになります。もう少し詳しく見てみましょう。

企業の売り上げは、原材料費、人件費、そして利潤に大別することができます。簡単に説明するために、売り上げに占める各項目の割合は一定だとしましょう。例えば、人件費が売り上げの50％を占めるとしましょう。これは、

人件費＝売上高×0・5

と表現できます。人件費は1時間当たり賃金×労働時間×労働者数であり、売上高は商品価格×販売数量なので、先ほどの式は次のようになります。

1時間当たり賃金×労働時間×労働者数＝（商品価格×販売数量）×0・5

両辺を労働投入量（労働時間×労働者数）で割ると、

1時間当たり賃金＝〈商品価格×販売数量÷（労働時間×労働者数）〉×0・5

となります。販売数量と生産量がほぼ同じだとすると、右辺の販売数量÷（労働時間×労働者数）は、1時間当たりの労働生産性を表すことになります。つまり、労働生産性が上がると、

図40　**労働分配率の推移**

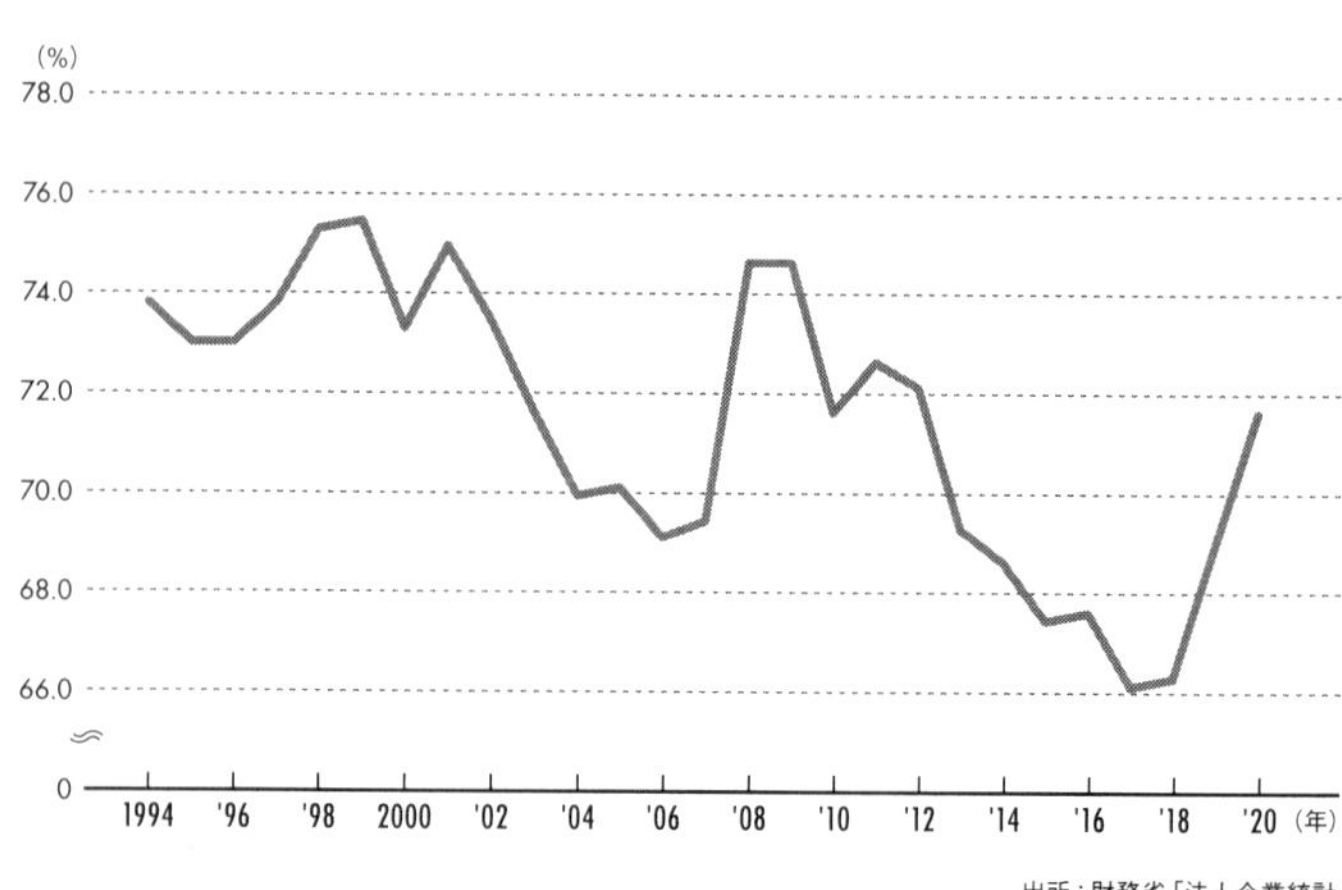

出所：財務省「法人企業統計」

賃金も上昇することがわかります。

この式から、賃金を上げるには労働生産性を高めるか、商品価格を上げるか、あるいは売上高に占める人件費の割合を上げることが必要になることが理解できます。

確かに、商品価格を上げることで賃金は増加しますが、それが労働者の生活を豊かにするかというと、必ずしもそうではありません。なぜなら、賃金が上昇しても、商品やサービスの価格も上がっているので、実質的な賃金上昇とは言えないからです。

では、労働分配率の動きはどうでしょうか。**図40**は労働分配率の推移を示したものです。労働分配率の計測方法はいくつかありますが、ここでは、財務省「法人企業統計」によるものを用いています。

図40からもわかるように、労働分配率は一定の

値をとるのではなく、景気の良い時には低下し、景気が悪い時には上昇する傾向があります。直近の10年間に焦点を当てると、2012年12月から始まった景気回復期では、労働分配率は低下傾向にあったものの、2018年11月からの景気後退期に入ると、労働分配率は上昇に転じています。

労働分配率が景気に左右されるのは、生産活動が景気の変動によって大きく変わる一方で、賃金は硬直的なので、その変動が緩やかにとどまるためです。

1990年代後半に75～76%だった労働分配率は、その後、増減を繰り返しながら、2020年には71・5%にまで低下し、長期的にはわずかながら低下傾向にあることがわかります。これは、労働生産性が高まったとしても、賃金はそれと同等には高まらない可能性を示唆しています。

それでは、賃金と労働生産性の関係をデータで確認してみましょう。図41（a）は、1997年を100とした時の1人当たり労働生産性と現金給与総額の推移を見たものです。労働生産性は、世界金融危機およびコロナ禍で一時的に減少することもありましたが、長期的にはほぼ横ばいとなっています。一方、賃金は1997年をピークに低下傾向にあり、2022年には87・7とピーク時よりも約12%低くなっています。このように、過去25年のデータを見ると、生産性がほとんど変わっていないため、賃金が伸び悩んだことがわかります。ただし、賃金は生産性よりも大きく低下しており、労働生産性以外の要因も重要であることを示唆しています。

図41　労働生産性と賃金（1997年＝100）

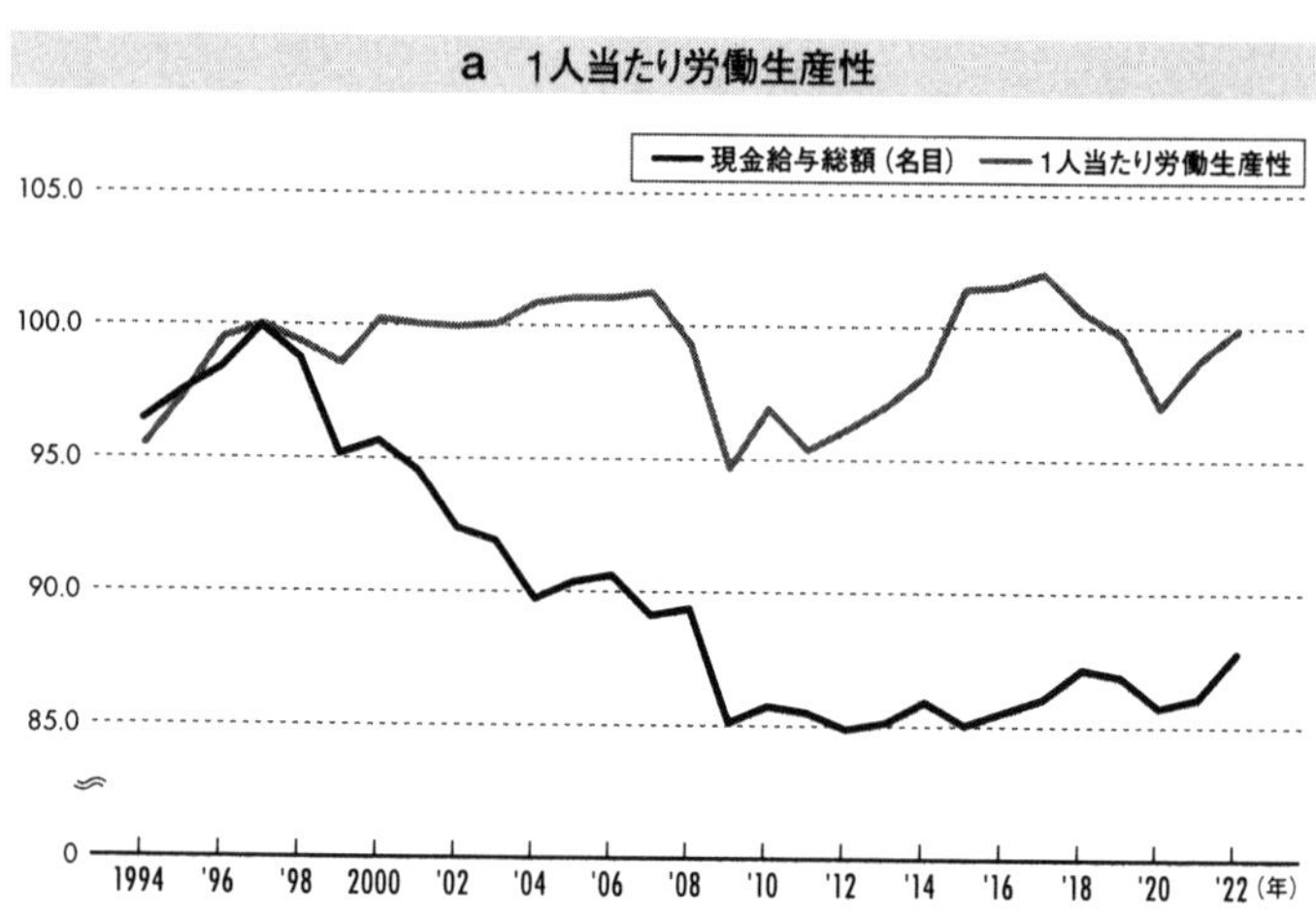

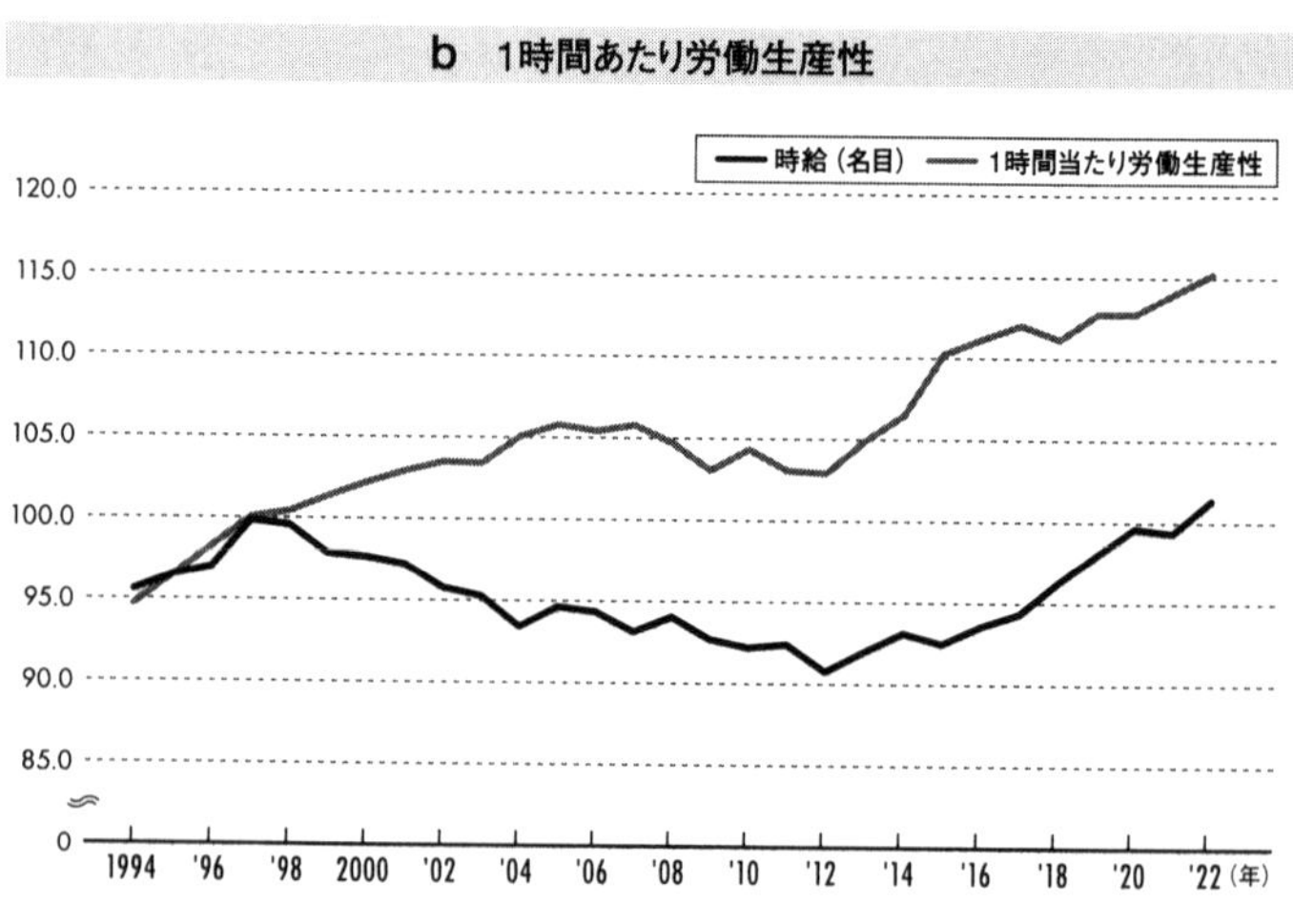

出所：内閣府「国民経済計算」、総務省「労働力調査」、厚生労働省「毎月勤労統計」をもとに筆者作成

また、１時間あたり労働生産性と時給についても見ておきましょう〈図41（b）〉。１時間あたり労働生産性は上昇傾向にあり、２０２２年に１１６と、過去25年間で16％上昇しています。１人当たりの労働生産性が横ばいだったのに対し、１時間当たりの労働生産性が上昇しているのは、労働時間が長期的に低下傾向にあるからです。つまり、労働生産性が上昇した理由は、その分子である付加価値が大きくなったのではなく、分母である労働投入量が減少したためです。時給の動きを見ると、１９９７年をピークに２０１０年代初頭までは低下傾向にありましたが、その後上昇に転じ、２０２２年には１０１・５となっているものの、労働生産性より低くなっています。

以上からわかることは、労働生産性、とりわけ、その分子である付加価値が伸び悩んでいることが、賃金を停滞させているということです。もっとも、労働生産性よりも賃金の伸びが低いので、労働生産性以外の要因が賃金に影響を与えていることもわかります。さきほどみたように、労働分配率が若干ですが、低下傾向にあることはその一つの要因と考えられます。これ以外に、賃金を停滞させていると考えられるのが、次に説明する労働市場の構造です。

労働市場の構造

日本の平均賃金が停滞している一因として、非正規雇用者の急増があげられます。正規雇用

図42　非正規雇用者数とシェア

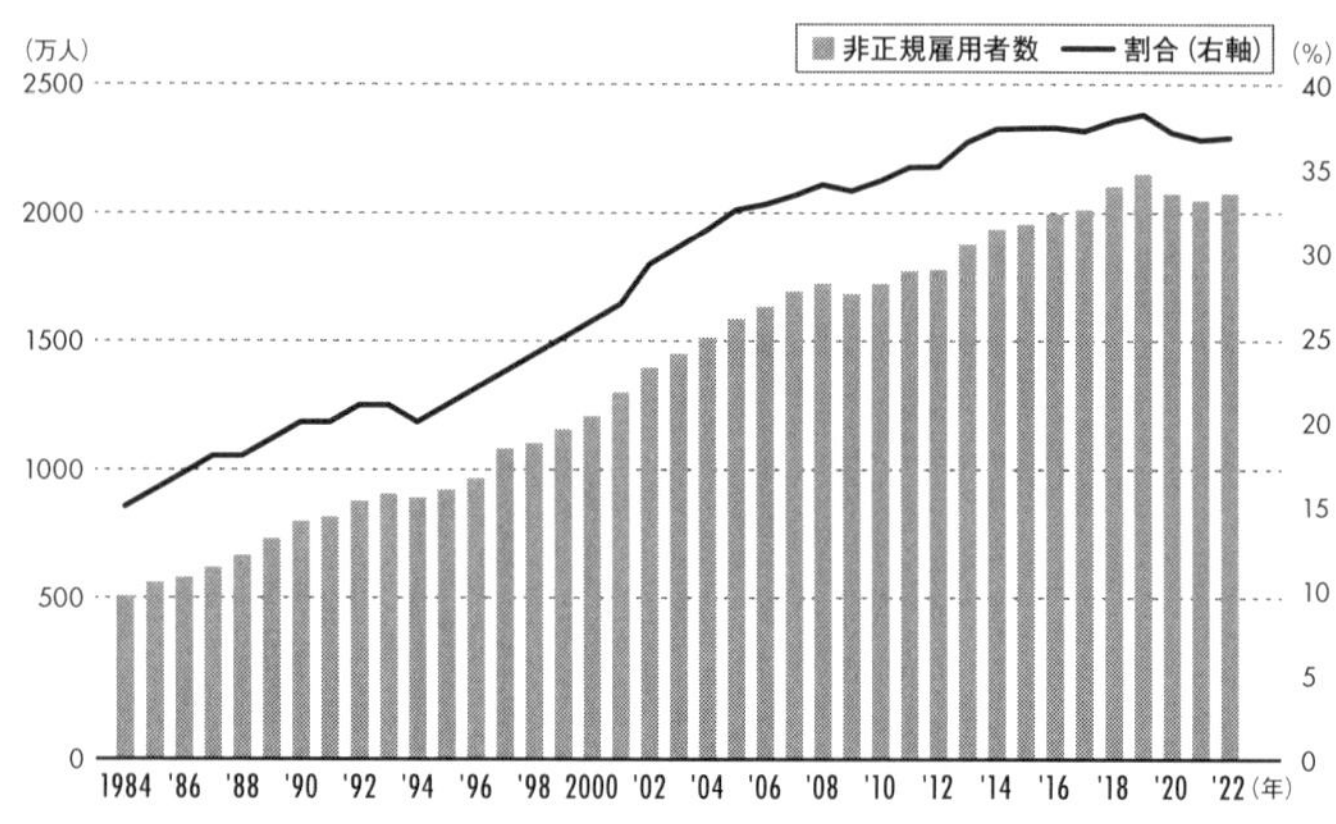

出所：総務省「労働力調査」

者に比べて、非正規雇用者の賃金は低いため、非正規雇用者のシェアが高まることで、全体の賃金が抑えられているのです。

この状況は、次のような例を考えるとわかりやすいと思います。正規雇用者しかいない経済を想定してみてください。彼らの時給が２０００円だとすれば、経済全体の平均賃金も時給２０００円になります。しかし、労働者の半分が非正規雇用になった場合、非正規雇用者の時給が１０００円だとすると、経済全体の平均賃金は１５００円に低下します。このように、正規雇用者に比べて相対的に賃金が低い非正規社員が増えることで、経済全体の賃金は押し下げられるのです。

では、日本で非正規雇用者はどれくらい存在しているのでしょうか？

図42をご覧ください。約40年間で非正規雇用者は大きく増加したことがわかります。１９８４年

には、非正規雇用者数は約600万人で全雇用者の15・4％を占めていましたが、2022年には2101万人に増え、そのシェアは36・9％に上昇しています。かつては雇用者の7人に1人だった非正規雇用者は、今や雇用者の3人に1人となっているのです。なお、コロナ禍により非正規雇用のシェアはわずかに減少しています。これは特に女性の正規雇用が医療分野などで増えたためです。

非正規雇用者が増えた背景には、労働需要側と供給側の要因、そして制度的な要因が関与しています。

まず、労働需要側の要因としては、バブル経済崩壊後、日本経済が長期にわたって停滞する中、企業は増大する不確実性に対応すべく、雇用の調整コストが低い非正規雇用者を用いるようになったことが挙げられます。これには、正規雇用者は一度雇ってしまうと解雇しにくい日本の雇用慣行も影響しています。また、製造業のシェアが減少し、柔軟な労働シフトが求められるサービス産業のシェアが拡大したことも、非正規雇用者増加の一因と指摘されています。

非正規雇用に対する需要が高まることで、彼らの賃金が上昇する効果がありますが、同時に非正規雇用者の供給も増えたために、賃金はそれほど上昇しませんでした。

次に、労働供給側の要因として、仕事よりも生活を重視したり、家事だけでなく仕事もバランスよくしたいなど、働き方の柔軟性を求める労働者が増加したことが挙げられます。また、退職後、非正規雇用として働く高齢者、とりわけ1947年から49年生まれの「団塊の世代」、も増えています。

ライフスタイルや価値観の多様化により、正規雇用ではなく非正規雇用を望む人が増えている一方で、正規雇用を希望しているにもかかわらず、期せずして非正規雇用者として働いている人も少なくありません。2022年には、約210万人が「正規の職員・従業員の仕事がないから」という理由で非正規雇用者として働いています。これは非正規雇用者の約1割にあたります。

さらに、制度的な要因により非正規雇用者が増えたことも指摘されています。1990年代以降、有期雇用や人材派遣業務に関する規制が徐々に緩和されたことや、正規雇用者と非正規労働者の雇用保護に差があることが影響しています。

それでは、正規と非正規の賃金の違いについて見ていきましょう。先ほど、厚生労働省「令和4年賃金構造基本統計調査」から、正社員・正職員の月額平均給与は32万8000円で、一方で正社員・正職員以外の月給は22万1300円で、非正規の月給は正規の月給よりも35%以上低くなっていることを見ました。正社員は基本給が労働時間によって大きく変わらないのに対して、非正規社員の賃金は時給ベースで労働時間に応じて支払われることが多いので、時給でも比べておきましょう。

図43は正規雇用者と非正規雇用者の時給の推移を見たものです。所定内給与額を所定内実労働時間数で割った時給を見ると、2022年には正社員の時給1976円に対し、非正規社員

図43　正規・非正規の時給の推移

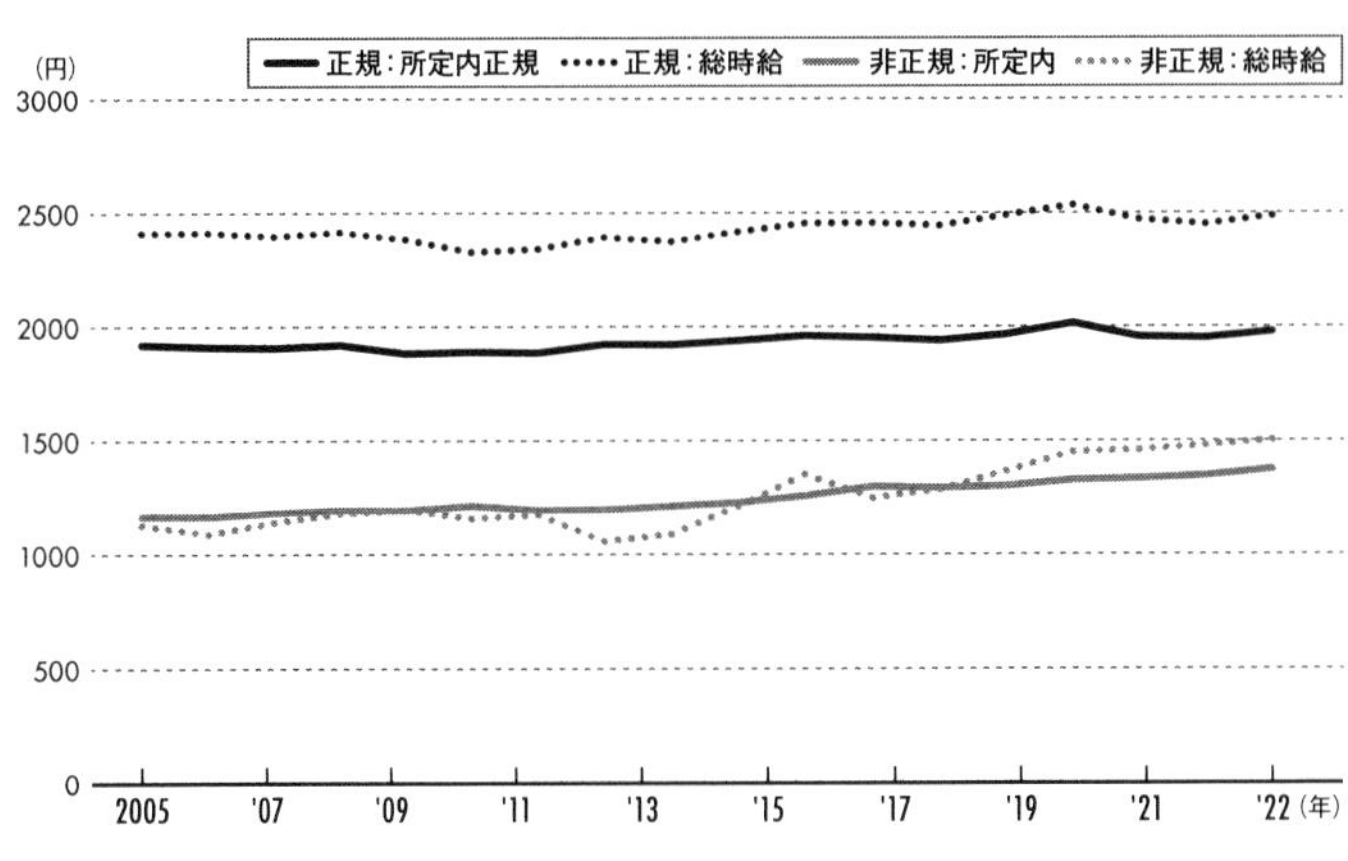

出所：厚生労働省「賃金構造基本統計調査」

の時給は１３７５円で、正社員の７割程度となっています。所定外給与やボーナスなどの特別給与額を含めた場合は、非正規社員の賃金は正社員の６割程度になります。

ただし、正社員と非正規社員の賃金格差は縮小傾向にあります。２００５年から２０２２年にかけて、正社員の時給は３％上がったのに対して、非正規社員の時給は18％上昇しています。この結果、正規の時給に対する賃金ギャップの割合は39％から31％に縮小しています。

なお、正規・非正規ともに賃金は増加傾向にあるものの、相対的に賃金が低い非正規雇用者の割合が大幅に高まったことで、経済全体の賃金の上昇率は抑制されています。

図44　インフレ率と賃金上昇率の関係

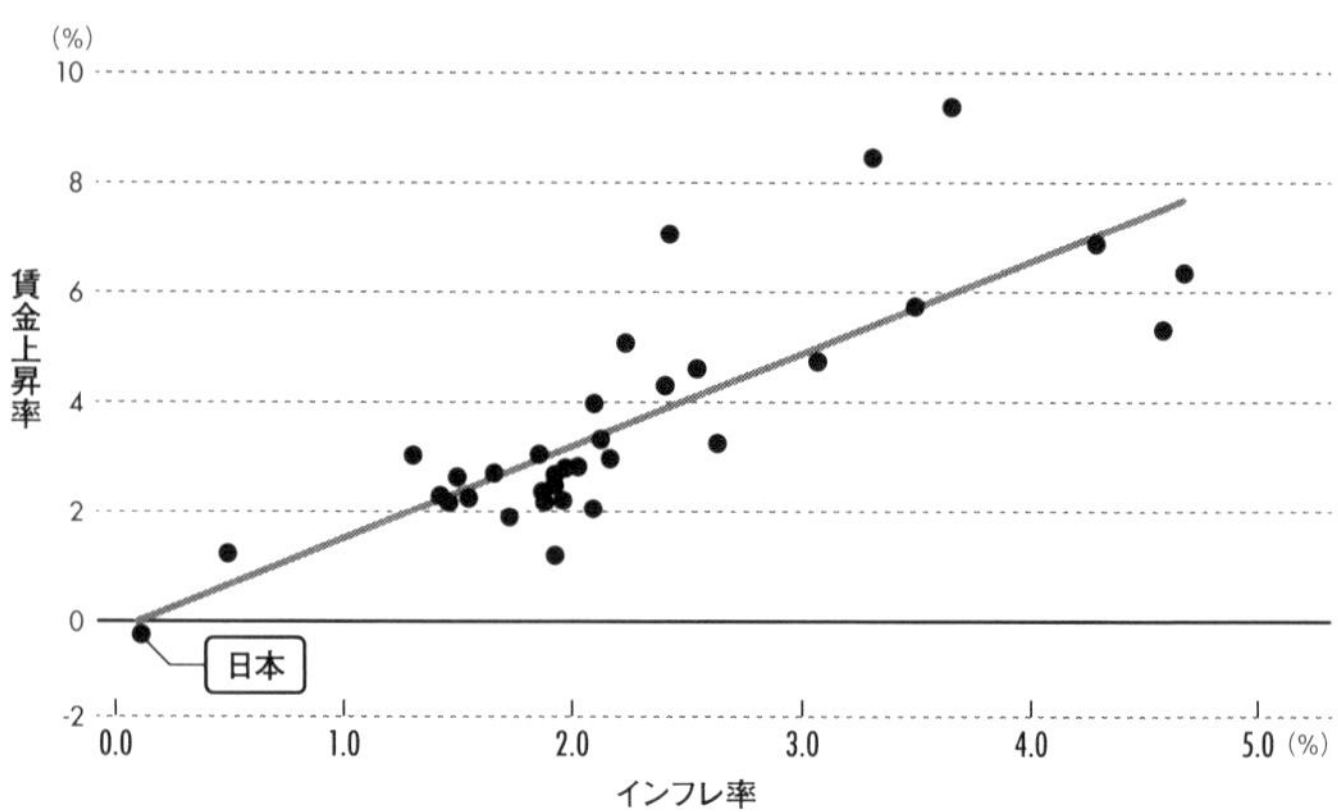

出所：OECDデータより筆者作成

インフレと賃金の関係

インフレ率も、名目賃金に影響を与える要因のひとつです。物価の上昇は、労働者が購買力を保つために企業に賃上げを要求することにつながります。逆に、物価が下がると、企業は収益を保つために、賃金を引き下げるかもしれません。また、実際のインフレ率だけでなく、インフレ予想も賃金に影響を与える可能性があります。

図44は、OECD加盟国における2000年から2019年までの平均的なインフレ率と名目賃金上昇率の関係を示したものです。インフレ率と名目賃金上昇率の間にはプラスの関係があることがわかります。

ここで重要なのは、インフレ率と賃金上昇率の正の関係が、物価の上昇によって賃金が上がるという因果関係だけでなく、逆に賃金が上がることで物価が上がるという因果関係も考えられるということです。

例えば、企業の売上が増えて、賃金が上がった場合を考えてみましょう。この場合、家計の懐に余裕ができるため、需要が増加します。そして、需要の増加は物価上昇につながります。つまり、賃金が上がることで、物価が上昇するというルートも存在するというわけです。

物価の上昇が、賃金の上昇につながるのか、あるいは賃金の上昇が物価の上昇につながるのかという問題は、「鶏が先か、卵が先か」という関係に似ていますが、そこで重要となるのが、インフレ予想です。

物価の上昇により、労働者が賃上げを要求する場合を考えてみましょう。この時、彼らは現在のインフレによる賃金の実質的な低下をカバーするだけでなく、今後もインフレが続くことを見越して、さらなる賃上げを要求することが考えられます。なぜなら、インフレが急速に進行する中では、たとえ一度賃金が上がっても、すぐに生活が苦しくなることが予想されるからです。このように、賃上げの要求時には、実際のインフレ率とともに、将来のインフレ率が重要な役割を果たします。

例えば、労働者が将来のインフレ率を2％と予想し、その分の賃上げを要求するとしましょう。賃上げが実現すれば、それに伴い人件費も増加し、企業はコストを商品やサービスの価格に転嫁することになります。結果として、労働者の当初の予想通り2％のインフレが実現することになります。つまり、労働者の予想インフレ率が実際のインフレ率を決定づけ、自己実現的な現象が起こります。

もし労働者のインフレ予想が安定的であれば、労働者の賃上げ要求も同様に安定し、結果として、物価上昇も安定的となります。

ここで、再び**図44**に目を向けてみましょう。この図では、日本が左下の角に位置しています。これは、日本が低いインフレ率と賃金上昇率を同時に抱えていることを示しています。それに対して、他のＯＥＣＤ諸国の多くでは、インフレ率と賃金上昇率が共に２％程度となっています。これが意味するところは、日本はインフレ率と賃金上昇率が共に低い「均衡」にあるのに対して、他の国では物価も賃金も緩やかに上昇する「均衡」にあるということです。

ボイスを上げない日本人

世界各地で、労働者たちは賃上げや職場環境の改善を求める声を高めています。イギリスでは２０２２年12月、看護師の労働組合である王立看護協会が、伝統的にストライキに反対していた方針を見直し、１０６年の歴史において初めてストライキに踏み切りました。アメリカでも、労働者によるストライキが大幅に増加しており、２０２２年には約12万人がストライキに参加し、２０２１年に比べて50％も増えました。高止まりするインフレによって実質賃金が目減りしていることが賃上げ要求につながっているのです。さらに、アマゾンやアップルといった大手企業では、従業員が新たに労働組合を結成する動きも広がっています。

翻って、日本では労働者がボイスを上げていません。労働者や労働組合が賃上げを積極的に要求しないことが、日本で賃金が低迷した原因のひとつであると考えられています。

リクルートワークス研究所が日本、アメリカ、フランス、デンマーク、中国の労働者を対象に実施した「5カ国リレーション調査」によれば、驚くべき結果が明らかになりました。入社後に賃上げを要求したことがない労働者の割合は、日本がなんと71%にものぼります。これに対し、その割合は、アメリカ、フランス、デンマークでは最大でも3割強、中国ではわずか5%にとどまっています。さらに、入社時に賃金の希望を伝えた労働者の割合も、日本の25%に対し、他国では約7～9割と高い数字が示されています。

また、リクルートワークス研究所の「全国就業実態パネル調査」では、正社員の51%、非正規社員の46%が「賃金は仕事内容に比べて低い」と感じており、労働者の半数近くが仕事内容に見合うだけの賃金を得られていない状況が示されています。しかし、会社に賃金を上げてほしいと要望する労働者の割合は、わずか25%程度で、しかも、その多くが公式な場ではなく、雑談の中で賃上げを要望したことが明らかにされています。

海外では労働者が企業と賃金について交渉するのが一般的なのに対して、日本では労働者が賃金について声を上げることが珍しいのです。ただし、これは決して「ボイスを上げない労働者が悪い」という話ではありません。日本の雇用慣行のもとでは、賃金は年功序列で決まっており、労働者個人が賃金に関与する余地は少ないのが現実で、日本では労働者が賃金を交渉するという風土がありません。

先述の「5カ国リレーション調査」でも、賃金の決定要因として「個人と会社の個別交渉」を挙げる労働者の割合は、日本では20%と他国の3分の1程度にとどまっています。さらに、賃金の決定要因が「わからない」と回答している日本の労働者の割合は33%で、次いで高いデンマークの18%よりも、15ポイントも高くなっています。

ボイスを上げないのは労働者だけではありません。労働組合も近年、賃上げ交渉に対して消極的でした。

そもそも、労働組合は組織率が低下、存在感を失いつつあります。労働組合の組織率は1949年の56%をピークに、低下の一途をたどっています。1980年頃には約30%まで低下、2000年代頭に20%を切り、2022年には16・5%となっています。

労働組合の重要な役割は賃金交渉ですが、日本は他国に比べて労働組合の存在感が乏しいのが現状です。リクルートワークス研究所「5カ国リレーション調査」では、賃金決定の重要な要因として「労働組合と使用者の団体交渉」を上げた人の割合は、日本は20%で最も低くなっています。日本経済が長期停滞する中で、労使交渉において賃金の引き上げよりも雇用の安定を優先することが「公正」とされたことも、賃金が上がらなかった原因のひとつとなっています。

日本の労働組合は企業ごとに存在し、個々の企業の実態に応じた労使交渉ができるというメリットがあります。しかしこれと同時に、企業の存続と利益がなければ、雇用が維持されず、労働組合自体が困る状況が生じます。それゆえ、近年、日本の労働組合は雇用維持を優先し、企業が賃金を上げないことを容認するなど、その役割が低下しています。

このように、賃金に不満があるにもかかわらず、日本では労働者個人あるいは労働組合による賃金交渉が十分に行われておらず、さらには賃金の決定要因を理解していない労働者が3割もいるなど、労働者の賃金の当事者意識が低いことも賃金の低迷につながっていると考えられます。

最近の経済学の研究では、労働者は過去よりも賃金が下がることを嫌う一方で、賃金が下がらない限り、賃金上昇にそれほど執着しない傾向が明らかになっています。[15] このような状況では、企業は賃金を一度上げると元に戻せなくなるため、賃上げに慎重になります。さらに、日本では終身雇用制度があり、正社員の解雇が簡単ではないので、賃金を上げた場合、下げることがさらに難しくなると考えられます。

4 — 日本での賃金の決まり方

先に述べた通り、日本の賃金は年功序列に基づいて決まり、労働者個人が賃金に口を出す余地は少ないのが現実です。また、終身雇用で正社員を簡単に解雇できないので、賃金を上げると下げにくいという状況が生じています。

ここで、あらためて年功賃金や終身雇用について簡単に説明しましょう。

年功賃金とは、賃金が年齢あるいは勤続年数に応じて決まる賃金体系のことです。年齢や勤続年数が上がるにつれて、賃金も上昇します。

図45は男女別に賃金カーブを示したものです。賃金カーブは、年功賃金を評価する際に用いられるもので、横軸に年齢、縦軸に賃金をとり、両者の関係を表します。2021年のデータによると、20~24歳の平均賃金（男女計、所定内給与額）を100とした場合、男性では55~59歳で192、女性では50~54歳で131・9となっており、賃金が年齢ともに上昇する傾向にあることがわかります。

年功賃金を理論的に説明するひとつの考え方として、「後払い賃金仮説」と呼ばれるものがあ

図45　**賃金プロファイル**

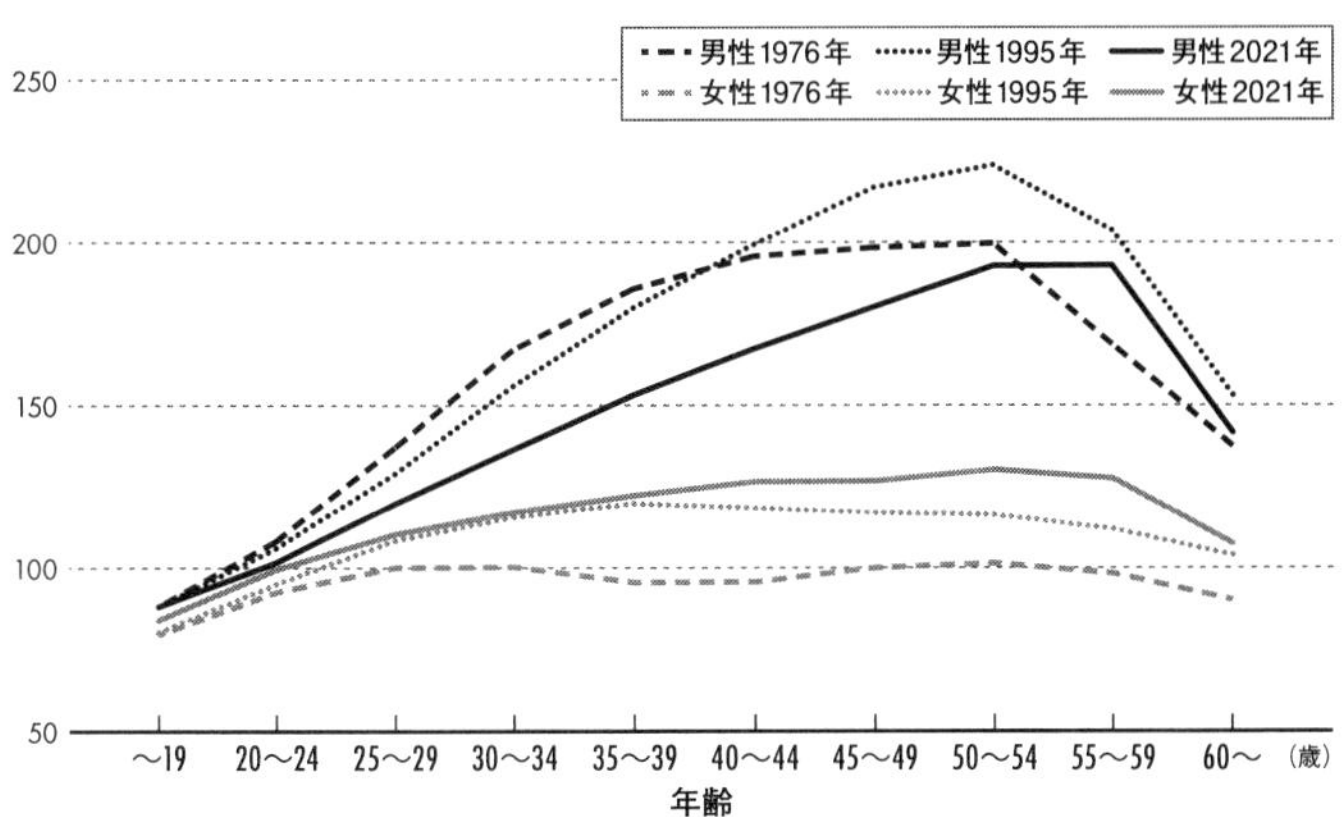

注：各調査年の男女計「勤続０年」の平均所定内給与額＝100　出所：厚生労働省「賃金構造基本統計調査」

ります。これは、『人事と組織の経済学』の著者として知られる米スタンフォード大学のエド・ラジア教授によって提唱されたものです。

この仮説では、賃金カーブを労働者の生産性のカーブよりも急な傾きに設定します。つまり、**図46**が示すように、企業は労働者が若い頃には生産性を下回る賃金を払い、労働者が年を取ったときには生産性を上回る賃金を支払うことになります。

この賃金体系で重要なのが定年退職です。勤続年数が長くなると、賃金が生産性を上回るため、勤続年数の長い労働者は離職をしようとしません。しかし、それでは企業は損をしてしまうので、企業はあらかじめ雇用関係の終了時期を決めておく必要があります。これが定年制です。

定年退職年齢は、労働者の企業への貢献度（生産総額）と賃金が一致するように決定されます。

つまり、**図46**のAとBの面積が等しくなるように

図46　**後払い賃金仮説**

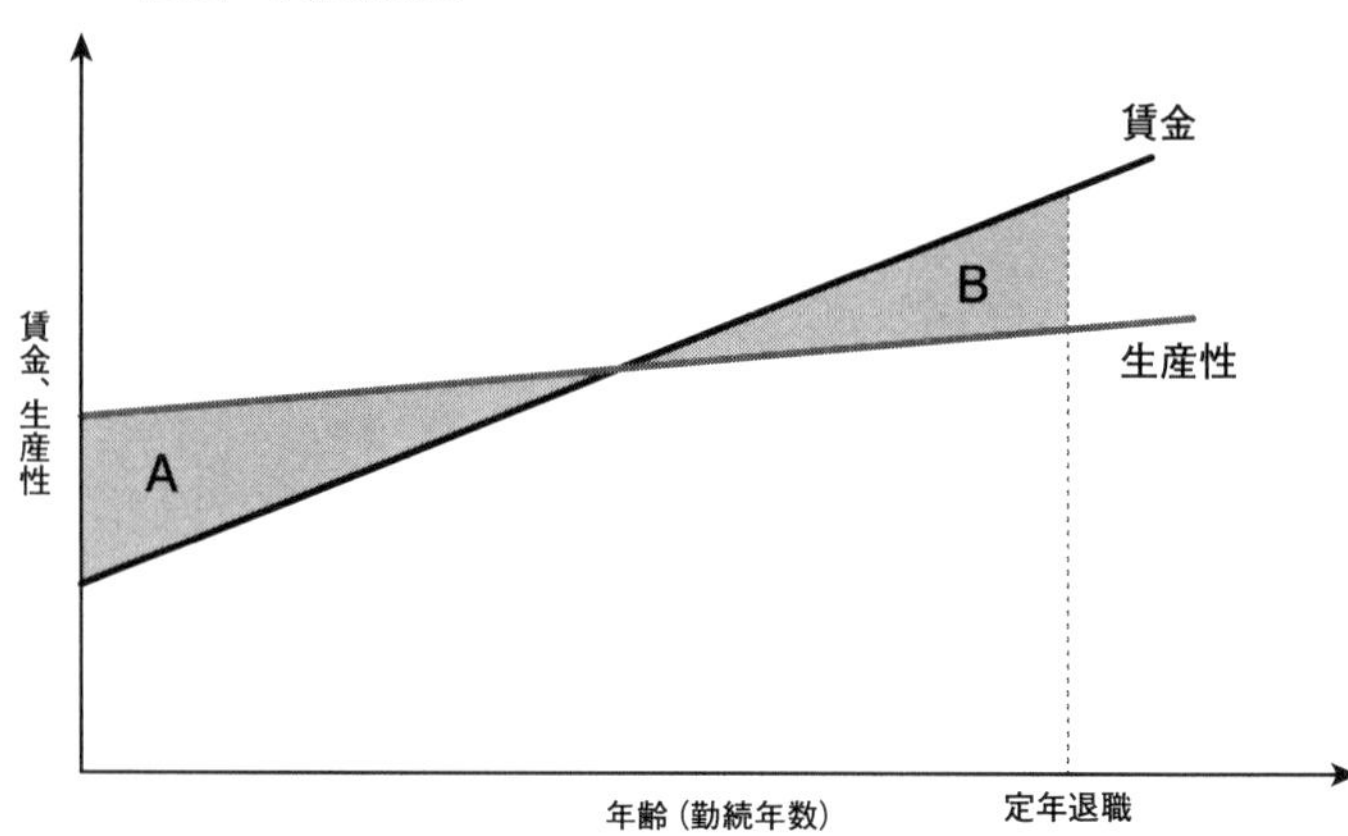

定年退職年齢が決定されます。

この賃金体系のメリットは、労働者のモチベーションを向上させ、企業へのエンゲージメントを高めることです。この賃金体系のもとでは、労働者は若い頃に勤務不良などによって解雇されると、将来に高い賃金を得るチャンスを失うため、長期間真面目に働くインセンティブが生まれます。

ただし、この賃金体系が上手く機能するためには、前提条件があります。それは、企業が長期にわたり安定的に存続することです。もし途中で企業が倒産してしまうと、将来の高い賃金を目当てに、若い時期に生産性よりも低い賃金で我慢していた労働者は損をすることになります。また、会社都合により途中でクビにはしない、言い換えれば終身雇用が前提となっています。

しかしながら、終身雇用や年功賃金といった日本的雇用慣行は時代遅れのものとなり、機能不全に陥り、弊害までもたらすようになっています。

かつて、日本的雇用慣行は、失業率を低く抑え、良好な労使関係を築く日本的経営の強みのひとつとして、世界から称賛されたものでした。しかし、その前提条件が大きく変化し、合理性が低下、機能不全に陥っています。

日本的雇用慣行が広く普及、定着した背景には、持続的な高い経済成長と若い人口構造がありました。しかし、バブル崩壊後の日本経済は、「失われた20年」と称される長期停滞を経験し、同時に少子高齢化が進み、人口構造が大きく変化しました。つまり、日本的雇用慣行の舞台を支える2本の柱はすでに崩壊しているのです。それにもかかわらず、古いシステムが維持されているため、労働市場に様々な矛盾や問題が生じています。

日本的雇用慣行は、専業主婦を持つ男性正社員を中心に構築されています。そのため、高齢者や女性、非正規社員は考慮されていません。それゆえ、日本的雇用慣行を維持しようとすれば、高齢者の就業が難しいだけでなく、女性が働こうとすると仕事と家庭の両立が難しかったり、正社員と非正規社員間で大きな格差が生じたり、さらには、正社員も終身雇用で守られることの代償として、長時間無限定就業や転勤など受け入れざるを得なくなっています。

時代遅れの雇用形態に固執することで、様々な弊害が発生しています。この古い体質の雇用慣行を維持することは、労働市場の柔軟性を損ない、日本の労働生産性を低下させる要因にもなっています。

5 「買われる」日本の労働力

現在、世界中で日本の労働力が大きな関心を集めています。アジア各国で労働コストが上昇する中、高品質ながらも安い日本の労働力が、世界中から注目されているのです。

図47は、2010年と2022年のアジア諸国の日系企業の基本給（月額）を比較したものです。この図から、アジア各国で賃金水準が上昇していることがわかります。製造業の作業員の基本給は、2010年にはベトナムで107ドル、カンボジアで101ドル、バングラデシュで54ドルだったものが、2022年にはそれぞれ277ドル、246ドル、127ドルへと、おおよそ2・4倍から2・6倍に増加しています。中国の賃金はこの間に倍増しています。フィリピンの賃金上昇率は約17％と、他の国に比べると低いものの、その数字は日本を遥かにしのぎます。

日本の企業は、1980年代から90年代にかけて、円高を背景に、生産コストの低い海外、特にアジア地域への工場移転を進めました。現地の安い労働力が利益の源泉だったわけですが、ここにきて、人件費が大きく高騰、進出する日本企業の利益を圧迫しています。

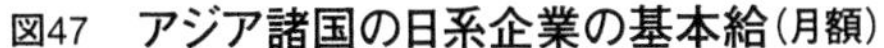

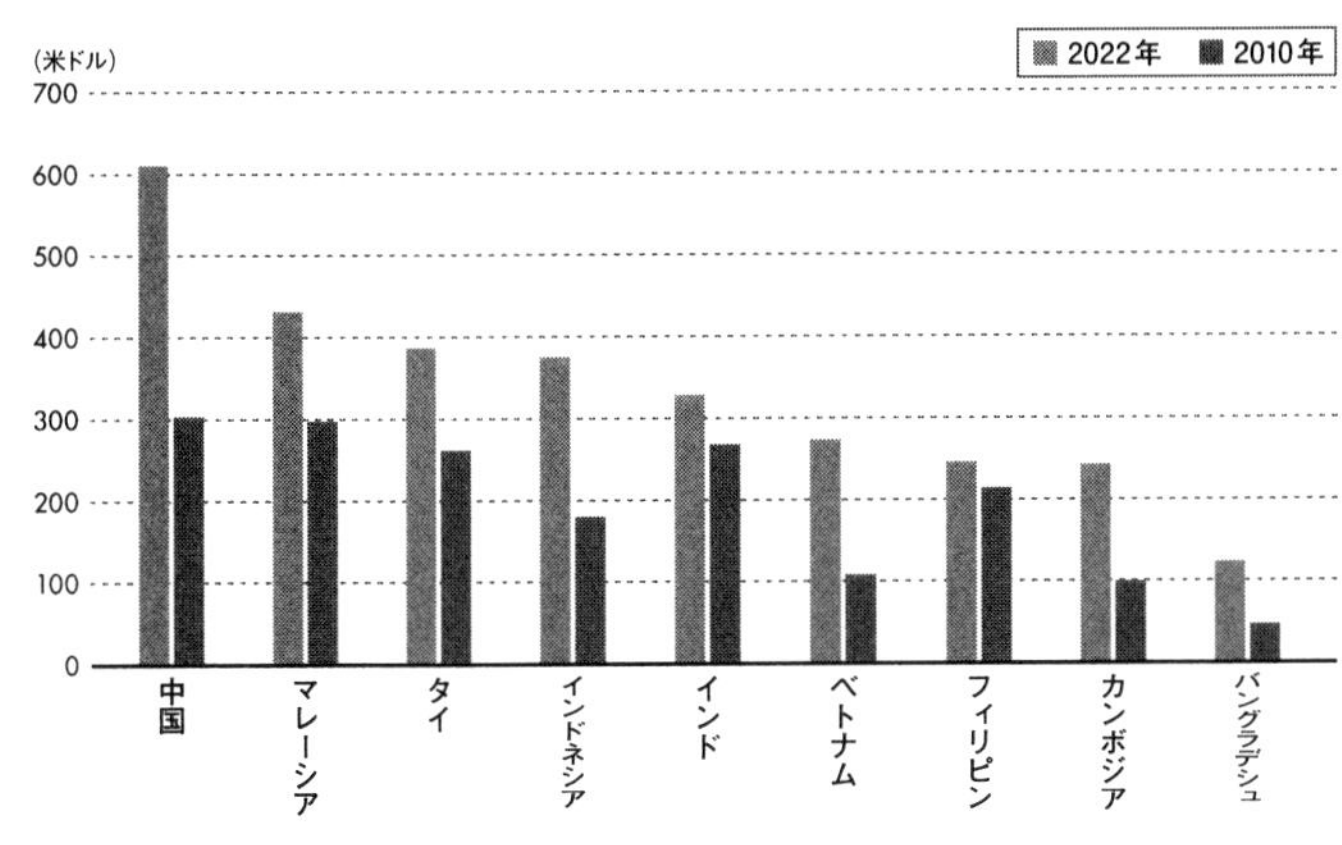

出所：JETRO

アジア各国で賃金が上がる一方で、日本ではすでに見たように、賃金が上がらずほぼ横ばいということもあり、日本に製造拠点を移す海外企業も増えてきています。つまり、日本の労働力が海外に買われるようになっているのです。

日本の労働力が世界から注目される理由は、高い質がありながらも手ごろな価格であることです。年功序列制度が残る日本企業では、若手は能力があっても賃金が低く抑えられていることがあり、格安で獲得できるケースが多くなっています。また、熟練した技術者もお買い得となっています。

日本の労働力が買われることはどのように考えればいいのでしょうか。

メリットとデメリットがあります。メリットとしては、海外企業が日本に進出することで、雇用が生まれ、人々の所得が増加し、消費や税収が増加する可能性があります。また、海外企業が高い賃金で日本人労働者を雇えば、日本企業も人材獲得のために賃金を上げる必要が出てきます。企業にとっては厳しい話ですが、労働者にとってはプラスの話です。また、海外企業との競争は経済の新陳代謝を上げ、経済成長を促進する効果も期待できます。

一方、技術の流出という問題があります。技術の流出は企業側から見ると大きなデメリットですが、労働者側からすると自分の能力を高く買ってくれることなので、メリットです。低賃金が続けば、人材が流出するだけでなく、外国人人材の獲得が難しくなるという問題も存在します。

半導体受注メーカーの世界最大手ＴＳＭＣが熊本に進出したことを例に挙げてみましょう。出荷開始は２０２４年末の予定ですが、すでにその周辺では半導体や物流関連企業などが続々と設立されており、ＴＳＭＣが進出した陽町の工場地価は全国一の32％上昇しており、地域経済に大きなインパクトを与えています。

ＴＳＭＣは２０２３年度の大卒初任給を28万円に設定しており、これは県内の相場よりも４割ほど高い水準となっています。その好条件に引き寄せられ、他企業から従業員の流出が続出しています。人材を確保するためには賃金を引き上げる必要があるものの、それに耐えられず淘汰される企業も出てきます。外資企業の進出がもたらす賃上げのプレッシャーは、労働者の待遇改善や経済の新陳代謝の向上につながる可能性があります。

14 日本貿易振興機構（ＪＥＴＲＯ）地域・分析レポート「韓国の賃金水準、日本並みに」２０２２年９月５日
15 玄田有史編（２０１７）『人手不足なのになぜ賃金があがらないのか』慶應義塾大学出版会

第4章

衰退途上国からどう脱却するか

1 ― カギを握る賃金の上昇

世界的なインフレが進行する中、日本はどのように対処すべきでしょうか?

物価上昇の波に立ち向かうためには、賃金の動きが極めて重要です。賃金が上昇しないと、消費者の生活が厳しくなり、節約傾向が強まるリスクが高まります。それがモノやサービスの需要を抑え、経済の停滞に繋がる可能性があるのです。つまり、賃上げを実現し、かつ継続的に行うことが最大の課題となっています。

しかしながら、日本の賃金は過去25年間にわたり停滞しており、構造的な問題となっています(第3章参照)。低賃金だけではなく、日本では低成長も続いています。後に詳しく見るように、各種データは日本経済が過去30年間にわたり凋落傾向にあり、日本は「衰退途上国」といえる状況にあると言えます。低成長、低物価、低賃金が続く日本の経済事情は根深い問題です。この最終章では、そんな長期にわたる困難な課題を克服するための解決策を考えていきましょう。

賃上げは可能なのか？

物価が高まる中、賃上げが期待されています。

賃上げは、賃金水準を一律に引き上げるベースアップ（ベア）と、年齢や勤続年数が増えるごとに上がる定期昇給で構成されています。一般的に、ボーナスや時間外手当は基本給に基づいているため、ベアが実施されると、それに伴ってボーナスや手当も上昇します。企業にとっては、将来にわたって人件費が増えることになります。

40年ぶりの高インフレを背景にした２０２３年の春季労使交渉（春闘）は好調で、多くの業種で満額回答が相次ぎました。

春闘とは、労働組合と企業の経営陣が賃金の引き上げなどを交渉することです。企業や官庁は、新年度が始まる4月に従業員の給与水準を見直すことが一般的です。そこで、労働組合は、見直し前に賃上げを要求します。賃上げに関する交渉が本格的に行われるのが例年2月から3月にかけてなので、「春の闘い」、すなわち「春闘」と呼ばれます。

日本の労働組合は、多くが企業ごとに組織されているため、交渉力が弱くなりがちです。そこで、個々の組合が連携して一斉に行動を起こすことで、この弱点を補おうという意図から春闘が始まりました。開始当初は大きな成果を上げることはありませんでしたが、高度成長期には春闘を通じて毎年賃上げが行われ、春闘は日本の賃金決定に大きな役割を果たしてきました。

図48　主要企業春季賃上げ率の推移

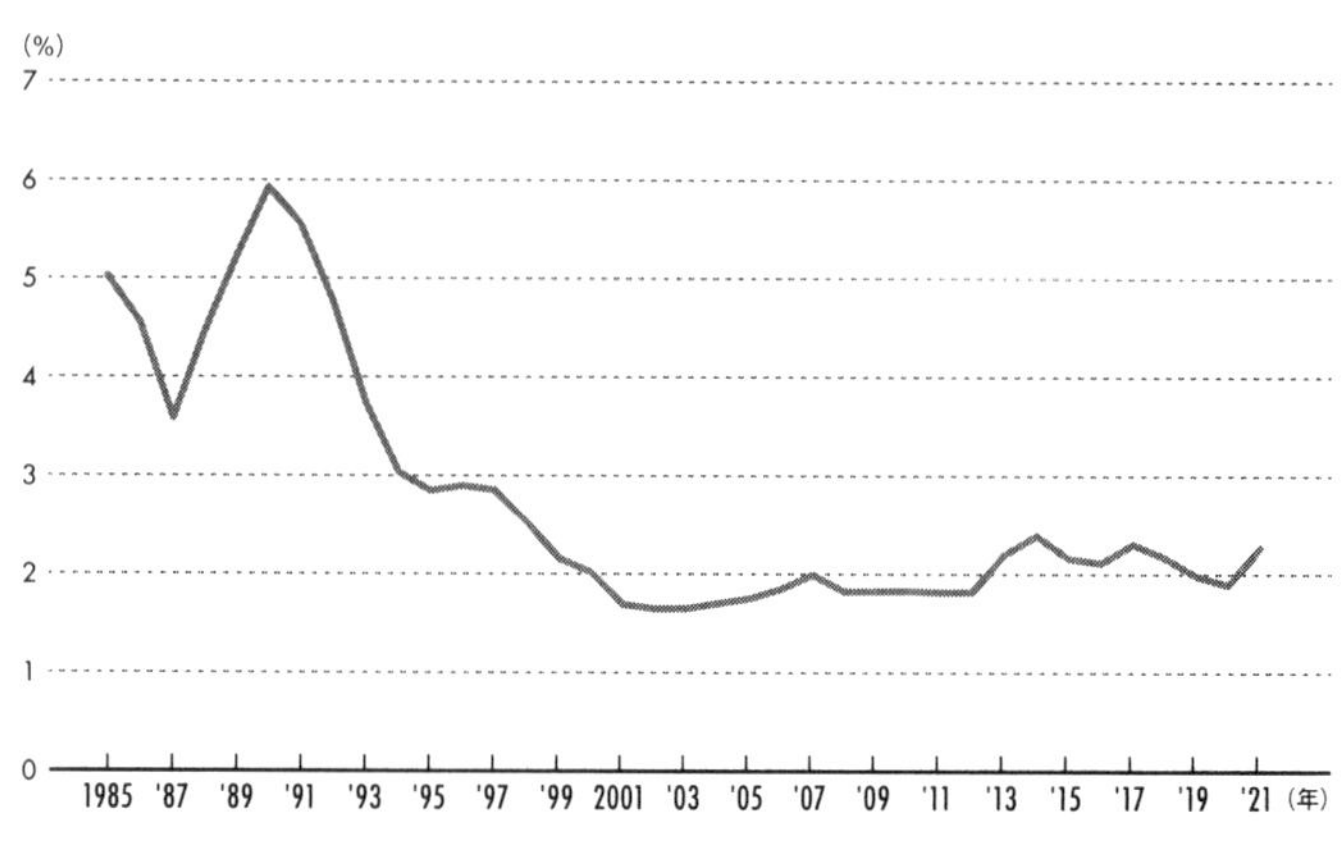

出所：厚生労働省「民間主要企業春季賃上げ要求・妥結状況」

また、賃金交渉は本来、労使間で行われるものですが、２０１４年の春闘から政府が経済界に対して賃金の引き上げを要請する「官製春闘」が始まりました。

図48は主要企業の春季賃上げ率の推移を示したものです。１９８５年以降、ピークは１９９０年の５・94％で、その後、賃上げ率は鈍化し、２０００年以降の平均は約１・９％となっています。

連合が春季労使交渉の企業からの回答を公表していますが、２０２３年の賃上げ率は定期昇給とベアを合わせて平均３・58％〈第７回（最終）集計結果〉となっています。賃上げ率が３％を超えるのは、１９９４年以来、29年ぶりのことです。

深刻化する人手不足

背景にあるのは、物価動向と人手不足です。

図49　**雇用人員判断DIの推移**

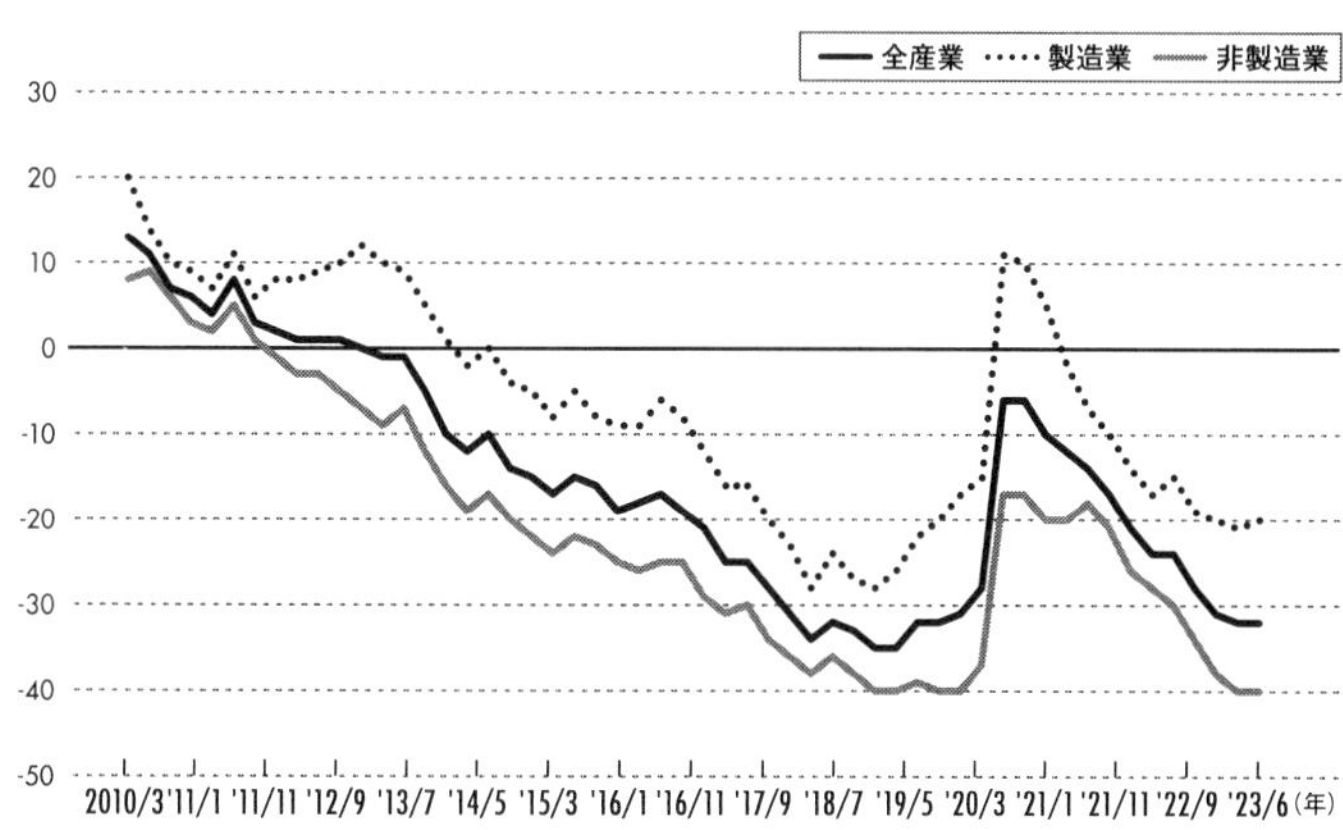

出所：日本銀行

帝国データバンク「２０２３年度の賃金動向に関する企業の意識調査」によると、物価動向を賃上げ理由に挙げる企業が急増しています。賃上げを行う意向のある企業のうち、57・5％が物価動向を理由に挙げており、その割合は２０２２年度の21・8％から大幅に上昇しています。また、７割の企業が「従業員の生活を支えるため」を理由に挙げています。インフレが加速する中で、賃金を上げることが求められている様子がわかります。

同調査では、賃上げ理由として「労働力の定着、確保」を挙げる企業の割合が最も高い71・9％となっています。これは、賃金を高くしないと人が集まりにくい状況になっていることを示しています。

企業の人手不足感が一段と強まっていることは、日本銀行の「企業短期経済観測調査（短観）」からもわかります（**図49**）。短観は日本銀行が３か月

図50　人手不足倒産の件数

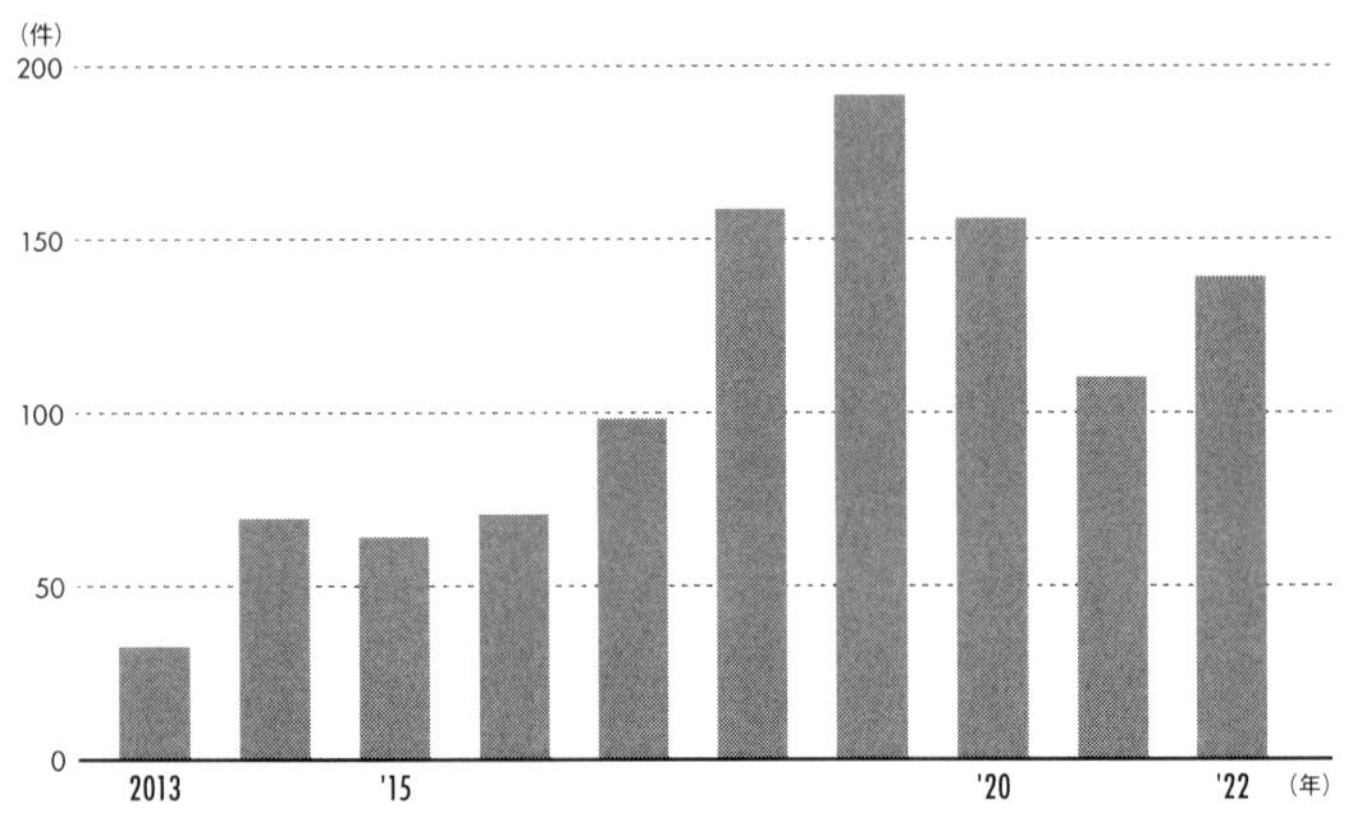

出所：帝国データバンク

ごとに行っている調査で、企業の雇用人員の過不足を示す雇用人員判断指数を公表しています。これは、従業員の数が「過剰」と答えた企業の割合から「不足」と答えた企業の割合を差し引いたもので、マイナスが大きくなるほど人手不足だと感じる企業が多いことを示します。

２０２３年６月の短観では、製造業でマイナス20、非製造業ではマイナス40となっており、コロナ禍直前の２０１９年12月の数字とほぼ同じになっており、企業の人手不足感が一段と強まっていることがうかがえます。

また、日本商工会議所の調査によれば、中小企業の64・９％が人手不足を認識しています。コロナ禍で「人手が不足している」と回答した企業の割合は一時低下しましたが、過去最高だった２０１９年調査の66・４％に迫る勢いで再び人手不足の状況となっています。

業種別では、建設業、運輸業、宿泊・飲食業で7割を超える企業が人手不足を認識しています。そして、求職者に対して魅力ある企業・職場となるための取り組みとして、6割弱の企業が「賃上げの実施や募集賃金の引き上げ」を挙げ、最も多くなっています。

人手不足は企業の倒産にも影響を与えています。帝国データバンクによると、2022年には人手不足が原因の倒産が前年比26%増加しました（図50）。増加は3年ぶりで、倒産件数全体の増加率（6%）よりも大きいという事実が、人手不足の深刻さを物語っています。

賃上げの帰結は？

ここまで見てきたように、物価上昇や人手不足から企業は賃金を上げていますが、その帰結はなんでしょうか。企業は、賃金上昇でコストが増加し、収益が増えない場合には賃上げ分を吸収できず、存続が厳しくなります。特に、中小企業や業績が振るわない企業は、経営が圧迫されるリスクが高まります。

一方、これが経済全体にとって問題かというと必ずしもそうではありません。経済の新陳代謝が進むからです。賃上げができない、あるいは賃上げをすることにより存続ができなくなるような生産性の低い企業が市場から撤退することで、経済全体の生産性が高まり、経済の成長が促される可能性があります。

問題は、この経済の新陳代謝が円滑に行われるかどうかです。勤め先の企業が存続できなくても、従業員が他の企業に高い賃金や好待遇で移動できれば、一時的に失業することがあったとしても、それは労働者にとって必ずしも悪い結果とはなりません。しかし、労働市場の柔軟性が十分でない場合や、新たな雇用創出が遅れる場合は、失業者が増え、経済全体にマイナスの影響を与える可能性があります。

そこで、求められることは、労働市場の柔軟性を確保し、雇用機会を増やすことです。なお、企業が労働生産性を向上させる取り組みを行い、賃金上昇に伴うコスト増を吸収できるように努めることは言うまでもありません。

2 どうすれば賃金を上げることができるのか？

賃上げは経営判断であり、その基本は生産性と経済の見通しです。賃金を上げるためには、それだけの利益を確保しなくてはいけません。これは、生産性を高めることにほかなりません。

生産性とは、付加価値を労働投入量で割ったものです。分子である付加価値を変えずに、分母である労働投入量を減らすことで、つまり、労働投入量を効率的にすることで生産性を高めることは可能ですが、同時に、分子である付加価値を高めることが重要です。

労働者の人的資本を高めよ

生産性を向上させるためには、人的資本を高め、デジタル化など資本へ投資をすることが重要です。

労働生産性は、労働の質、資本装備率、そして全要素生産性（ＴＦＰ）という３つの要素によって決まります。労働生産性の分子である付加価値を生み出すには、機械や設備などの「資本」や、それを使いこなす「労働」といった生産要素が必要となります。また、生産技術や経営効率、組織運営効率なども付加価値に影響を与えるとされ、これら生産要素以外で付加価値に寄与するものをＴＦＰと呼びます。

一橋大学の深尾京司教授と牧野達治氏による研究によれば、近年、労働生産性の上昇率は停滞しています。[16] その理由として、労働の質、資本装備率、ＴＦＰのすべての要素が低迷していることが挙げられます。つまり、労働生産性の３つの要因が揃って停滞しているということです。しかし、これは逆に、各要素を改善することで労働生産性を高める可能性があるということでもあります。

それでは、まず労働の質について見ていきましょう。

企業は、従業員のスキルや知識を向上させるために、職場内外で様々な教育・訓練を実施しています。職場内で業務を通じて行われる訓練はＯＪＴ（On-the-Job Training）、職場の外で行われる訓練はＯＦＦ‐ＪＴ（Off-the-Job Training）と呼ばれます。

かつて、日本の企業は従業員の能力向上に力を入れ、労働者の生産性を高めることで経済成長を牽引していました。しかし、バブル経済崩壊後の経済の低迷が続くなか、そうしたモデルは崩れ、企業による従業員への教育投資は減少傾向にあります。

日本の企業が支出する教育訓練費の推移を見ると、ピークはバブル経済崩壊直後の１９９１年で、その後は徐々に減少し、２０２１年にはピーク時の４割にまで落ち込んでいます。

企業の教育訓練費への支出は、企業規模によって大きな違いがあります。２０２１年では、規模が１０００人以上の企業の教育訓練費は、30〜99人の企業の教育訓練費の約１・９倍となっています。つまり、勤務先の規模によって受けられる人的投資が大きく変わってきます。

また、雇用形態によっても、企業が従業員に対して行う人的投資の取り組みに差が存在します。厚生労働省「能力開発基本調査」によると、正社員以外の従業員に対して、計画的なＯＪＴとＯＦＦ - ＪＴを実施している事業所の割合は、正社員に対するものの約半分にとどまっています。

図51をご覧ください。ＯＪＴの受講機会については、正規雇用者は26％程度で推移している一方、非正規雇用者は若干の低下傾向が見られます。２０２１年にＯＪＴを受けた割合は、正規雇用者が25・６％、非正規雇用者が22・１％で、その差は僅かです。ＯＦＦ - ＪＴを受けた割合については、コロナ禍で正規雇用者、非正規雇用者ともに減少していますが、どの年も非正規雇用者の割合は正規雇用者の半分近くとなっています。

正社員と非正規社員の間で受けられる人的投資に差があることは、個人にとっても経済全体にとっても大きな問題です。

個人にとっては、非正規社員が教育訓練を受ける機会が少ないことで、一度非正規社員になるとスキル獲得や能力向上の機会が限られ、その結果、正社員への転換が難しくなります。また、スキルや能力を向上できなければ賃金も上がりにくく、将来、正社員との賃金格差がさら

図51　OJT、OFF-JTの実施割合

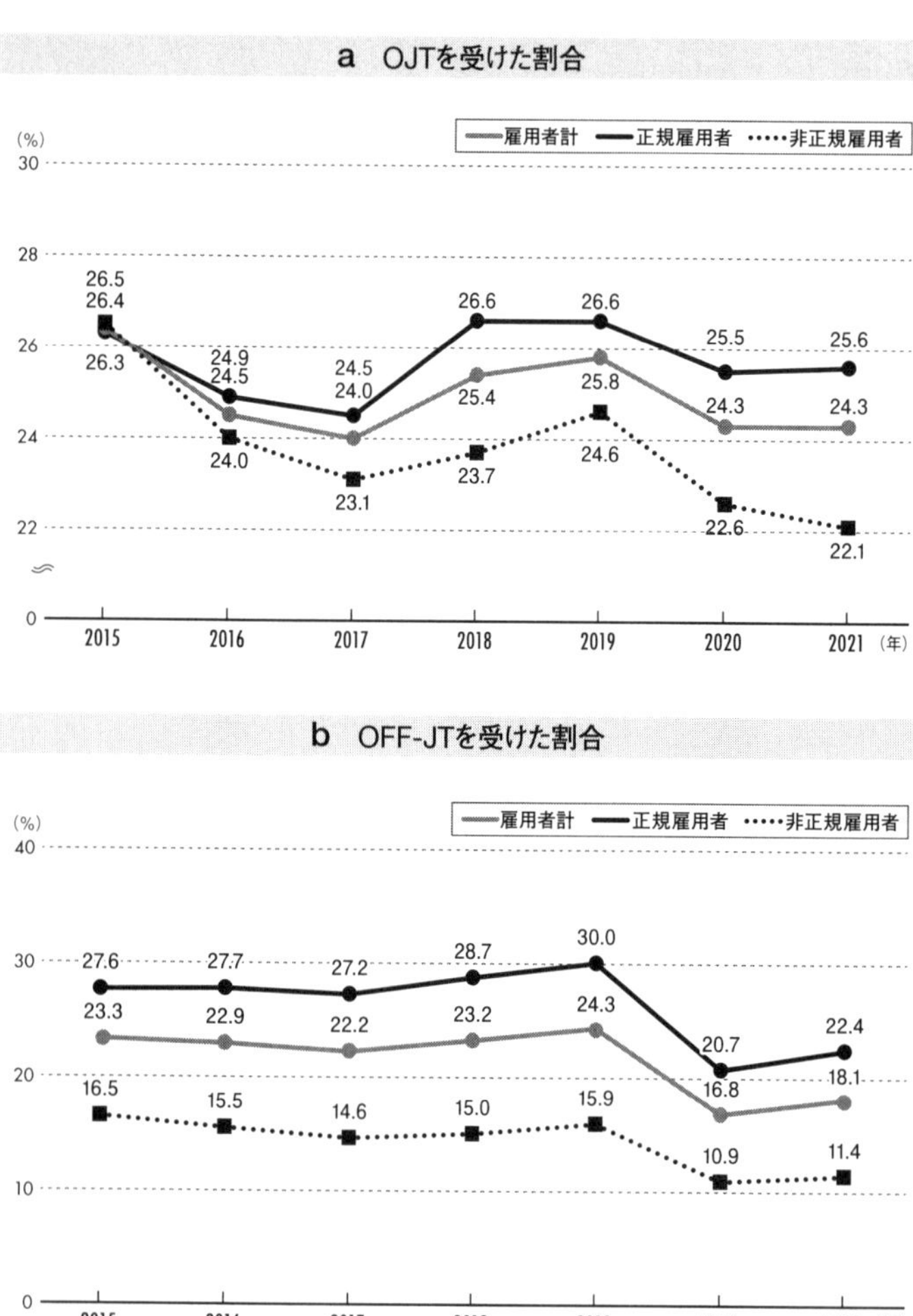

出所：リクルートワークス研究所「全国就業実態パネル調査」

図52　**人材投資（OJT以外）の国際比較（GDP比）**

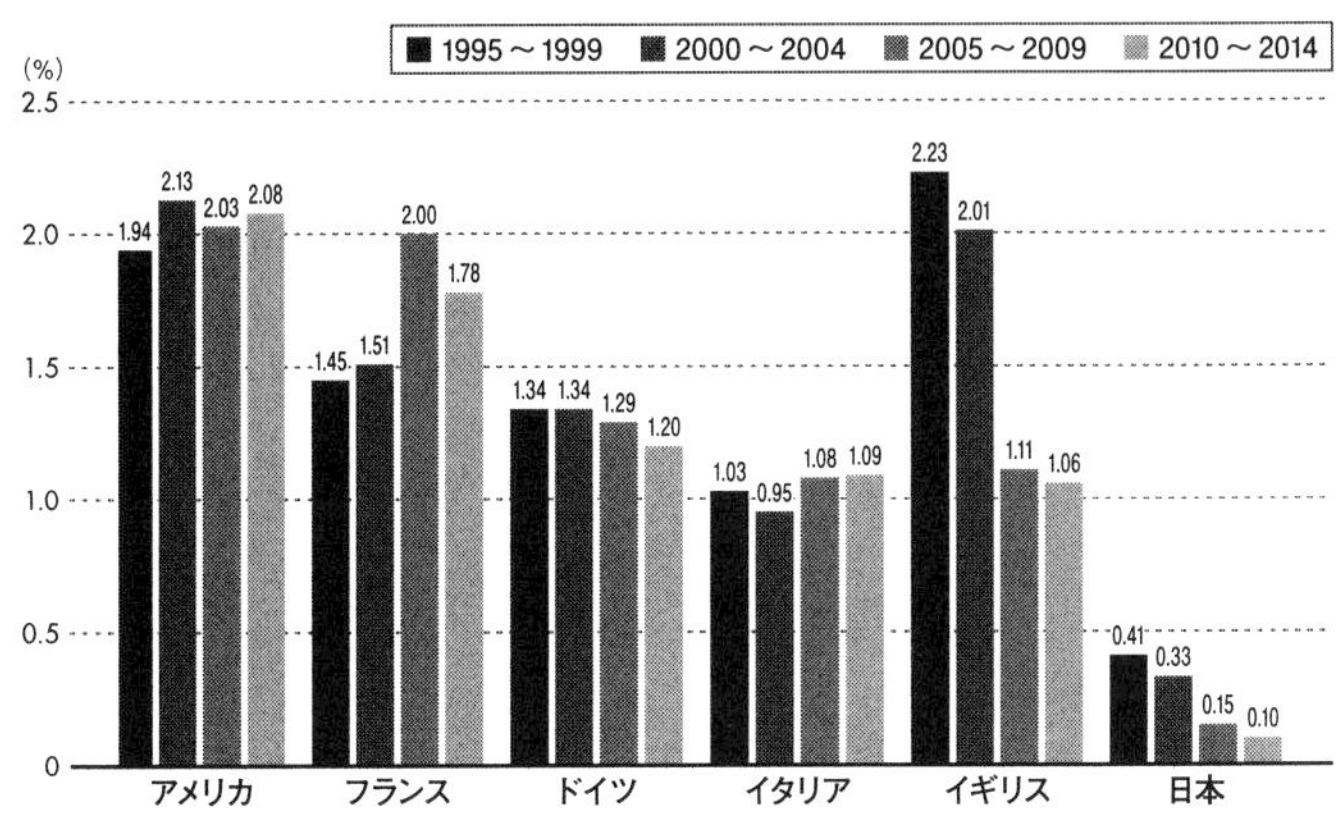

出所：厚生労働省「労働経済の分析」（平成30年版）

に広がる可能性もあります。

経済全体としては、平均的な労働者の質が低下することが懸念されます。この30年間で日本では非正規社員が大きく増加し、今や雇用者の約4割を占めています。人的投資を受ける機会が少ない非正規社員の増加は、経済全体での人的資本の蓄積が低下し、労働の質向上が停滞する大きな原因になっていると考えられます。

日本の人的投資を他の先進国と比較してみましょう。

図52は、GDPに占める企業の能力開発費の割合を国際比較したものです。ここで扱っている人的投資はOFF‐JTに関するものであり、OJTは含まれていないことに注意が必要ですが、日本のGDPに占める企業の能力開発費の割合は、アメリカ、フランス、ドイツ、イタリア、イギリスと比較して、著しく低い水準にとどまっている

ことがわかります。

また、日本のＧＤＰに占める企業の能力開発費の割合は長期的に低下傾向にありますが、他の先進国では必ずしもそうではありません。１９９５〜１９９９年と２０１０〜２０１４年の数字を比較すると、ドイツやイギリスではその割合が低下していますが、アメリカ、フランス、イタリアでは割合が上昇しています。

人材にお金をかけないと、スキルが伸びません。これは企業、そして国の経済成長にとってマイナスの影響を与えます。のちほど詳しく述べますが、お金をしっかりと人にかけられるような環境を作ることが重要です。

設備への投資も重要

物的資本への投資も、労働生産性を向上させるうえで重要です。労働者一人当たりが生産活動を行うのにどのくらいの設備を使用するかを表す指標に資本装備率があります。これは資本ストックを労働力で割ったものです。資本装備率が高まると、労働生産性は高くなります。

しかし、日本の資本装備率は２０００年代初頭まで上昇していたものの、その後横ばいになり、労働生産性の停滞につながっています。

経済全体で資本装備率が伸び悩んでいる原因は、サービス業の資本装備率の停滞にあります。

製造業では2000年代以降も資本装備率が伸びていますが、全産業の中で比重が大きいサービス業の停滞が、経済全体の資本装備率も停滞しているのです。

製造業とサービス業で資本装備率が異なるのは、サービス業では労働を資本で置き換えるのが難しいことが影響していると考えることができます。労働と資本の代替の難易度を示す指標である代替の弾力性を見ると、確かにかつては製造業に比べてサービス業の代替の弾力性が低く、労働を資本で置き換えるのが容易ではなかったことがわかります。しかし、近年、両産業の代替の弾力性はほぼ同等になったとの報告もあります。

実際、ICTの発展により、従来サービス業で人間が担っていた仕事が機械に代替されるようになってきました。例えば、スーパーやコンビニではセルフレジを導入する店舗が増加しています。また、ソフトウェア型のロボットを利用してオフィスの定型業務やルーチンワークを自動化するRPA（ロボティック・プロセス・オートメーション）を導入する企業が増加しています。

とはいえ、日本のICT投資は他の先進国に比べて遅れています（図53）。総務省の調査研究によれば、日本企業のICT導入率はアメリカ、イギリス、ドイツの企業よりも低く、労働生産性を抑制しています。また、ICTを導入しても、その利用に向けた環境整備を実施している企業の割合が低いという現実があります。

日本でICT導入が遅れた理由のひとつに、非正規雇用の存在が挙げられます。企業が安価

図53　ICT導入状況の国際比較

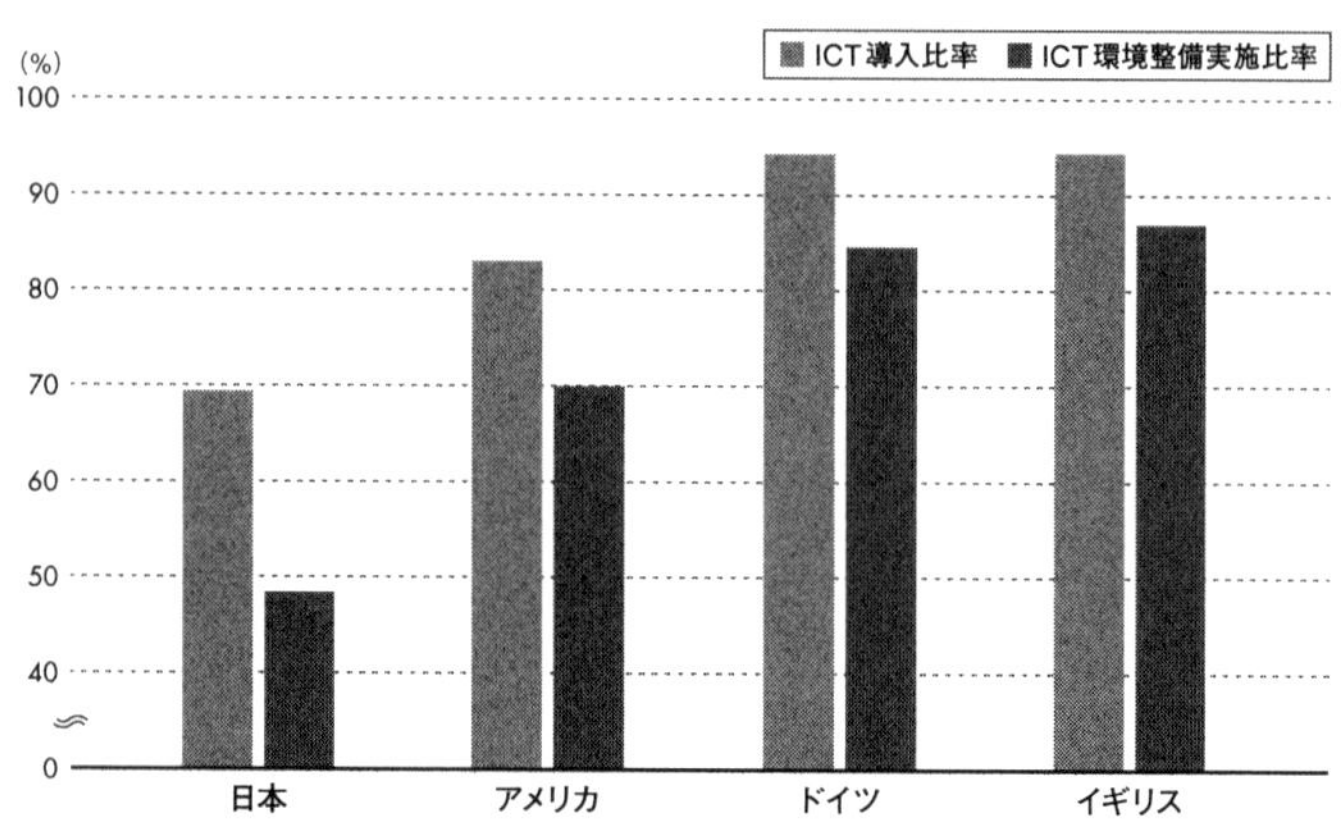

出所：総務省「ICTによるイノベーションと新たなエコノミー形成に関する調査研究」（平成30年）

な非正規雇用を増やしたことで、労働を節約するロボットなどの投入が遅れたと考えられています。

日本のＩＴ化・デジタル化の遅れは他のデータからも明らかです。スイスのビジネススクールＩＭＤが毎年公表する「世界デジタル競争力ランキング」によると、２０２２年の日本のデジタル競争力総合順位は63カ国・地域中29位で、過去最低の順位となっています。「国際経験」、「ビッグデータ活用・分析」、「ビジネス上の俊敏性（Business Agility）」の項目では、調査対象国・地域の中で最下位となっています。

デジタル化を推進し、生産性を向上させるためには、単にパソコンなどのハードウェアやソフトウェアを導入するだけでは不十分です。ＩＣＴの利便性を最大限に活用するには、人的資本を高め、組織の改善も必要となります。

攻めの経営が求められる

言うまでもなく、経営者の能力や経営戦略は非常に重要です。経済状況や市場の力学によって影響される経営の在り方を測ることは簡単ではありませんが、最近の研究では、企業経営者の能力が生産性に大きな違いをもたらすことが指摘されています。具体的には、経営者の能力が向上すると、生産性も高まるという関係が見られます。

日本経済が長期にわたり停滞し、人口減少による国内市場の縮小を背景に、多くの企業経営者が今後の市場環境に対して悲観的な見通しを持っています。しかし、厳しい言い方になりますが、経営者に求められるのは消極的な経営姿勢ではありません。どんな環境でも勝ち抜く判断力と攻めの経営が求められています。

世界的なコンサルティングファーム、ＰｗＣ（プライスウォーターハウスクーパース）が実施した「第25回世界ＣＥＯ意識調査」には興味深いデータがあります。この調査では、世界89カ国・地域の４４４６名のＣＥＯ（うち日本のＣＥＯは１９５名）を対象に、「今後12カ月間の貴社の売上成長見通しについてどの程度自信をお持ちですか」という質問がありました。その結果、自信がある（「非常に自信がある」および「極めて強い自信がある」）と回答したＣＥＯの割合は、世界全体で56％、米国で67％、中国で45％であったのに対して、日本ではわずか25％と非常に低い数字でした。

経営者には、どんな状況でも勝ち抜く経営判断が求められます。しかし、日本では、自社の将来展望に自信を持っている経営者が世界平均に比べて少ないというのは、日本の経営判断や戦略に問題があることを示唆しているといえるでしょう。

なぜ日本の経営者は海外と比べて自信がないのでしょうか？　その理由のひとつに、日本企業の経営者には、社会競争に勝ち残った人、ボイスが大きい人、営業や技術には長けていても経営が得意とはいえない人が少なくないことが挙げられます。

また、日本の経営者の97％は内部昇格によるもので、他企業で経営者としての経験を持たない人の割合も82％となっています。諸外国に比べて、生え抜きの経営者の割合が高く、また、他企業での経験がない経営者の割合も著しく高くなっています。[17] さらに、海外では経営者の多くがグローバルな経験を持っているのに対して、日本ではドメスティックな経営者が多いという調査結果もあります。

日本では、いまだに年功序列による内部昇進でトップに就く経営者が多く、また、国際競争が過熱する中でもグローバル経験に乏しい経営者が多いなど、経営戦略に長けていない人物が企業の舵取りをしているケースは少なくありません。

日本経済を再浮上させるためには、こうした経営者には退席していただき、有能な人物を経営者に据える必要があります。

生産性向上のため、資本や人に投資をするかどうかを決めるのは経営者です。積極的で有能な経営者がトップに立つことで、企業は資本や人材への投資を行い、付加価値を高めることができます。こうした変化は、最終的に日本経済全体を再び成長へと導くと期待されます。日本の経営者が自信を持って攻めの経営を展開し、企業の未来を切り拓くことが求められています。

適切な価格付けも重要

適正な「プライシング」も重要です。１９９０年代以降の日本では、価格競争が激化し、商品やサービスの価値に見合った価格設定が行われてきたかというと必ずしもそうではありません。

デフレ時代では、価格を少しでも上げると顧客が逃げてしまうため、企業は価格を上げられなくなりました。その結果、賃金も上げられず、消費者は価格に対して厳しい目をますます持つようになり、「低物価・低賃金」の状況に陥りました。

日本の労働生産性はアメリカよりも低く、特にサービス業の労働生産性はアメリカの約半分です。しかし、日本のサービスの質がアメリカよりも低いと聞くと違和感を覚えるかもしれません。アメリカだけでなく、海外旅行に行かれた方や海外生活を経験された方は、日本のサービスの質が世界でも優れていることを実感していることでしょう。

例えば、日本では電車が定刻通り、寸分の狂いもなく正確に来ます。少しでも遅れると、問題になりますが、そんな国は他にほとんどありません。また、日本のレストランやホテルでは、どこでも従業員が笑顔で両手を前に重ねて深々と頭を下げてサービスを提供してくれるのが日常風景ですが、海外で同じ質のサービスを受けたければ、最高級のレストランやホテルに行かなければならないことが多いのが実情です。

実際に、日本とアメリカのサービス業の質を比較したアンケート調査では、ホテルやレストランで約10％、宅配便やタクシー、コンビニなどの分野で15～20％、日本のサービスの質が高いと認識されています[18]。

ただし、こうしたサービスの質の違いを考慮しても、日本の生産性はアメリカよりも低いままであることがわかっています。これは、日本では価格が安いためです。品質に応じた価格付けがされていれば、「品質が高い＝生産性が高い」になりますが、日本では品質に応じた価格付けがされていないため、品質が高くても生産性が低くなっているのです。

デフレ下では価格競争には一定の合理性がありましたが、その戦略も限界に近づいています。価格での競争も重要ですが、それだけでは長続きはしません。価格で勝負をするのではなく、質を高め、それに見合う価格付けをすることが重要です。

日本では「低物価・低賃金」が安定した状態になっていますが、これを打破し、商品価値に見合った価格付けを行う経済への移行が求められます。ただし、一企業の行動だけでは変化は起こらず、多くの企業と消費者が同時に新しい均衡に移行する意思をもって行動しなければ、これは達成できません。

日本の企業は海外の企業とは異なり、コスト高をそのまま売値に反映しにくい状況にあります。コストが上昇する中、企業が値上がり分を消費者に転嫁できず、自ら負担しています。2022年の中小企業白書によると、中小企業の約7割が価格上昇分を製品価格へ転嫁できていないことが明らかになっています。これは、販売減少のリスクを鑑みた結果、価格転嫁が難しいためとされています。

しかし、「お客様は神様」という発想で、企業だけが消費者のことを考慮する「片思い」のやり方では、結局は低賃金を通じて消費者自身を苦しめる結果となります。国民が値上げを受け入れない限り、賃金を上げるのが難しいのは当然です。売り手が買い手のことを考えるだけではなく、買い手も売り手のことを思う「両想い」の関係にしなくてはいけません。

もっとも単に価格を上げればいいというわけではありません。企業は、世界の人々が欲しいと思うような商品やサービスを開発・提供することが重要です。そうした商品やサービスがあれば、ファンになる消費者がついてくるため、値上げをしても顧客は離れません。ブランド力が大事であり、安さだけではなく品質の良さを兼ね備えることが真の競争力につながります。

3 労働市場を徹底的に流動化させよ

経済全体の生産性を向上させるためには、個々の企業が付加価値を増やし、生産性を高めることと同時に、経済の新陳代謝を活性化させることが重要です。高い生産性を持つ企業が参入し、生産性の上がらない企業が撤退することで、経済全体の生産性が向上します。そこで重要となるのが、流動的な労働市場です。

流動的な労働市場は、適材適所の達成とスムーズな労働の再配分を通じて、生産性を高め、経済成長を支えると考えられます。

流動的な労働市場とは、単に労働力の移動が活発な市場というだけではありません。労働者が移動する自由が十分にある、柔軟に働き方を変えることができる市場のことです。

労働市場が流動的であれば、労働者も企業も柔軟にパートナーを変更できます。労働者の持つ特性やスキル、好みなどが企業が求めるものと一致すれば、つまり、適材適所が達成されれば、労働者は力を発揮でき、生産性も向上すると考えられます。

マッチングが上手くいかなかった労働者や企業は、労働市場が流動的であれば、関係を解消し、新たな出会いを求めやすくなります。逆に、労働市場が硬直的だと、最初のマッチングが上手くいかなかった人は、次のチャンスを掴むのが難しくなります。入社後、仕事や職場が想像とは異なっていたという労働者もいるでしょう。労働市場が硬直的だと、転職先を探したり、再就職のための能力開発を行うのが難しくなり、結果として、好きでもない企業にしがみつく可能性が高くなります。これは労働者だけでなく、企業にとっても望ましいことではありません。

流動的な労働市場のもう一つの大きなメリットは、労働力のスムーズな再配分が実現できることです。

経済は生き物のように変化し続けます。人間の体で絶えず新陳代謝が起こっているように、経済でも成長する企業や産業が登場する一方、衰退する企業や産業が存在します。ここで重要なのは、ヒト、モノ、カネといった経済のリソースが衰退部門から成長部門にスムーズに移動することです。労働市場が流動的であれば、労働力の再配分が円滑に行われ、結果として経済の生産性が向上すると考えられています。

実際に、労働市場の流動性と生産性の関係をデータで検証すると、労働市場が流動的な経済ほど生産性が高い傾向が明らかになります。横軸に労働市場の流動性の度合いを表す勤続年数を、縦軸に労働生産性をとって、データをプロットすると、労働市場の流動性が高い経済（勤続年数が短い経済）では労働生産性も高くなる傾向にあることがわかります〈図54(a)〉。

図54　労働市場の流動性（勤続年数）と生産性・賃金上昇率の関係

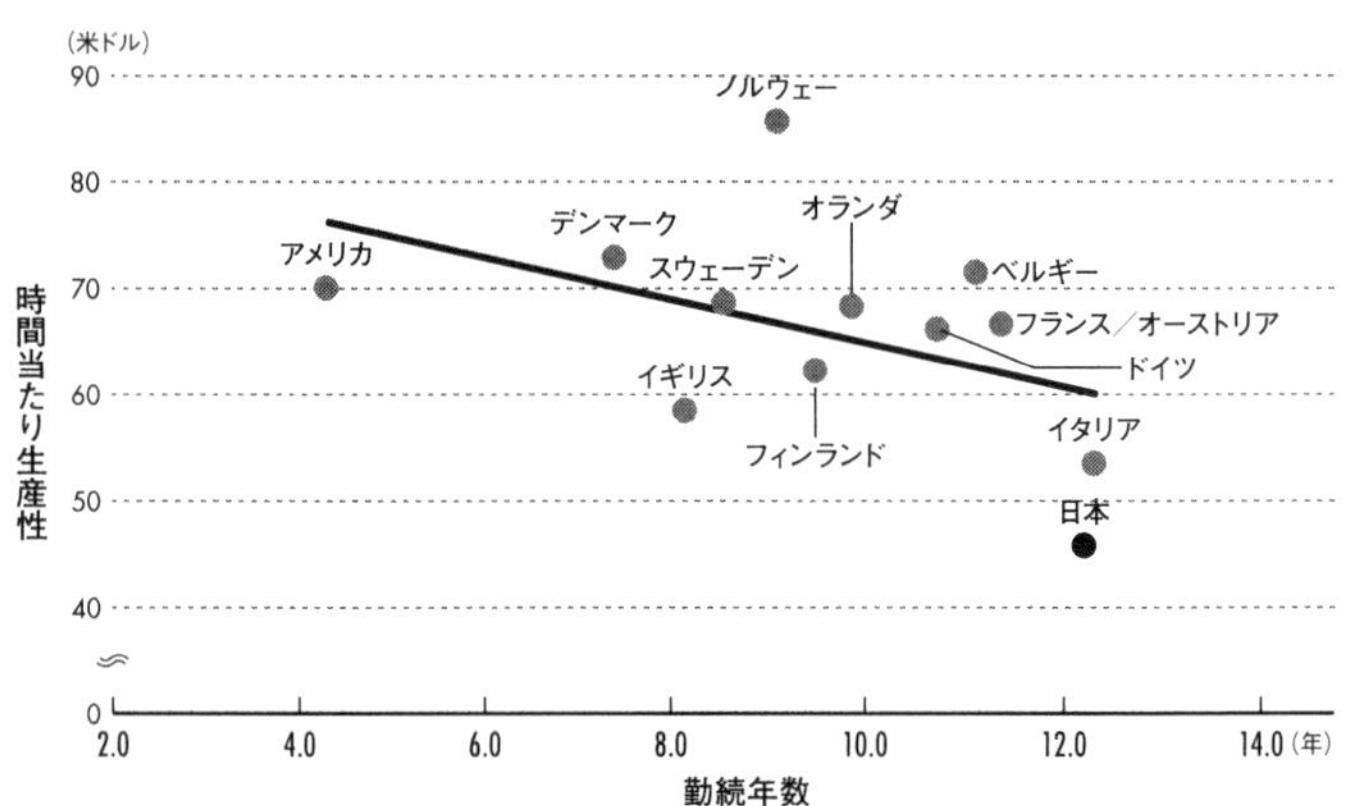

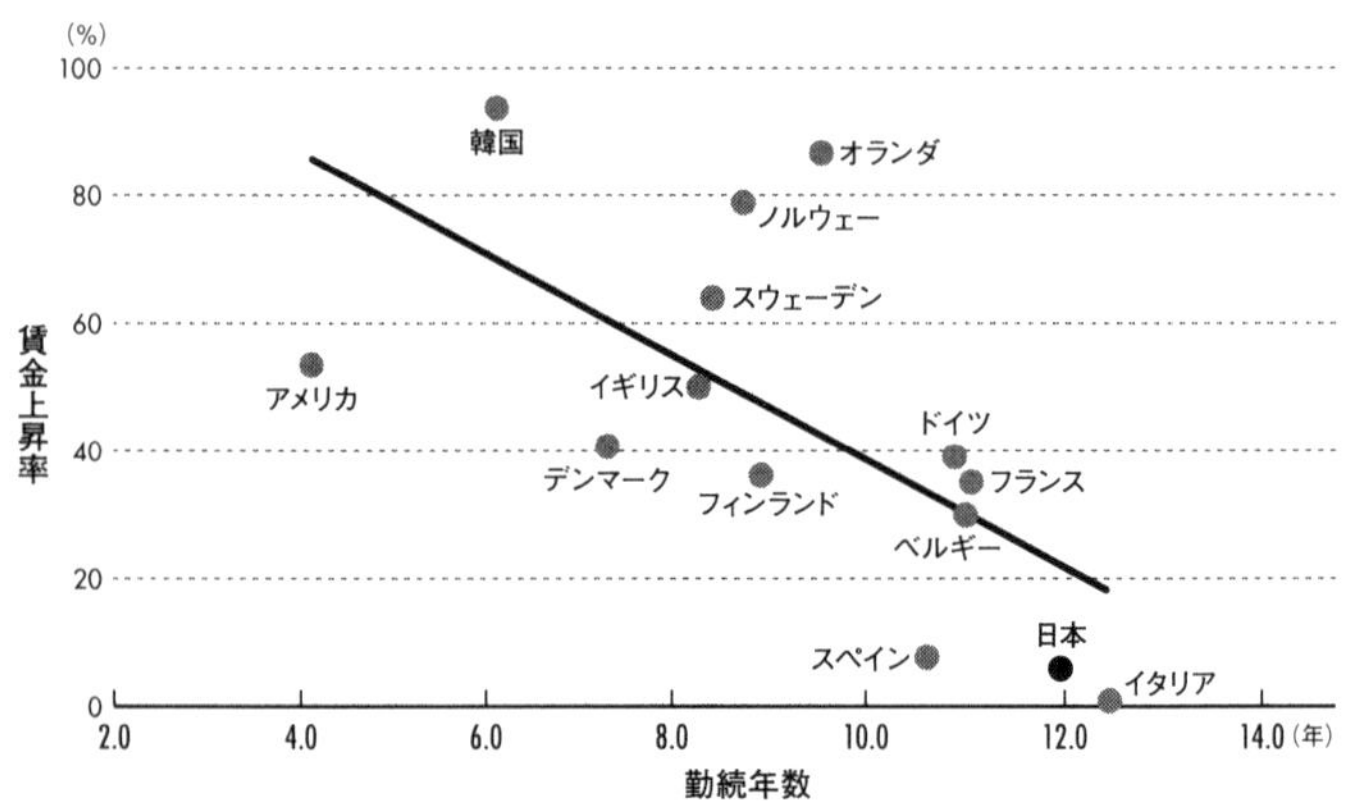

出所：OECD等のデータより筆者作成

さらに、生産性が高まることで賃金も上昇する傾向にあります。**図54(b)**を見てください。今度は、縦軸に賃金上昇率をとって、データをプロットすると、労働市場の流動性が高い経済では賃金上昇率も高くなる傾向にあることがわかります。また、OECD諸国のデータから、企業間の労働移動と生涯賃金の上昇度の関係を調べた研究も、労働移動が円滑であるほど、賃金上昇率が高くなることを示しています。[19]

労働市場が流動的になることに対する懸念として、解雇が容易になり雇用が不安定化するため、労働者にとっては良くない状況が生まれるという意見があります。しかし、実際には逆で、個人が最適なキャリアを実現するためには、労働者に多くの雇用機会を与える流動的な労働市場の方が望ましいと言えます。労働者は自分の能力や経験あるいは好みに適した職種や企業に就くことによって、より高い賃金や働き甲斐を得られる可能性が高くなります。

また、適材適所が達成され労働生産性が高まることで、流動的な労働市場は企業にとってもメリットをもたらします。労働移動が活発に行われる経済では、企業が労働者をきちんと評価することが求められますが、それが労働者のエンゲージメントを高めることにつながるという研究もあります。

労働市場の流動性を高めることのメリットは、労働生産性を高めるだけではなく、財政政策の効果も大きくなることがＩＭＦの調査研究で示されています。[20] 公共投資などの財政政策は生産と雇用を増大することが期待されますが、その効果は労働市場が流動的であるほど大きくなります。財政政策を実施するには、限られた予算をいかに効率よく使えるかという「賢い文出」

が重要ですが、この観点からも労働市場の流動性を高めることが大切だといえます。

4　日本の雇用は変わらざるを得ない

労働市場の流動化が進むと、適材適所で働く機会が増え、労働の再配分がスムーズになり、結果的に、生産性が向上し、賃金の上昇も期待できます。しかし、これだけが労働市場の流動化を目指す理由ではありません。実際、日本の労働市場は、好むと好まざるとにかかわらず、流動化が避けられない状況にあるのです。以下で、その理由を明らかにしていきましょう。

雇用は生産の派生需要

雇用について考える際の基本は、「雇用は生産の派生需要」というものです。これは、経済学の頑迷な命題であり、大学1年生の経済学の授業でも扱われる重要な考え方です。端的に言えば、生産が存在することによって、雇用が生まれるということです。

働かなければ商品も作れず、サービスも提供できないため、雇用があって初めて生産ができると考えられそうですが、経済学の視点からは異なります。まずは生産活動があるのです。景気が悪くなった時の企業行動を考えると、この考え方は理解しやすいと思います。不況期には、モノやサービスが売れなくなるので、労働時間を短縮したり、場合によっては労働者を解雇したりします。つまり、生産が変化すれば、雇用も変化します。企業は営利を目的としており、ボランティアで人を雇っているわけではありません。モノやサービスを販売・提供することで利益を追求し、その過程で雇用が生まれるのです。

雇用が生産の派生需要であるということは、経済や社会の構造が変わり、生産に影響を与えると、雇用や働き方、労働市場の在り方も変化せざるを得ないということです。そして今、日本は「メガトレンドの変化」と呼べる、大きな経済・社会の変化に直面しており、日本の雇用も変化の波に押されているのです。そして、この状況で重要となるのが、流動的な労働市場なのです。その理由を述べる前に、まずはメガトレンドについて見ていきましょう。

3つのメガトレンド

日本経済は3つの大きなメガトレンドの変化に直面しています。人口構造の変化、人工知能（AI）・自動化などのテクノロジーの進歩、そして、地球温暖化対策のためのグリーン化の3つです。

図55　総人口の将来推計

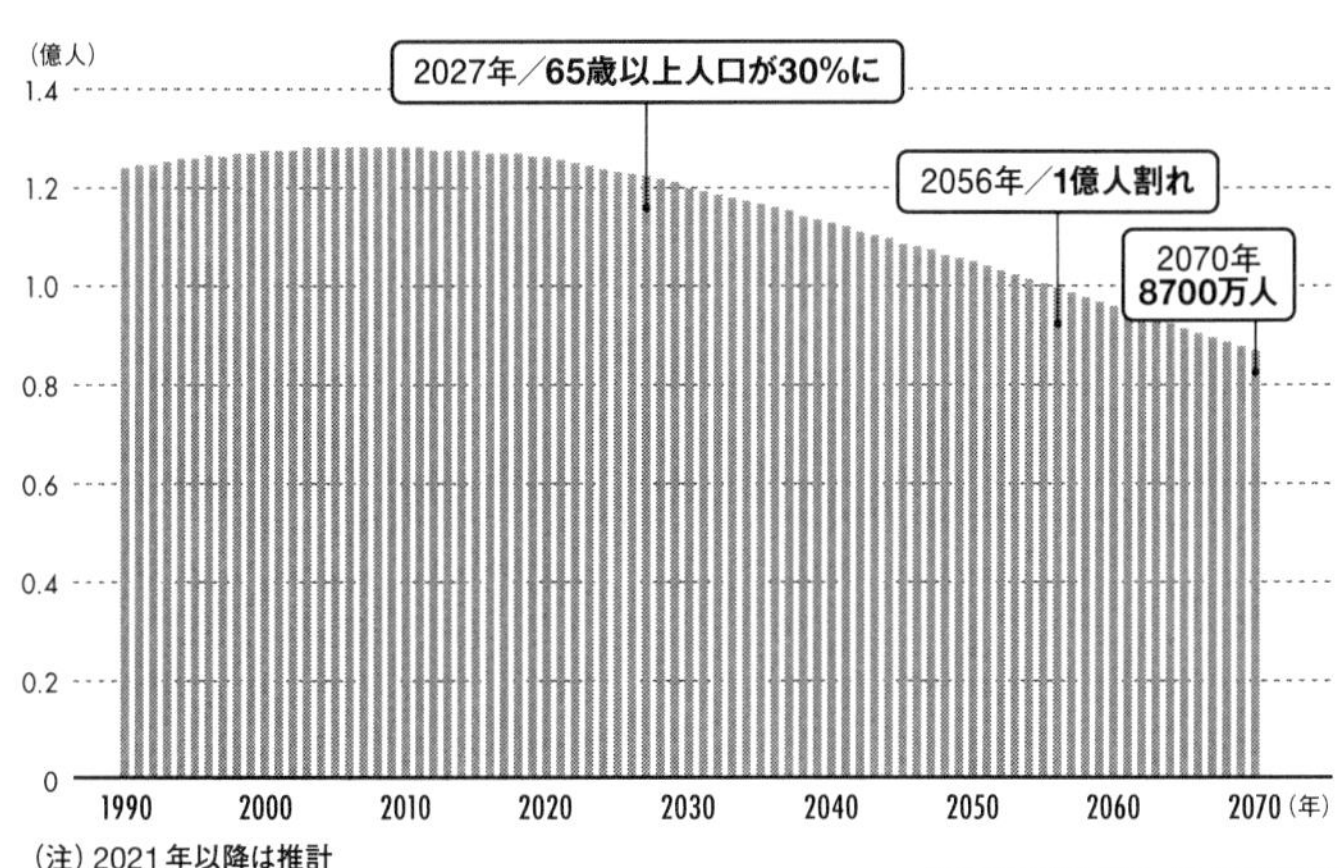

(注) 2021年以降は推計

出所：国立社会保障・人口問題研究所

・人口構造の変化

まず、人口構造の変化について見ていきましょう。日本では、高齢化を伴う人口減少が進行中です（図55）。

２００８年の約1億２８００万人をピークに、日本の人口は減少し続けており、２０２２年には約1億２４９５万人にまで落ち込んでいます。前年よりも55万６０００人、鳥取県とほぼ同じ規模の人口が1年で消失しています。出生数は２０２２年に79万９７２８人で、80万人を下回る記録的な低さです。これは１８９９年以降の比較可能なデータで初めてのことです。

今後も、日本の人口減少は進むと予想されています。２０２３年に国立社会保障・人口問題研究所が公表した最新推計によると、出生中位とされる基本シナリオでは、２０５５年には日本の人口が約1億51万人、２０７０年には約８７００万人になると見込まれています。つまり、今後30年強で約2400万人、40数年で約3800万人の人口が日本からいなくなることになります。2400万人というのは台湾やオーストラリア、3800万人というのはカナダ一国分の人口に匹敵します。

これだけの数の人が日本からいなくなることは、日本の経済・社会に大きな影響を及ぼします。まず、人口減少により働き手が少なくなると経済成長が鈍化することが考えられます。これは、経済成長の源泉のひとつが労働だからです。また、社会保障の財政基盤の悪化や財政の健全化にも影響を及ぼすと考えられます。さらに、マーケットのサイズが縮小するので、内需拡大もチャレンジングになると考えられます。特に地方では、消費市場の縮小が経済規模の縮小につながり、その結果、社会生活サービスが低下、人口が流出、地域社会がさらに縮小するという負の連鎖が起こることも考えられます。

現在、日本の総人口のうち65歳以上が占める割合は29%で、国民の約3・4人に1人が高齢者です。日本は世界一の高齢国家ですが、この数字は今後も上昇し、2070年には38・7%に上がると予想されています。つまり、そう遠くない未来、日本は見渡す限り老人ばかりの国になるということです。

高齢者と一言で言っても、65歳から100歳を超える方まで、その性質は異なります。特に最近、100歳以上の人口増加が顕著です。**図56**は100歳以上の人口推移を示したものです。100歳以上の人口は1963年には全国でわずか153人でしたが、2022年には9万人

図56　100歳以上人口の推移

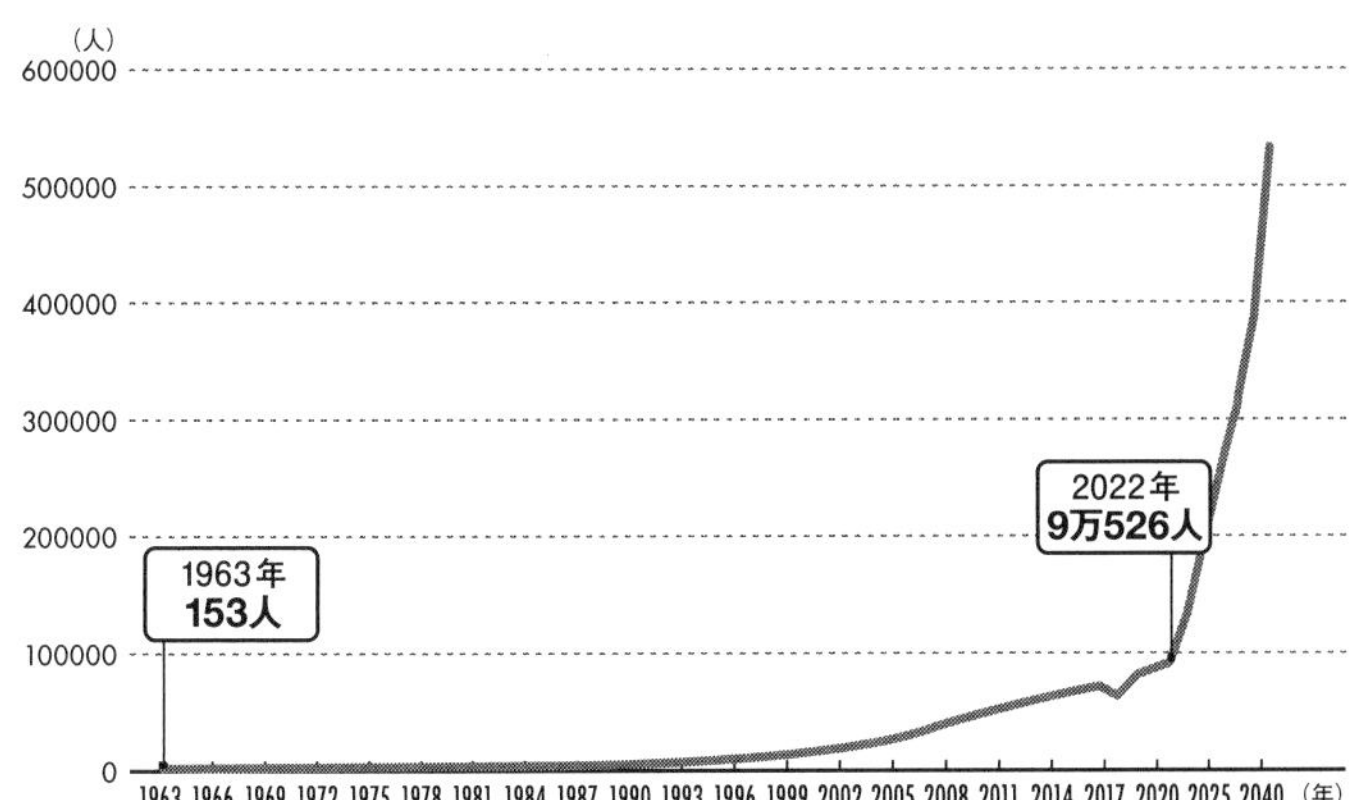

出所：厚生労働省、国立社会保障・人口問題研究所

を超え、約60年間でその数は約６００倍に増加しています。今後も１００歳以上人口は増え続け、２０５０年には53万人に達すると予想されています。

また、この60年間で平均寿命も大幅に伸び、長寿化が進んでいるのが日本の特徴です。厚生労働省の試算によれば、２０２１年に生まれた日本人のうち、90歳まで生きる人の割合は女性が52%、男性が27・5%となっています。また、２０７０年には平均寿命は男性85・89歳、女性91・94歳になると見込まれており、まさに人生１００年時代が到来していると言えます。

・テクノロジーの進歩

第二のメガトレンドは、テクノロジーの急速な進歩です。

最近、話題になっているＡＩ技術のひとつにＣ

hatGPTがあります。これは、アメリカの新興企業OpenAI社が開発した最新のAIで、対話型のAIとして機能するものです。膨大な文書データを学習し、様々な質問に巧みに回答するだけでなく、詩や歌、短編小説なども書くことができます。

ChatGPTを含むAI、ロボット、ビッグデータ、IoT（Internet of Things: モノのインターネット）に代表される第4次産業革命が進行中です。これらの技術革新は、生産や消費といった経済活動だけでなく、私たちの生活や働き方を含め、経済社会のあり方を根底から変えるとされています。

例えば、ChatGPTの登場により、自動化される業務が増えることが予想されます。対話が可能なChatGPTは、顧客対応やカスタマーサポートなどの業務を担うことができます。これにより、人間の労力が削減され、自動化される業務が増加する可能性があります。

自動化やロボット化が進むことで、雇用に大きな影響が出ることが予想されています。英オックスフォード大学のカール・B・フレイ氏とマイケル・A・オズボーン氏の調査研究によれば、米国では労働者の47％が現在の仕事をオートメーションや機械に取って代わられるリスクがあるとされています。[21] 日本を対象とした研究では、機械によって代替されやすい職に就いている労働者の割合は49％との報告もあります。[22] また、ダボス会議で有名な世界経済フォーラムは「仕事の未来2023」でAIなどテクノロジーの進歩により、2027年までに6900万件の新しい仕事が創出される一方で、8300万件の仕事が喪失されると指摘しています。

第４次産業革命により、新しい産業が誕生し、社会構造が大きく変わる可能性があります。例えば、20世紀初頭に自動車が普及した際、それまでの移動手段であった馬車は姿を消し、道路の舗装や信号機、ガソリンスタンドの設置などが進んだことで、街の姿が劇的に変わりました。それに伴い、人々の働き方や生活も大きく変わりました。また、コンテナを船からトラックに積み替えるシステムとの相乗効果で、自動車は国際貿易を急速に拡大させる要因にもなりました。

このように、革新的なテクノロジーが登場することで、従来の産業が消え、新しい産業が誕生し、社会構造が大きく変わることが予想されます。それに伴い、人々の働き方、社会インフラ、教育、法体系なども変化を迫られることになります。現在、私たちはそのような大きな変化の波に直面しているのです。

・グリーン化

第３のメガトレンドは、地球温暖化対策のためのグリーン化です。気候変動は、人類の生存に深刻な脅威をもたらし、世界が取り組むべき最重要課題のひとつとなっています。

現在、地球温暖化の原因である温室効果ガスを削減するため、世界中が脱炭素化を進めています。日本も、２０５０年までに温室効果ガス排出を全体としてゼロにする方針を掲げています。

脱炭素化を実現するには、エネルギーや自動車などの産業構造をはじめ、既存の経済構造を大きく変える必要があり、これらの変革は人々の行動や生活スタイル、働き方にも大きな影響を及ぼすと考えられています。

脱炭素化社会を推進するセクターは「グリーン・セクター」と呼ばれ、そこでの雇用は「グリーン・ジョブ」と呼ばれています。これに対して、非グリーンなセクターやジョブは、「ブラウン・セクター」や「ブラウン・ジョブ」と称されます。脱炭素化は、雇用をブラウン・ジョブからグリーン・ジョブへと移行させると考えられます。

例えば、電気自動車（ＥＶ）への移行を考えると、複雑な加工が必要なエンジンなどが不要になり、部品数が大幅に減少するため、国内の自動車部品メーカーの雇用が失われる可能性があります。しかし、ＥＶが普及することで新たな職種が生まれ、雇用が創出される可能性も存在しています。

さらに、人々が環境に配慮する意識が高まると、環境に優しい商品への需要も増加します。また、政府が脱炭素化を推進する政策を採用することで、環境に配慮した商品やサービスの価格が、そうでない商品やサービスに比べて低くなる可能性があります。グリーンな商品やサービスの相対価格が下がると、消費者はこれらの製品を選ぶようになり、結果的にグリーンな商品やサービスへの需要が一層増加します。このような消費者の需要パターンの変化は、ブラウン・セクターからグリーン・セクターへの生産のシフトを促進します。

図57　日本人のライフコース

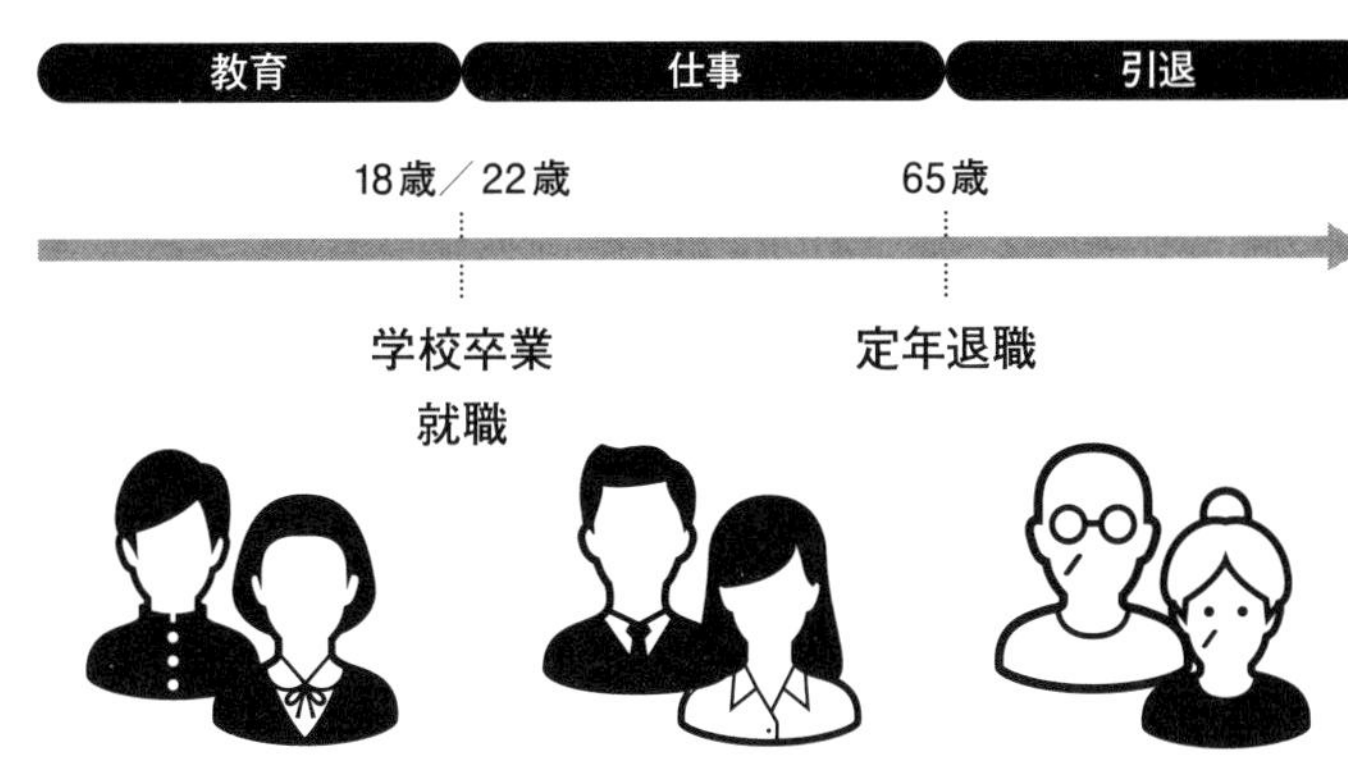

メガトレンドの変化が日本の雇用を変える

これらのメガトレンドは相互に関係し合いながら、経済・社会、そして私たちの生活や働き方に大きな影響を与えます。

多くの方が、高校や大学を卒業したら就職し、定年退職まで働き続け、その後余生を楽しむという人生の流れを想像しているのではないでしょうか。実際、これまで、日本人の代表的なライフスタイルは、教育、仕事、引退という3つのステージで成り立ってきました。つまり、学卒後に就職し、基本的には同じ企業や関連会社で定年まで働き、退職後は余生を送るというものです。

しかし、長寿化により人生が100年時代となった今、これまでの3ステージのライフコースでは上手くいかなくなっています（図57）。その理由は、退職後の期間があまりにも長くなってしまったからです。65歳で退職し、もし90歳まで生きるとしたら、引退後の期間は25年間にも及びます。給与所得がない中で、金融資産を取り崩したとしても、その期間を年金だけで生活するのは容易ではありません。

総務省「家計調査報告」（２０２１年）によれば、世帯主が65歳以上の世帯の消費支出額は月額約24万円となっています。夫婦２人で90歳まで生きると仮定すると、年金支給開始年齢である65歳から25年間、老後資金として世帯全体で必要となる額はなんと約７１５０万円になります。年金だけではカバーできないので、現役時代に貯蓄をしておかないと、老後の生活がままならなくなりますが、必要な金額が大きいため、現役時代の生活が圧迫されかねません。

問題は、人生が長くなったにもかかわらず、働くステージの長さを変えていないことです。長寿化社会では、以前よりも長期にわたって働く可能性が高くなります。さらに、長寿化が進む中で、人々が健康的に生きる時間も伸びています。周囲を見ても、現代の80歳は、一昔前の80歳よりも健康で「若々しい」という実感を持たれる方は多いのではないでしょうか。

仕事のステージが長くなれば、おのずと経済や社会の変化に直面する機会も増えます。メガトレンドの変化である技術進歩やグリーン化による産業構造の変化により新しい職が登場し、古い職は失われ、結果、経済を牽引する企業も変わっていきます。特に、現在の若い世代はこのような変化に対応していかなくてはいけません。長寿化は、現在の中高年だけが直面している課題ではありません。若い世代も含めたすべての人々にとって、人生のあり方を問いかける課題となっています。

実際、現在、世界をリードするＧＡＦＡとよばれる米巨大ＩＴ（情報技術）のグーグル、アマゾン、メタ（旧フェイスブック）、アップルでは、アップルを除き創業は１９９０年代半ば以降で、その登場からまだ30年も経っていません。かつては、ＧＡＦＡにマイクロソフトを加えた5社（ＧＡＦＡＭ）が、東証一部上場企業の合計時価総額を上回ることは想像できませんでした。また、技術進歩によって、かつては人間だけが行えた仕事が機械やロボットに置き換わるようになってきています。

過去30年間で私たちの生活や社会経済環境に起こった変化を考慮すると、今後、まだ存在していない企業や産業が世界を牽引し、私たちの生活や働き方に大きなインパクトを与えることは自然だと考えられます。

そのような環境下では、これまでのように、個人が職業人生をひとつの企業や関連企業で過ごすというのは当然難しくなります。むしろ、キャリアの中で何度か職を変える可能性が高くなります。

従来の、「教育→仕事→引退」という3つのステージを順に進む生き方は変化するでしょう。例えば、大学卒業後に就職し、新たなスキルや知識を身につけるために大学院に進んだり、別の分野を学んだりすることで、教育のステージに戻ることが考えられます。また、一定期間働いた後、プチリタイアのようにしばらく休憩をしてから、再び、教育や仕事に戻るという、３

つのステージを行き来する生き方も考えられます。実際、このような動きが出てきています。これまでは、「年齢（エイジ）＝ステージ」だったライフコースが、マルチステージの人生へと移行する可能性が高いと考えられています。

経済・社会環境の大きな変化の中で、個人がライフスタイルに合わせた最適なキャリアやライフコースを実現するためには、働き方や雇用のあり方は柔軟である必要があります。つまり、流動的な労働市場が不可欠なのです。

硬直的な日本の労働市場

しかし、様々なデータが示すように、日本の労働市場は硬直的です。

労働市場の流動性を測るものとしてよく使われるのが転職率です。図58は転職者数と転職者比率の推移を示しています。ここで、転職者とは「就業者のうち前職のあるもので、過去1年間に離職を経験したもの」で、転職者比率とは就業者数全体に占める転職者数の割合です。

リーマンショック後の不況時に、転職者数は大きく減少しましたが、その後は再び増加、コロナ前の2019年に過去最高の353万人となりました。2020年から2年連続で減少し、その後、2022年に再び増加に転じました。2022年の転職者数は303万人となっています。

図58　転職者数と転職者比率の推移

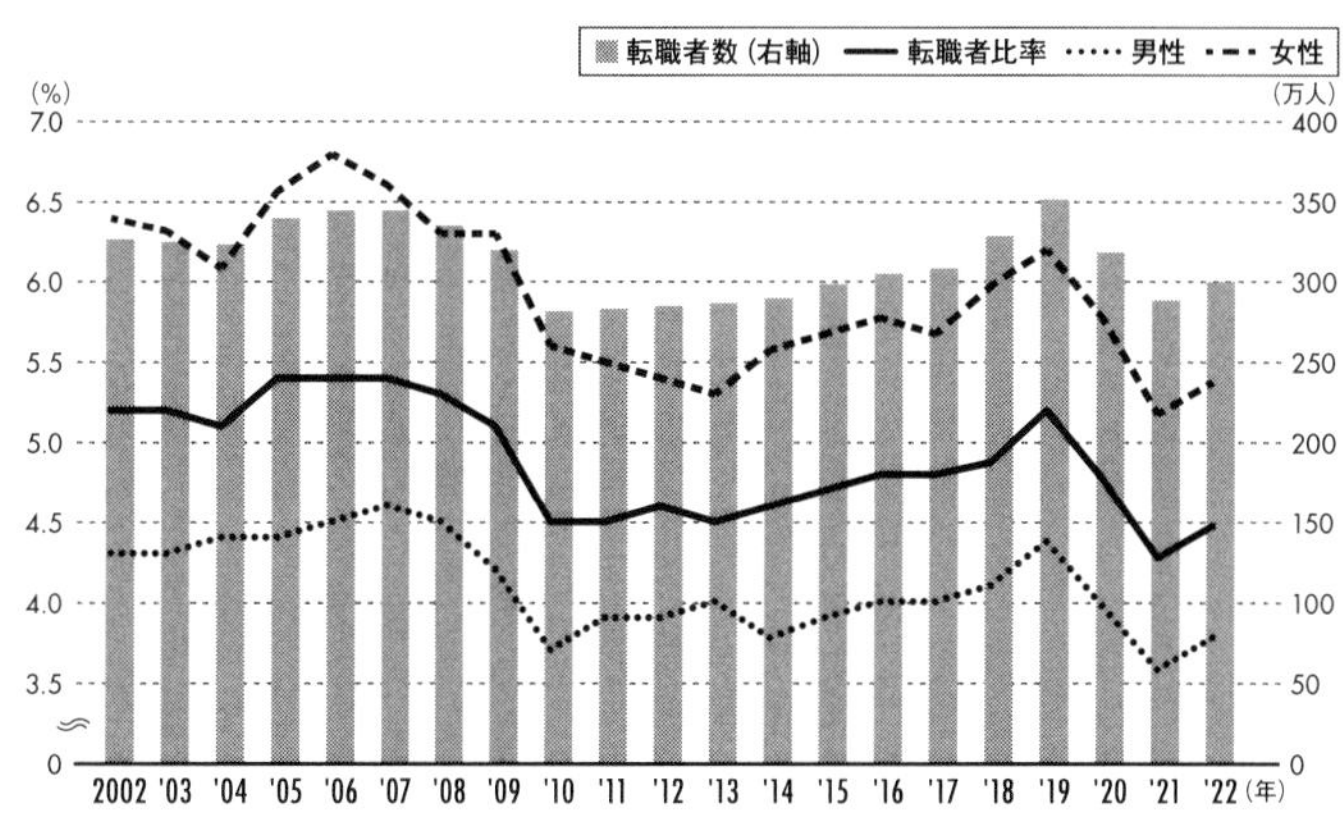

出所：総務省「労働力調査」

転職者比率も転職者数と同様の動きを示しています。２０１９年の転職者比率は５・２％でしたが、２０２１年には過去最低の４・３％まで低下し、２０２２年には４・５％に回復しています。転職率を男女別に見ると、女性の方が男性よりも高く、その平均は男性４・１％に対して女性５・９％となっています。

労働市場が流動的とされるアメリカと比較してみましょう。アメリカでは学校を卒業後に数年間転職を繰り返した後、比較的長期間同じ職場で働くことが一般的です。アメリカ労働局によると、アメリカの労働者は生涯で平均11回転職し、そのうちの半分は18歳から24歳の若い時期に行われます。

アメリカでは、「ジョブ・ツー・ジョブ・トランジションレート（Job to job transition）」と呼ばれる失業を経由しない転職率が活発です。２００

表2　勤続年数の国際比較

	計	男	女
日本	12.3	13.7	9.7
イタリア	12.0	12.1	11.9
ベルギー	10.8	10.7	10.9
フランス	10.6	10.6	10.7
ドイツ	10.5	10.8	10.1
スペイン	10.3	10.5	10.1
オランダ	8.3	8.7	7.9
スウェーデン	8.3	8.1	8.5
ノルウェー	8.3	8.6	8.1
フィンランド	8.2	8.3	8.1
イギリス	7.8	7.9	7.8
デンマーク	7.1	7.2	7.1
韓国	5.9	6.9	4.7
アメリカ	4.1	4.3	3.8

出所：労働政策研究・研修機構「データブック国際比較2023」

0年代後半の世界金融危機後、この転職率（ジョブ・ツー・ジョブ・トランジションレート）は以前よりも低下していますが、それでも月平均2％となっており、日本の転職率（年平均5％弱）がアメリカに比べてはるかに低いことがわかります。

また、平均勤続年数を見ると、日本の12・3年に対して、アメリカは4・1年と、日本の勤続年数はアメリカの約3倍の長さとなっています（**表2**）。他の先進国と比較しても、日本の勤続年数（特に男性）が長いことがわかります。

労働市場の流動性は、雇用制度にも大きく左右されます。そこで、次に、制度面から日本の労働市場の流動性を確認しておきましょう。

カナダのシンクタンク、フレーザー研究所（Fraser Institute）が毎年発表するレポート「Economic Freedom of the World」には、労働市場の柔軟性を示す指標が掲載されています（**図59**）。この指

図59　労働市場の柔軟性指数

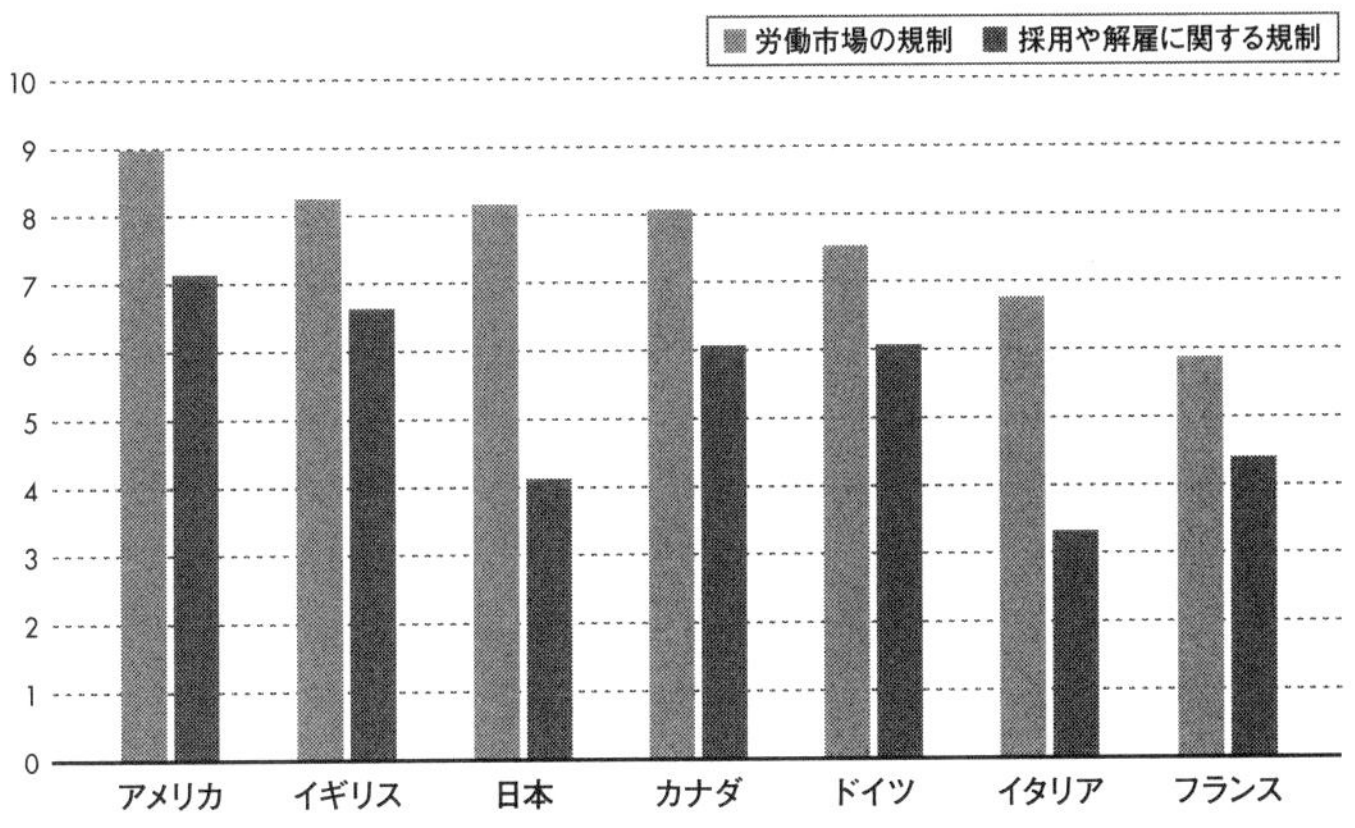

出所：フレーザー研究所

標は、最低賃金、採用や解雇に関する規制など、6つの政策分野をもとに、労働市場の柔軟性を0～10の範囲で数値化しています。数字が大きいほど、労働市場が柔軟だといえます。

G7諸国のこの指標を比較すると、2020年に日本のスコアは8・17で、G7ではアメリカ、イギリスに次いで3位となっており、柔軟性が低いわけではありません。

しかし、総合指数を構成する各項目を個別に見ると、状況は一変します。採用や解雇に関する規制については、日本のスコアは4・17で、G7諸国の中ではイタリアの3・33に次いで低い水準にあります。最もスコアが高いのはアメリカの7・18で、日本はその約6割程度の水準にとどまっています。

5 ― 労働市場をどう流動化させるのか

では、どうすれば流動的な労働市場を構築することができるのでしょうか。また、流動的な労働市場では何が求められるのでしょうか。企業、労働者、政府それぞれの視点から考えてみましょう。

成果に基づく賃金体系を

まず、流動的な労働市場に欠かせないのが、労働者の能力評価と労働成果に基づいた賃金体系です。

流動的な労働市場では、労働者の賃金が企業内だけでなく、マーケット全体の影響を受けます。そこで、賃金体系を年功序列から労働成果に基づくものへ変革することが求められます。これまでのように年功序列で賃金を決めていると、優秀な若手が能力に見合った報酬を得られず、他の企業や業界へ移籍してしまいます。

年齢や勤続年数に関係なく実績を評価することで、労働者のモチベーション向上や優秀な人材や即戦力人材の確保が可能となり、企業や組織の業績向上も期待できます。また、企業や組織の業績に応じて人件費を最適化することも可能になるでしょう。労働成果に応じた報酬は、世界ではスタンダードなものなので、グローバル競争において優秀な人材を確保するためにも不可欠です。

高賃金を支払うことで人件費が高まるように見えますが、生産性の高い労働者に対して適切な賃金を支払う限り、企業が損をすることはありません。日本企業で一般的な年功序列型の賃金体系では、労働者の生産性と賃金が一致せず、勤続年数が長くなると、生産性が賃金に見合わなくなります。これでは企業は高齢者を雇うインセンティブを持たず、高齢化が進む日本では大きな問題です。

労働成果に見合う賃金体系ならば、企業は年齢に関係なく労働者を雇うインセンティブを持つようになり、結果としてすべての世代が雇用機会に恵まれることになります。職場で異なる経験やスキル、世代の人々が互いに補完しながら働くことで、生産性が向上することは既存研究でも指摘されています。また、高齢者の活用は、日本経済の活力を維持・発展させるだけでなく、社会保障費の抑制など国の財政問題の改善にもつながります。

労働成果に見合った賃金体系を整えるためには、まず労働者の評価が重要です。これまで、日本の企業では、勤続年数や社内派閥などをもとに昇格、昇給が決まることが多く、労働者の能力やスキル、実績に対する評価が十分に行われていない傾向がありました。

今後は、適切かつ公平な評価基準を備えた人事評価制度により、労働者の理解と納得、そして努力を引き出す必要があります。海外の企業では、担当業務や部門ごとに明確な目標を設定し、労働者の成果を客観的に評価する取り組みが進んでいます。

透明性が確保された客観的な評価が昇進や昇給につながれば、労働者のエンゲージメントは高まり、評価制度への信頼性も増すと考えられます。

労働成果に基づく報酬システムが確立されれば、テレワークなどの新しい働き方も活用しやすくなると考えられます。パーソル総合研究所の調査によれば、多くの労働者がテレワーク時に、上司から公平・公正に評価や成長できる仕事の割り振りに対する不安を感じています。労働内容と質を公正に評価できる人事評価制度を整備することで、労働者のこうした不安が解消され、テレワーク業務を進めやすくなると考えられます。

労働者はスキルアップを！

人生100年時代を迎え、長寿化に伴い、私たちはこれまで以上に長く働く時代が到来しています。長い職業人生の間には、技術進歩や脱炭素化により、経済や社会構造が劇的に変わり、求められるスキルや能力が変化することが予想されます。

若い頃に習得した知識やスキルだけでは長い職業人生を送ることは困難であり、変化に適応するためにも、労働者はスキルや能力をアップデートし、学び続けることが重要となります。また、労働移動が活発化し、労働市場が流動的になっていくと、人的投資の軸足は企業から労働者にシフトすることになり、自己啓発がますます重要となるでしょう。

こうした中、2022年10月には、岸田文雄首相が人への投資に5年間で1兆円を投じると発表し、政府や一部の企業がリスキリングに取り組み始めています。しかし、日本では社外での学習や自己啓発に取り組む人が少ないのが現状です。

背景には労働慣行や人事制度があると考えられます。これまで、日本の多くの企業では、職種や職務を限定せず新卒を一括採用し、ジョブローテーションで様々な職種を社員に経験させるのが一般的でした。これでは、労働者が自分のキャリアや専門を戦略的に積み上げる必要を感じづらくなります。

パーソル総合研究所が世界18カ国・地域の主要都市の人々の働く実態や働く意識などを調べた調査によれば、勤務先以外での学習や自己啓発に関して、「とくに何も行っていない」という割合の全体平均は18％であるのに対して、日本は52・6％と最も高く、諸外国に比べて日本人が自己研鑽に努めていないことがわかります。

さらに、勤務先以外での学習・自己啓発に「自己投資する予定なし」が日本は4割を超え、世界で最も高くなっています（図60）。インドやベトナムでは、既に自己投資をしており、今後

図60　現在、自己投資をしておらず、今後も投資する予定はない人の割合

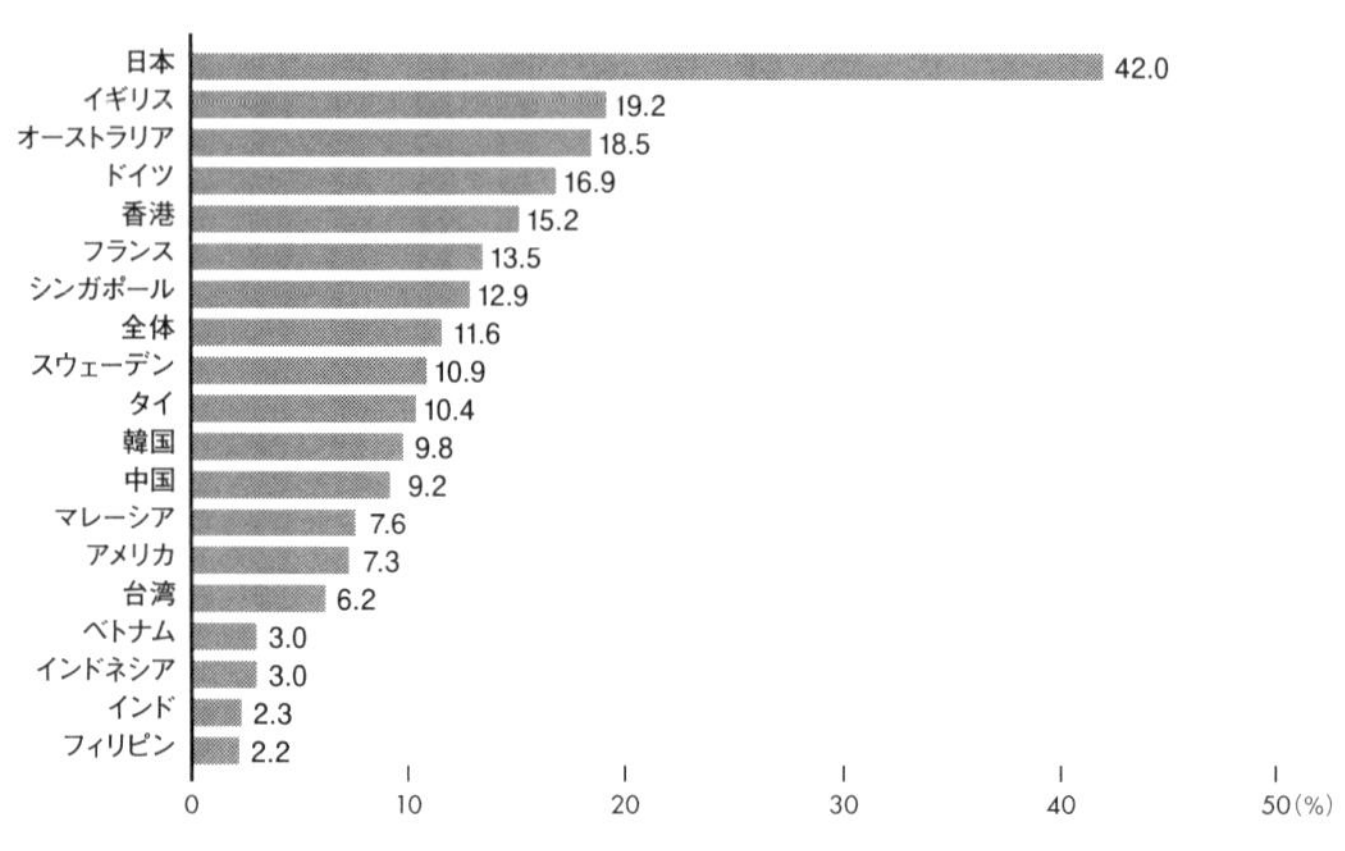

出所：パーソル総合研究所「グローバル就業実態・成長意識調査（2022年）」

も同程度の投資を行う、あるいは投資を増やす人の割合は約9割となっており、日本が他国・地域と比較して自己投資意欲が低いことが目立ちます。

これからの時代は、個々人が自分の選好にしたがって、多様な職業・仕事の中から自分が何をしたいのかを考え、最も情熱を持てる分野を見つけ、キャリアを設計していくことが求められます。つまり、労働者一人ひとりが必要とする研修や教育が異なるということです。それゆえに、私たち一人ひとりが自らの成長のために、社外での学習や自己啓発に真剣に取り組むことが、今後の成功へのカギとなると考えられます。

自己啓発優遇税制を導入せよ

そうした中、労働者の自己啓発投資を促すための支援として、自らの意思で教育訓練投資を行う

個人の投資にかかる費用を課税対象所得から控除する「自己啓発優遇税制」の導入を政府は検討すべきです。

実際に、筆者が提唱する「自己啓発優遇税制」に近い制度は既に存在しています。「学び・学び直し促進のための特定支出控除の特例」と言われる措置です。これは、給与所得者が職務の遂行に直接必要な技術や知識の取得のための研修費用などを所得控除できる仕組みです。ただし、現行制度では職務遂行に直接必要な技術や知識習得のための費用が対象で、しかも基本、雇用主の証明が必要となります。国家資格であるキャリアコンサルタントの証明で対応できる場合もありますが、労働者にとっては使い勝手がよくなく利用しにくいのが現状です。

今後は、個人が自分の興味や選好に基づいて、様々な仕事の可能性の中から自分に適したキャリアを見つけ、設計していくようになります。これは、労働者それぞれで必要となる訓練や教育が異なることを意味します。

例えば、現在、保育士として働いている人にとって、医療保育専門士や運動保育士の資格を取得することは、子供たちにより質の高い保育を提供できるようなスキルアップとなりますが、もし転職を考えていて、海外で働きたいのであれば、外国語を勉強することがその人にとって必要なスキルアップとなります。

現行制度は、後者のように現在の職務と関係ない教育・訓練を受けた場合には適応されません。また、前者の場合でも、雇用主の証明が必要となります。自己啓発優遇税制は、雇用主ではなく労働者を軸にした支援策なので、労働者が自分のニーズに合わせて柔軟にスキルを磨くことができ、より充実したキャリアを築くことが可能となります。

留学の国家支援を強化せよ

また、留学の国家支援を強化することも人的資本を高めるうえで重要だと考えられます。留学は、異なる文化や価値観に触れる絶好の機会であり、異質なものに触れ、刺激を受けることで新たな視点が生まれます。これは、世界観を養い、グローバル社会で活躍できる人材を育成する上で重要です。

現代のグローバル社会では、将来的には同僚、上司、取引先が日本人でない可能性が高く、外国との取引がますます重要になります。そこで、必要となるのが国際感覚です。留学は国際感覚を身につける絶好の機会であり、将来のビジネス環境に適応するためにも大いに役立つものです。

日本では人口減少が進み、国内市場が縮小しているため、海外との関係で活躍できる力が求められています。留学により、他国の言語やビジネス習慣を学ぶことで、将来的に海外市場での活路を見出す力を養うことができます。

具体的な支援策として、返済不要の奨学金を大幅に拡充することが考えられます。ハーバード大学など海外の有名大学に進学する際の高い学費が障壁となることを解消し、優秀で意欲的な若者に国が支援を提供することで、学びやすい環境を整えるべきです。仮に、留学にかかる費用が一人当たり年間１０００万円とすると、１万人を支援するためには年間１０００億円かかります。１０００億円と聞くととんでもない金額のように感じますが、これは日本政府が支払っている国債の利払い費の5日分に過ぎません。国家支援によって留学のハードルを下げることで、多くの若者が世界に羽ばたき、日本の未来を切り開く力となるでしょう。

転職に中立的な制度設計が必要

労働市場の流動化を促すためには、労働移動を不利にする制度・政策を撤廃し、市場メカニズムを活用することが重要です。

日本の企業制度は往々にして長期雇用を前提としており、結果として雇用が固定化され、転職が不利になるように設計されています。そして、それを支えているのが日本の税制や公共政策です。雇用慣行と国の制度・政策が相互に影響し合っているため、国が制度・政策を変更することで、企業の雇用慣行も変わることが期待できます。社会保障や税制は転職に中立的になるような改革が求められます。

例えば、退職所得税制は長期勤続を優遇する一方で、転職に不利な仕組みとなっています。退職金は一般的に勤続年数に応じて加速的に大きくなります。例えば、勤続30年の人の退職金は、勤続10年の人の3倍以上となっています。経団連が2019年に発表した『退職金・年金に関する実態調査結果』によると、大学卒業者の退職金は、勤続10年で約308万円、勤続30年で約1630万円と、5倍以上になります。これを支えているのが、退職金積立の控除に関する税制です。

退職所得に対する税制は、勤続年数に応じて退職所得控除を計算し、その額を退職所得から控除します。もし残額があれば、その金額を半分にしてから分離課税が適用されます。退職所得控除は、勤続年数が20年以下の場合は勤続1年につき40万円、20年を超える場合は1年につき70万円となっており、長く働くほど控除額が大きくなるという、日本の報酬慣行に即した仕組みとなっています。

こうした退職所得税制は長期勤続を優遇する一方で、転職を不利にする仕組みとなっています。退職金税制は転職に中立なものに改革し、企業の福利厚生制度の再設計を促すことが望まれます。政府は2023年6月に発表した「骨太の方針」に勤続年数による税優遇の格差是正を盛り込みましたが、この方向性は正しいと評価できます。

また、雇用調整助成金は、コロナ禍で失業抑制に一定の役割を果たしたものの、企業の事業構造改革を先延ばしにする結果となりました。東京商工リサーチの「全国企業倒産状況」によると、倒産件数は2019年に8383件だったのに対し、2020年には7773件と、コロナ禍前よりも少なくなっています。企業への過度な支援は、新陳代謝を遅らせ、成長の阻害要因となります。労働移動を妨げない雇用安定策へのシフトが求められています。

また、一定の所得を超えると税や社会保障が発生する「年収の壁」も問題です。パートなど短時間労働者が、一定以上の水準を超えて労働時間を増やすと、所得税制上あるいは社会保険制度上の扶養者の扱いから外れ、手取りの収入が減ってしまうというものです。

年収の壁には4つの段階があります。まず、年収103万円。これを超えると所得税が発生します。次に106万円と130万円。これらの額を超えると、一定条件下で厚生年金や健康保険が適用され、社会保険料が発生します。最後に150万円。これを超えると配偶者控除が減ります。特に、106万円と130万円の社会保険料の壁は、手取り収入に大きな影響を及ぼします。特に女性で、こうした壁の存在により、労働時間を調整する、就業調整が行われていることが指摘されています。働き方に中立になるように「年収の壁」に対応することも欠かせません。

解雇の金銭解消を

また、解雇手続きを明確化し、企業が柔軟な雇用を実現できるように、雇用調整コストを低くすることが重要です。解雇規制は、雇用主がその労働者を自由に解雇することを制限するもので、具体的には解雇時の割増退職金や解雇に関する手続き規制などが挙げられます。

解雇規制は、解雇の抑制を通じて労働者の雇用不安を緩和し、労働者にセーフティネットを提供するものです。しかし、その厳格化は企業の新規採用にブレーキをかけることがあります。これは、解雇が難しい状況では、企業が新規の採用に慎重になるからです。

実際、多くの実証研究が、厳格な解雇規制は雇用の創出や消失を減らし、労働市場の流動性を低下させることを示しています。さらに、過剰な雇用保護は、起業家精神やベンチャー創業にマイナスの影響を与えるという指摘もあります。

日本の解雇規制は、国際的な基準と比較して厳格と言えるのでしょうか。ＯＥＣＤが公表する「雇用保護指標」によると、日本における労働者の雇用保護水準は必ずしも高いものではありません。しかし、日本では「整理解雇の４要件」と呼ばれるものがあり、実際の解雇は厳しいものになっています。

日本では法律上は「解雇自由」が原則となっていますが、経営不振など会社側の事情で雇用者を解雇するには、次の４つの要件を満たす必要があります。
①人員整理が避けられない経営上の理由が存在すること
②解雇を回避するためあらゆる努力（希望退職者の募集、出向・配置転換など）が行われていること
③解雇対象者の選定基準が合理的かつ公平であること

④解雇手続きが妥当であること

これらの条件をひとつでも満たさないと、整理解雇は解雇権の濫用として無効になります。業績が悪化して雇用調整が必要な企業であっても、将来を見据えて新規採用を行いたいと考えるのは当然です。しかし、新規採用は、②の要件に抵触するため、日本では長期的な経済停滞の中で、若者が採用されない事態が発生しました。

雇用関係が一度成立すると容易に解雇できない状況では、特に将来の見通しが不透明な時に、企業は新規採用に慎重になり、その結果、雇用が減少することがあります。企業経営が厳しい時には、解雇予告期間を置いたうえで退職割増金を支払ったり、転職支援を行ったうえで解雇ができるように検討することが求められます。また、解雇の金銭保障は実現すべきでしょう。

会社都合の解雇が厳格に規制されていることは、労働市場の流動化を阻害するだけでなく、労働者を自己都合退職に追い込む陰湿なケースも生じることがあります。解雇を明確化し、意欲と能力を持つ若者が活躍できるよう環境を整えるべきです。雇用の固定化は、雇用全体の縮小を招き、結果的に労働者に不利益をもたらす可能性があります。

ただし、言うまでもなく、経営者の一方的な判断で、適切な補償もなく従業員が辞めさせられる状況は防止しなくてはなりません。

外国人労働者に魅力的な国づくりを

人口が減少する日本では外国人の受け入れが重要なテーマとなっています。15〜64歳の生産年齢人口は2022年に7420万人と、ピーク時の1995年の8716万人から約1300万人減少しています。そして、2070年には4535万人と、今後50年弱で3000万人も減る見込みです。総人口に占める生産年齢人口の割合は2022年の約59・4%から、2070年には52・1%まで低下します。

生産年齢人口が減少する中でも、女性や高齢者の労働参加によりこの10年ほど労働力人口は増加傾向にありましたが、2022年の労働力人口は前年比で減少し、限界が見えてきました。そうした中、外国人に労働市場を支えてもらうことが期待されています。

外国人が人口に占める割合は、2022年に2・4%となっていますが、国立社会保障・人口問題研究所による最新の人口推計では、人口に占める外国人の割合は2070年に10・8%と、9人に1人が外国人になる見通しです。つまり、今後、外国人が日本の人口の下支えをするという構図になっています。

外国人労働者数は近年、増加傾向にあり、2022年には約182万人と過去最多を更新しました(**図61**)。日本には移民法がなく、外国人労働者の入国時に永住許可を与えていません。これまで、日本は専門的・技術分野の外国人材は短期滞在を前提に受け入れる一方で、単純労

図61　**外国人労働者数の推移**

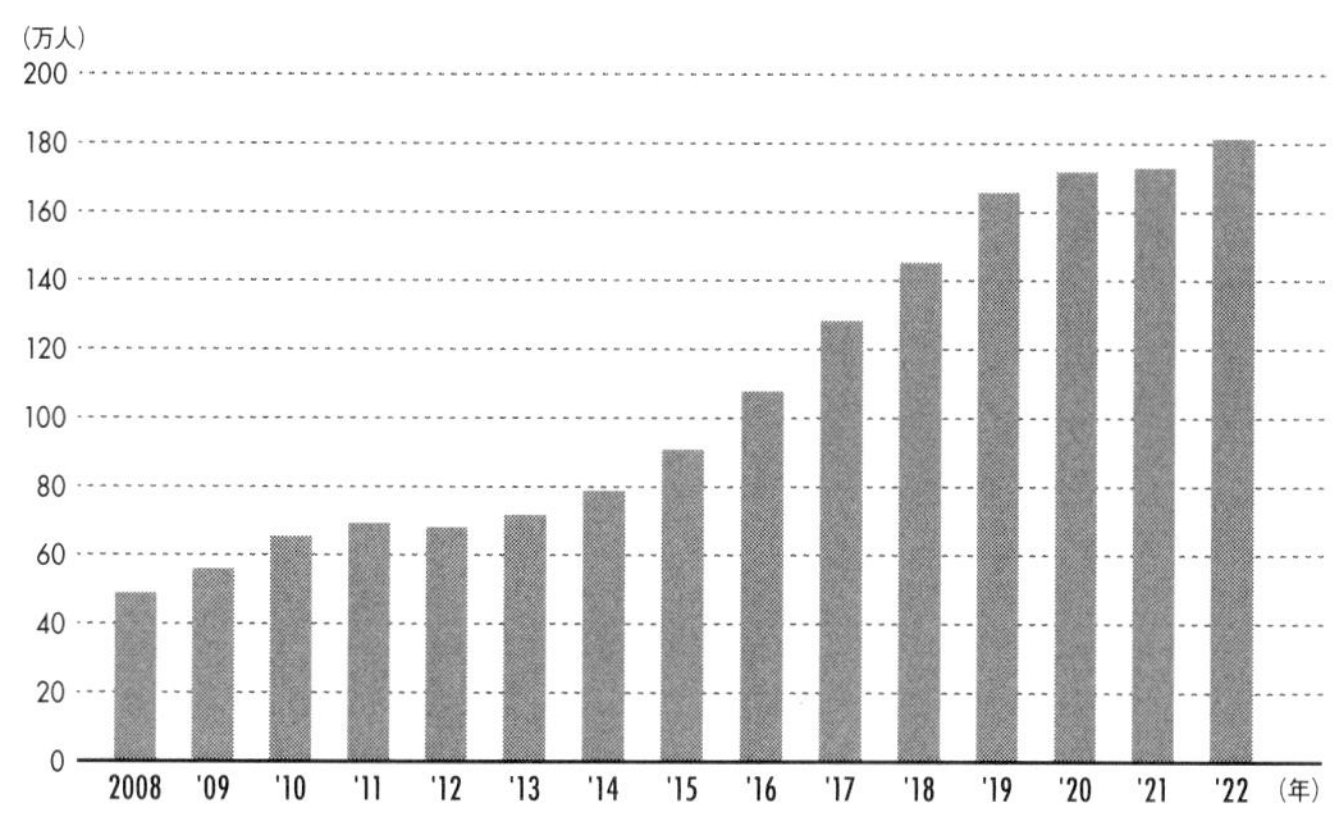

出所：厚生労働省

働者の受け入れについては慎重な対応をしてきました。しかし、2019年に新しい在留資格「特定技能」が設置され、事実上、単純労働者の受け入れに大きく舵を切りました。また、2023年には政府の有識者会議が技能実習制度の廃止を求める提言の試案を示すなど、外国人材の活用に向けて政策も転換点を迎えています。

少子高齢化が進む中、日本では外国人材の活躍が期待されていますが、その受け入れに関しては様々な問題が浮上しています。特に、外国人技能実習生や留学生が安価な労働力として、劣悪な労働環境に置かれるケースは問題です。厚生労働省によれば、外国人技能実習生の実施先事業所の約7割で、違反残業や低賃金、賃金未払いなどの法令違反が認められています。外国人材の労働・生活環境の整備と保障が必要です。さらに、多様な文化と思想を持つ人々を受け入れるために、偏見・

差別のない社会を構築することが不可欠です。

また、世界中で獲得競争が激化しているスキルを持った「高度人材」が日本を魅力的な国と見ていないことも問題です。ＩＭＤの「世界人材競争力ランキング２０２２」によれば、高度外国人材にとって魅力のある国で日本は63カ国・地域中54位に位置しています。日本の経済成長が停滞し、賃金も世界に比べ伸び悩んでいることが要因のひとつであり、年功賃金などの労働慣行も日本を海外人材にとって魅力が低い国にしています。

これまで日本は、安価な外国人労働者を雇用し、そのメリットを享受してきましたが、これからの知識社会では、優秀な高度人材を中心に海外人材を日本に惹きつけることが重要です。外国人が社会の一員として温かく迎えられ、日本人もそれを喜べる環境を築くことが不可欠です。

6　衰退途上国から脱却せよ

衰退途上国ニッポン

日本経済は長期にわたって停滞が続いています。

国の経済規模を表す名目ＧＤＰを見ると、２０２２年に日本は約４・２兆ドルで、アメリカの約25・５兆ドル、中国の約18・１兆ドルに次ぐ、世界第３位の経済大国となっています。ただし、その経済規模は、アメリカの16％、中国の23％に過ぎません。

しかし、かつての日本はこんな立場ではありませんでした。１９９０年当時、日本の名目ＧＤＰは約３・２兆ドルで、アメリカの約６兆ドルの半分に匹敵し、世界第２位の地位を誇っていました。この大きな変化は過去30年間、日本経済が停滞し、その成長が他国に比べて相対的に低かったからです。１９９０年から２０２２年のＧＤＰの変化を比較すると、日本の経済規模は約１・３倍に増えたのに対して、アメリカは約４・３倍、中国は驚きの約46倍にまで膨らんでいます。また、世界全体での日本のＧＤＰシェアは、１９９０年に14・２％と、２０００年には14・６％でしたが、２０２２年にはわずか４・２％まで低下しています。

図62　1人当たり名目GDP（USドル）日本の所得順位

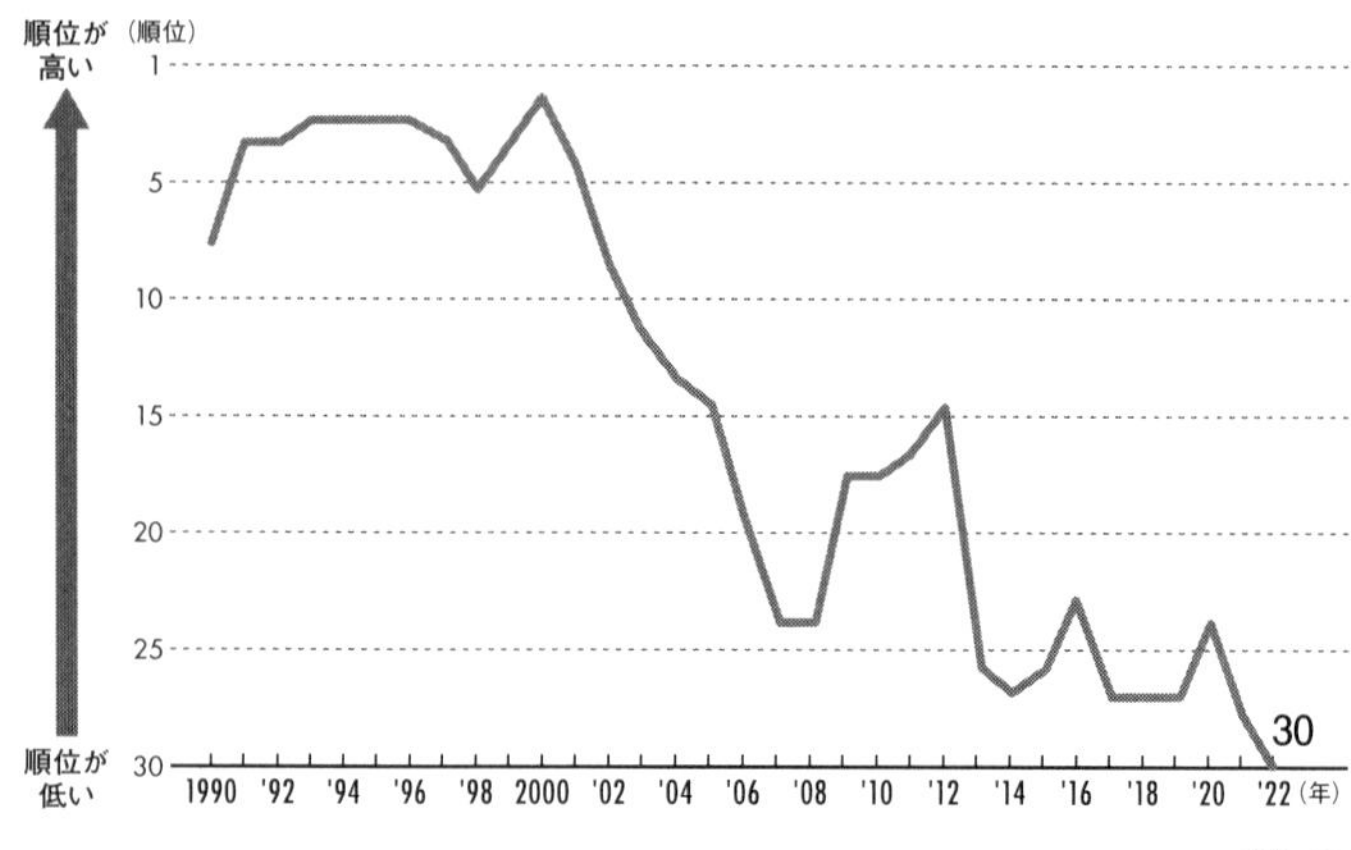

出所：IMF

図62をご覧ください。これは、日本の1人当たり所得の世界ランキングの変遷を示したものです。１９９０年代にはほとんどの年でトップ５に入っていたものの、２０００年代に入ると順位が急速に低下し、２０２２年には30位まで落ち込んでいます。

日本の国際的地位の低下は、他の指標でも明らかです。ＩＭＤの世界競争力ランキングでは、１９８９年の開始時から数年間は日本が世界トップでしたが、順位は徐々に低下し、２０２２年には２０２０年と並び過去最低の34位まで落ち込んでいます（**図63**）。これは、マレーシアやタイよりも低い順位です。このように、日本は「衰退途上国」ともいえる状況にあります。

このような状況下、日本は「共同貧困」といえる状況に陥っています。**図64**はこの30年間の所得の伸びを日本とアメリカで比較したものです。人

図63　世界競争力ランキングの推移

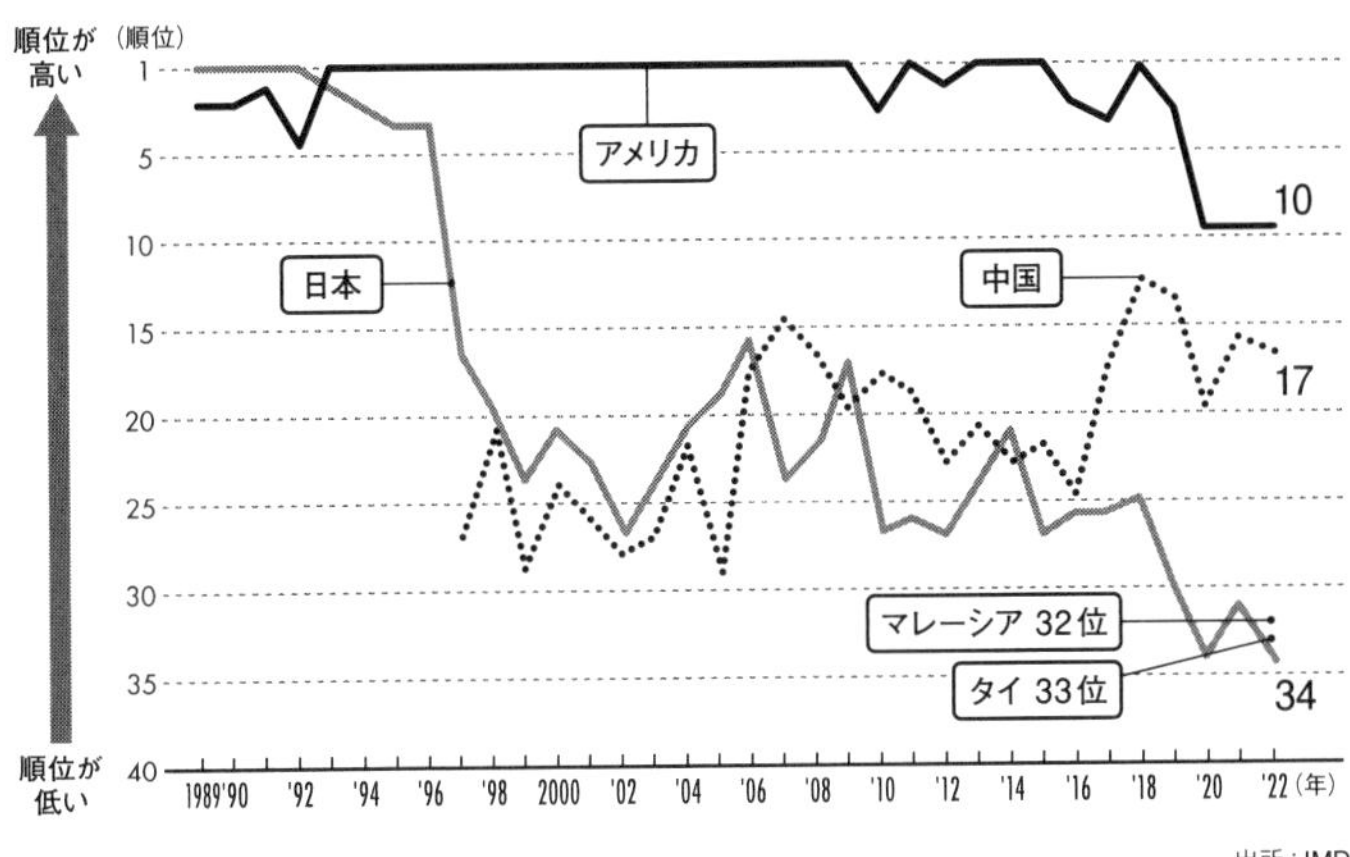

出所：IMD

図64　日本とアメリカにおける所得変化

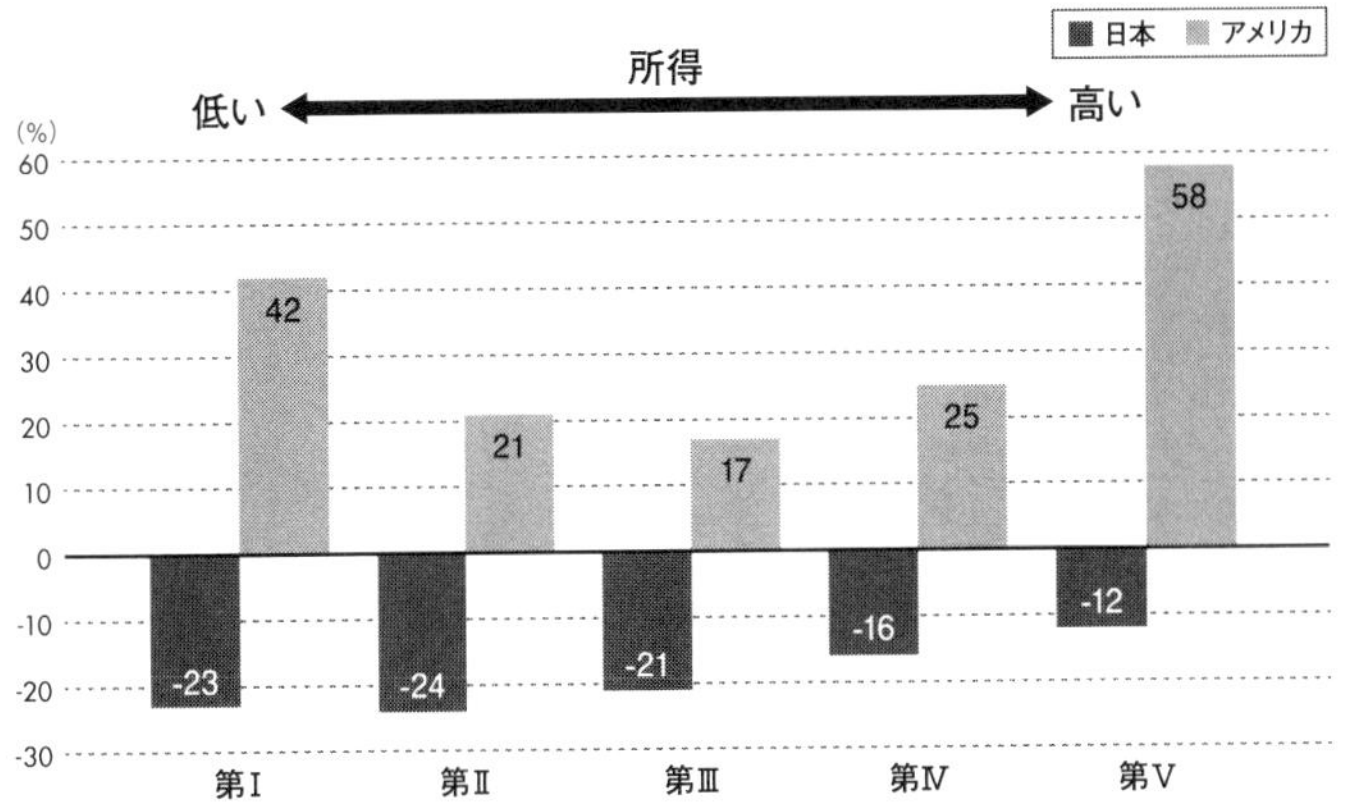

（注）1世帯当たり平均所得。日本は1995年と2018年、アメリカは1995年と2019年の比較

出所：厚生労働省「国民生活基礎調査」、FRB「Survey of Consumer Finances」

口を家計所得ごとに5つの層に分け、それぞれの層で1世帯あたりの平均所得額の変化を示しています。日本ではすべての層で2桁のマイナスとなっています。これに対して、アメリカではすべての層で15％以上、所得が増加していることがわかります。

日米所得を比較する際にしばしば指摘されるのは、「アメリカでは経済成長の結果、所得は増えた一方で、所得格差が広がっている。しかし、日本では格差は広がっていないから、その点では資本主義をあきらめて低成長するのも良いのではないか」という意見です。実際、アメリカでは格差が拡大し、社会問題になっています。**図64**では、所得が最も低い階層の増加率が42％であるに対して、最も所得が高い階層の増加率は58％と、確かに格差が拡大しています。過度な格差が経済や社会に悪影響を与えることは、最近の研究でも指摘されており、格差是正は重要です。

しかし、日本の状況はこれとは異なります。所得格差を示す指標（ジニ係数）を見ても、日本では格差は広がっていないことがわかります。だからといって、日本で格差が問題ではないわけではありませんが、日本でより深刻なのは経済の長期停滞により、国民全員の所得が落ち込んでいることです。

ＯＥＣＤは世帯所得がその国の等価可処分所得の中央値の半分（貧困線）に満たない人々の割合を相対的貧困と定義しています。わかりやすく言えば、その国の中で比較して、大多数よりも貧しい状態のことを指します。厚生労働省「国民生活基礎調査」によると、日本における

図65　日本とタイの年収比較

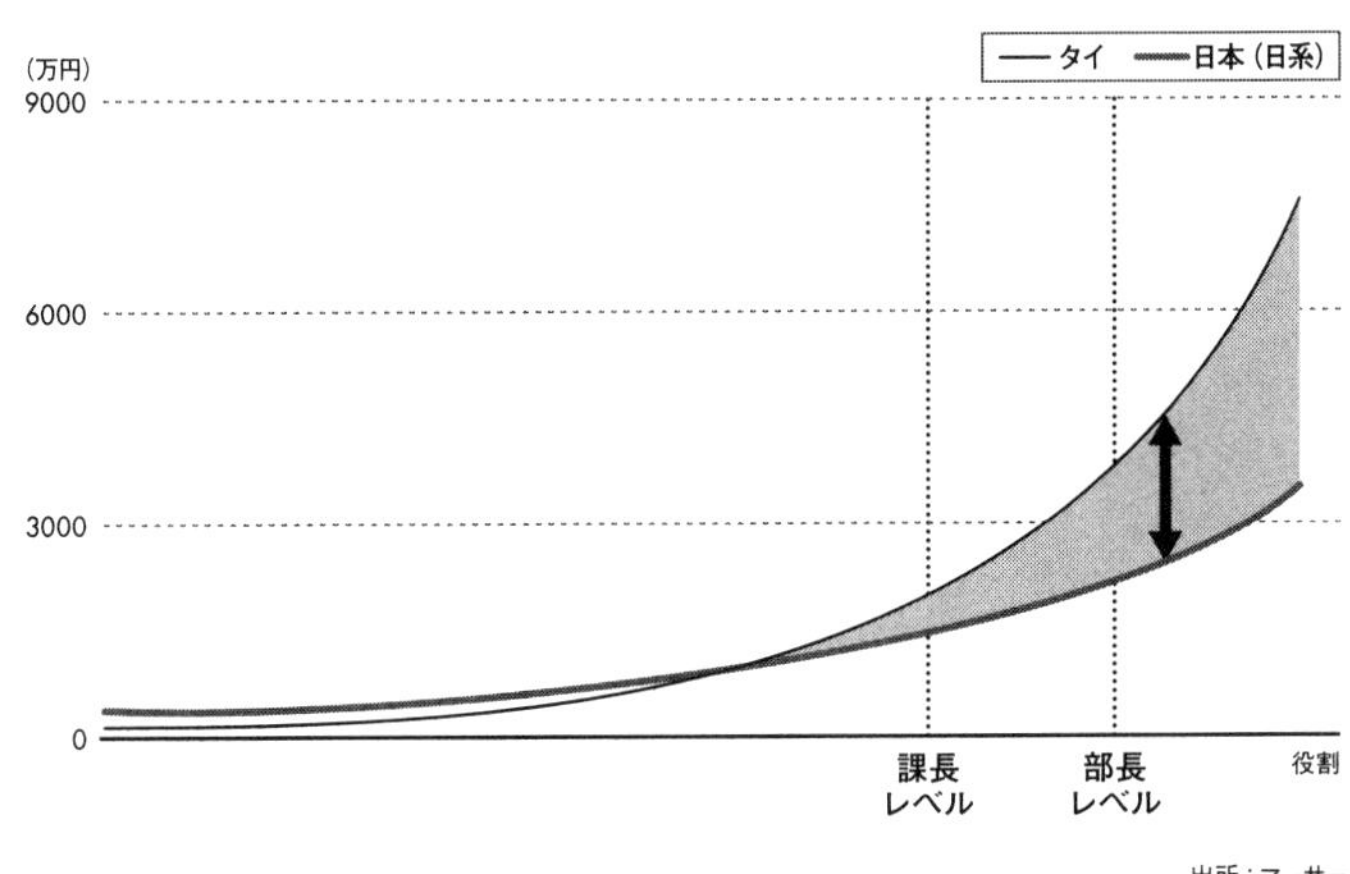

出所：マーサー

貧困線は127万円で、相対的貧困率は15・4%。これは日本人口の6人に1人が相対的貧困状態にあることを意味します。このような状況下で、所得がさらに低下し続けることが許容できるのでしょうか。分配政策を実施するにしても、まずは元手が必要です。そのためには、何よりも経済成長が不可欠なのです。

賃金も世界で「一人負け」といえるような状況です（詳細は第3章を参照してください）。衝撃的なデータがあります。人材コンサル大手の米国マーサーの調査によると、日本企業の部長級の平均年収は、アメリカの約4割にとどまります。また、**図65**に示されているように、日本の年収とタイの企業（日系企業）の年収を比較すると、入社時は日本の方が高いものの、課長レベルに達する前にタイが逆転し、部長レベルでは600万円近く、タイにある企業の方が年収が高くなっています。

教育の面でも、日本の国際競争力の低下が見られます。イギリスの教育専門誌『タイムズ・ハイヤー・エデュケーション』が世界の大学のランキング付けを行っています。最新の2023年版によると、世界の上位200校に入っている日本の大学は、39位の東京大学と68位の京都大学の2校だけです。しかも、両校とも2022年版から順位を下げています。また、2011年のランキングでは、世界の上位200校に5つの日本の大学がランクインしていたので、この約10年で日本の大学の評価が相対的に低下したことがわかります。

そのような日本の深刻な状況を見ると、「日本は成熟国なので、経済成長を追い求める必要はない」「脱成長がこれからのキーワードだ」とお考えになる方もいらっしゃるでしょう。確かに、経済が成熟すると、開発途上国のように毎年5％から2桁の成長をするというのは現実的ではありません。しかし、他の先進国は毎年2％程度の経済成長を続けており、経済が成熟したからとって経済は必ずしも停滞するものではありません。2％と聞くと低い数字のように思えますが、2％の経済成長を35年間続けると、経済規模は倍になります。親世代から子世代にバトンタッチする間に所得が倍になるということです。

グローバル化が進む中、日本が国際社会で存在感を示すには強い経済力、国力が必要です。それこそ、今、中国が国際的な舞台で発言力、プレゼンスを高めているのは世界第2位の経済大国になったからです。

今、日本に求められているのは、30年にわたる経済の凋落を止め、再び成長軌道に戻すことに他なりません。

マクロ経済は需要と供給の両方が同時に増えていかなくては順調な拡大をしません。需要を喚起すべく、これまで金融政策や財政政策が実施されてきました。これらのマクロ経済政策が重要であることは言うまでもありませんが、これらの政策はどちらかというと短期的な問題に対する処方です。一方、日本経済の病は30年にわたる低成長であり、短期的な問題ではなく、長期的・構造的な問題です。また、少子高齢化が進み労働力が伸び悩み、国内投資も低調、さらに、生産性の伸びも鈍化する中、経済の供給サイドが拡大していません。

つまり、日本経済の慢性的な問題を解決するために必要なのは、長期的な問題、そして供給側に働きかける構造改革です。長年の歪みを正すためには、総力戦の覚悟が求められます。競争を阻害している規制や要因を取り除き、日本全体で競争を促進する必要があります。日本経済を再び発展軌道に乗せるべく、積極的に構造改革を推し進めていくことが求められています。

日本経済のポテンシャル

足元ではインフレが問題となっていますが、日本では長い間、低物価が続き「安いニッポン」となっています。しかし、低いのは物価だけにとどまらず、経済成長と賃金も低迷しています。三つの低——低成長、低物価、低賃金——に日本経済は苦しんできました。さらに、政府の借金は膨大な額に膨れ上がり、高債務という嵐も吹き荒れています。

さらに、日本は今後、人口が減少し、高齢化も進んでいきます。最新の人口推計によれば、2056年には日本の総人口は1億人を割り、2070年には8700万人へと激減することが見込まれています。人口の減少は労働力の減少を招き、生産にマイナスの影響を与えるとともに、消費者の減少が市場規模を縮小させ、経済の潜在成長を抑制します。また、高齢化の進展は、社会保障費の増加を引き起こし、財政にさらなる負担をかけることになります。

このような厳しい状況の中で、果たして日本経済が再び成長の道を歩むことは可能なのでしょうか？　誰もが疑問に思うでしょう。その挑戦は確かに遠く、険しいものであることは間違いありません。しかし、私は日本にはそのポテンシャルがあり、今後、伸びていくことは可能だと考えています。

経済成長の源泉は労働、資本、そしてTFPです（165ページ参照）。労働力の減少が見込まれる中で、経済を成長させるためには、労働以外の要素を高めるほかありません。つまりは、生産性の向上が必要ということです。個々の労働者の生産性を高めるだけでなく、経済全体の生産性を高める必要があります。

これを同時に達成できるのが、本章で詳しく論じた労働市場の流動化です。流動的な労働市場では、適材適所が達成されるので、労働者がその能力を最大限に発揮できるようになります。また、労働の再配置がスムーズに行われるため、経済の新陳代謝が上がり、経済全体の生産性が高まると考えられます。

労働者の生産性を高めるためには人的投資も重要です。技術進歩や脱炭素化により経済・社会構造が大きく変化する中では、個人はその変化に対応するためにも絶えず学び続ける必要があります。日本の労働者が自己啓発に取り組む割合が他国と比べて低いというデータは、厳しい現実を示しています。しかし、これは逆に、日本人に大きな「伸びしろ」があることを示しています。本章で提唱した自己啓発優遇税制などの仕組みにより、労働者が自らスキルアップを目指しやすい環境を整えつつ、教育改革により労働者の人的投資を高めることは十分に可能です。

日本の教育体系はまだ20世紀の工業社会を支えたもののままです。一方、世界では教育にテクノロジーを取り入れる「エドテック」が進み、学習者一人ひとりに合わせた教材や学習方法を提供するアダプティブラーニングが進んでいます。しかし、日本では、従来型の決められた教室・学年で、黒板にチョーク、紙と鉛筆といった伝統的な道具を使って、全員が同じ内容を同じペースで学ぶというスタイルが続けられています。知識を注入し、パターン化された技能を習得することに注力する教育は工業社会では重要ですが、今、社会で求められているのは創造力、問題解決能力、そして協働力を備えたグローバルな人材です。

そのためには、教育改革が必要です。個人の人的資本を向上させるために、テクノロジーを最大限活用して個々の能力を伸ばす教育を実現すべきです。

オンライン教育の利用はその一例です。優れた教師がオンラインで講義を行えば、生徒はどこにいても同じ質の高い授業を受けることが可能になります。現場の教師たちは生徒と一緒に動画を見ながら、必要に応じて講義を補足したり、オンライン学習に向かない生徒をサポートしたりすることで、よりパーソナライズされた教育を提供できます。

また、ＡＩを用いて個々の学習進度に合わせた教育を行うことも可能です。コンピュータやタブレットを活用し、生徒一人ひとりに合わせたアダプティブラーニングを実施すべきです。

さらに、グローバル化が進む現代社会では、外国語の習得は必須です。公立の小中学校での学習だけで、十分に英語でコミュニケーションを取れるぐらいになるように徹底的に英語教育を行うべきです。公立学校のレベルを上げることは、私立校受験のための費用や授業料負担を軽減し、家計の教育費負担を下げることにもつながります。

生産性の向上を図ると同時に、少しでも労働力不足を補うためにも、高齢者、女性、外国人労働者のさらなる活躍の場を提供することが重要です。人生１００年時代には、望めば誰でも生涯現役で働くことができるような社会・経済環境の整備が必要です。

高齢者が積極的に社会に参加することで、彼らの労働所得が増え、消費需要の創出にもつながります。また、社会保障給付への依存も軽減され、勤労者の税負担軽減にもつながる可能性があります。支えられる側から、支える側になる人を増やす。つまり、社会に貢献できる人を増やすべきです。

高齢者雇用のためには、テレワークなどを活用することが有用でしょう。働く場所や時間の柔軟性を高めるテレワークがさらに普及すれば、体力的には通勤が厳しい高齢者でも働くことが可能です。

また、高齢者をサポートする新技術の開発も、この問題の解決に一役買います。高齢化のフロントランナーである日本がロボットやＡＩなどのテクノロジーを用いて高齢者の雇用を支える方策を模索すれば、それは将来的に高齢化社会を迎える他の国への輸出も視野に入れられます。

これとも関連することですが、高齢者向けのビジネスは今後大いに伸びる可能性があります。人口減少という現状から、国内ビジネスのマーケットは縮小すると一般的に思われがちですが、決してそんなことはありません。高齢化の進行は避けられない事実である一方で、それは新たなビジネスチャンス、巨大な市場を生み出す可能性があります。そして、そのようなビジネスを成功させるためには、高齢者のニーズを的確に把握し、彼らが欲しいと思える商品やサービスを開発する必要があります。そこで重要な役割を果たすのが、高齢者自身の労働や発想です。つまり、高齢者の雇用は新たなビジネスチャンスの創出と深く結びついているのです。

ありとあらゆる人が雇用機会に恵まれるためには、本章でも詳しく論じたように、賃金は年功序列ではなく、労働成果に基づくものに変える必要があります。これにより、若い人でも、高い給料が支払われるようになります。

日本経済の可能性は、高齢者向けのビジネスにとどまりません。農業、林業、水産業などにも大きなポテンシャルがあります。海外では、AI、ロボット、ビッグデータなどの最新テクノロジーを駆使した農業（アグテック）が盛んとなっています。翻って、日本ではこうした新技術の活用がまだそれほど進んでいません。

新たな技術、例えば農業用ドローンや自動走行トラクターを戦略的に活用するためには、個々の農家が管理する農地面積の拡大がカギとなります。日本では、農業人口の減少が問題視されていますが、国際比較をすると、実は日本の農地に対する農業労働者の数は多すぎることがわかります。生産性の高い大規模農家や高い技術・資金力・経営ノウハウを持つ企業が規模のメリットを生かした農業を実現することで高い成長が期待できます。

また、従来の農業に観光、教育、自然エネルギーなどの他の分野を組み合わせた新しい産業、「社会農業」も、日本経済の次なる成長エンジンとなる可能性があります。

社会農業のひとつの形として観光と農業を組み合わせた観光農業があります。農作物の栽培や加工を体験したり、農家宿泊を満喫したりするものです。欧州では、アグリツーリズムと呼ばれる、農場や農村に滞在しバカンスを過ごす観光スタイルが広がりつつあります。

さらに、GXやDXにより日本経済の構造を変えることも経済成長に貢献するでしょう。GXとはグリーン・トランスフォーメーション、DXとはデジタル・トランスフォーメーションのことで、前者は、グリーン化を進めることで、後者はデジタル技術によってビジネスや人々の生活、さらには経済・社会の構造が変わることを意味するものです。企業が、ＧＸやＤＸに積極的に取り組めば、国内で投資が増えることが期待されます。

グローバルな視点を持つことも非常に重要です。海外市場への進出は企業の成長のカギとなります。実際に過去20年間、一部の大企業では海外直接投資やＭ＆Ａなどに積極的に取り組んでいます。大企業だけでなく中小企業も、世界と競争し、独自の強みを生かした商品やサービスを生み出すことで、成長が期待できます。そのためには、技術革新や研究開発への投資、そして市場のニーズに対応する柔軟性が必要です。

また、海外からの投資を促進することが極めて重要です。成長ポテンシャルが高い海外市場に活路を求めるというのは、企業にとっては合理的な行動ですが、日本経済全体で見ると、国内への投資が鈍ってしまいます。そこで重要となるのが外国企業による投資、対日投資です。

表3はＧＤＰに対する海外からの投資（ストック）の割合をＯＥＣＤ諸国で比較したものです。日本の数字は５・２％で、ＯＥＣＤ加盟国で最下位となっています。それどころか、データが公表されている２０１の国・地域中で１９８位となっています。

海外からの投資を呼び込むことで、資本だけでなく、異質な経営スタイルや戦略、技術、人材なども国内に流入し、新しい化学反応が起こり、イノベーションにつながる可能性がありま す。日本の社会安定性の高さは世界でも類を見ない魅力的なものです。海外から投資を呼び込み、世界の受け皿となることを目指すべきです。

表3　世界の対内直接投資残高（対GDP比%、2021年）

順位	国	%
1	ルクセンブルク	1193.2
2	アイルランド	279.5
3	オランダ	256.0
4	スイス・リヒテンシュタイン	167.5
5	ベルギー	102.4
6	エストニア	97.6
7	コスタリカ	85.9
8	イギリス	82.4
9	トルコ	79.3
10	カナダ	72.3
11	チェコ	70.8
12	ポルトガル	70.3
13	コロンビア	69.8
14	スウェーデン	62.2
15	ラトビア	61.1
16	アメリカ	58.9
17	スペイン	57.9
18	チリ	57.3
19	ハンガリー	56.3
20	スロバキア	51.7
21	イスラエル	50.3
22	メキシコ	45.3
23	リトアニア	45.0
24	オーストラリア	44.9
25	オーストリア	41.7
26	ポーランド	40.3
27	デンマーク	39.1
28	ニュージーランド	39.1
29	スロベニア	33.5
30	フィンランド	33.4
31	フランス	33.2
32	ノルウェー	31.3
33	アイスランド	30.4
34	ドイツ	26.9
35	イタリア	21.7
36	ギリシャ	21.7
37	韓国	14.6
38	日本	5.2

（%）

出所：UNCTAD

政府や企業は、海外からの投資を促進するために、投資環境の改善や規制緩和などの取り組みを進めることが求められます。また、人材育成や教育においても、グローバルな視点を持つ人材を育てることが重要です。これにより、企業は国内外の市場で競争力を持ち、持続的な成長が期待できるでしょう。

日本経済が再び成長軌道に戻る――これは決して絵空事ではありません。可能性は私たちの手の中にあり、それを摑むのも私たち次第です。今こそ、現状を直視し、将来の世代が無限の可能性を追求し、幸せな人生を送ることができるような社会を築くために行動を起こさなくてはなりません。

国の未来は、私たち自身の未来です。それを形成するための政策を政治や行政に求めるのも私たちの責任です。今こそ、私たちが真剣に未来を見据え、日本経済の再興に向けた行動を起こすときです。再び成長の道を歩み始める新しい章は、これから始まるのです。

16 深尾京司／牧野達治（２０２１）「賃金長期停滞の背景　製造業・公的部門の低迷響く」日本経済新聞２０２１年12月６日朝刊。
17 Ｓｔｒａｔｅｇｙ＆「２０１８年ＣＥＯ承継調査」
18 深尾京司／池内健太／滝澤美帆（２０１８）「質を調整した日米サービス産業の労働生産性水準比較」、日本生産性本部、生産性レポートＶｏｌ．６．
19 Engbom, Niklas. 2022. "Labor Market Fluidity and Human Capital Accumlation." NBER Working Paper 29698.
20 Cacciatore, Matteo, Romain Duval, Davide Furceri, and Aleksandra Zdzienicka. 2021. "Fiscal Multipliers and Job Protection Regulation." *European Economic Review*, 132(C).
21 Frey, Carl Benedikt, and Michael A. Osborne. 2017. "The Future of Employment: How Susceptible Are Jobs to Computerisation?" *Technological Forecasting and Social Change*, 114: 254-280.
22 野村総合研究所（２０１５）「日本におけるコンピューター化と仕事の未来」

おわりに

長年にわたり、日本は低成長、低物価、低賃金、そして高債務という「日本病」に悩まされ続けてきました。その一方で、日本経済は、高齢化を伴う人口減少、ＡＩや自動化などテクノロジーの進歩、そしてグリーン化といった、社会全体に影響を及ぼすメガトレンドの変化に直面しています。

私たちが、今、真剣に考えなければならないのは、「衰退途上国」とさえ言える状況、つまり、過去30年にわたる経済の凋落を止め、この国を再び発展軌道に乗せることにほかなりません。

経済の健全化を図る手段としては、財政政策、金融政策、そして構造改革というマクロ経済政策がありますが、それぞれの政策は、その特性と効果が異なります。金融政策や財政政策は短期に有効な政策と言えます（公共投資などの財政政策は中長期にも有効です）。それに対して、長期の問題に有効なのが構造改革です。

日本経済が苦しんでいるのは、昨日今日のことではありません。１人当たり名目ＧＤＰを世界と比較すると、１９９０年代には日本は世界で上位5位内に位置していましたが、２０００年代に入るとその順位は低下。今や30位へと落ち込んでしまっています。これはひとつの例ですが、日本経済の低迷は長期間にわたるもので、短期的な問題ではないということを表しています。

また、日本政府の借金が膨大な額に膨れ上がっていますが、その大きな理由は、高齢化による社会保障費の増加です。これも、短期的な問題ではなく、むしろ構造的な問題です。つまり、日本が抱える問題に対しては、長期的な解決策となる構造改革が必要ということです。

もちろん、財政政策や金融政策が重要でないと言っているわけではありません。短期的に経済を支えるためには、金融緩和や財政出動は重要な役割を果たします。ただし、最近の研究では、高齢経済ではそれらの有効性が低下することが指摘されています。特に高齢化が世界でもっとも進んでいる日本においては、これらの政策の有効性を慎重に評価し、それに基づき施策を展開することが重要でしょう。

2023年の春闘では賃上げが3・58%に達し30年ぶりの高水準となりました。また、国内投資が上昇する兆しもあります。さらに、日経平均株価がバブル経済崩壊後の最高値を記録するなど、経済の風景が変化し始めているようにも思えます。このチャンスを最大限に活用し、日本経済を持続的な成長軌道に乗せるべきです。

本書では、日本経済の中長期的な発展のカギは労働市場にあり、労働市場の流動化がマクロ経済の視点からだけでなく、企業や個人のミクロの視点からも極めて重要であることを論じました。しかし、これからの日本のためには、労働市場改革だけではなく、様々な改革が必要です。

たくましい経済をつくるためには、供給力の向上が不可欠です。ＤＸやＧＸなどを通じて国内投資を増加させるとともに、対日直接投資を拡大していく必要があります。また、高齢化が進む日本においては、健康や高齢者向けのマーケットが今後ますます重要性を増していくでしょう。さらに、教育改革も欠かせません。特に、公立学校の教育の質を向上させることは急務です。公立学校の教育だけでは「不十分」だと感じる家庭が増え、私立学校や塾への出費が増大、教育費が家庭に重くのしかかっている一方で、教員の過酷な労働環境が指摘されています。

今、日本が直面している最大の危機は人口減少でしょう。岸田文雄首相は「若年人口が急減する２０３０年に入るまでの今後６、７年が少子化トレンドを反転させるラストチャンス」と訴え、異次元の少子化対策を打ち出しています。私もこの見解には同意です。しかし、仮に少子化対策が成功して出生率が急速に回復したとしても、その効果が実際に現れるのは何世代か先の話です。近い将来、人口が減少し続けることは避けられません。

少子化対策が重要であることは言うまでもありませんが、人口が減少していくことを前提に、社会・経済構造の大改革が必要です。人口減少と高齢化が進行する中でも、国民が安心して暮らせる社会を築き上げなくてはいけません。

長期的な視点に立ち、これからの日本のグランドデザインを考えることが、次の30年から40年にわたって日本経済を持続的な成長へと導くために真に求められています。もちろん、これは容易なことではありません。しかし、日本にはポテンシャルがあります。一人ひとりがその可能性を最大限に引き出すための役割を果たすことで、新たな日本経済の発展の実現は可能です。

日本経済が直面している課題は、我々が革新し、成長を遂げるための「勝機」、新たな未来への扉を開く大きな節であると考えることもできます。日本の未来は、私たち自身の手の中にあります。今こそ日本の未来を切り開くべく大きく前進すべきです。

宮本弘曉

2023年8月

参考文献

伊藤隆敏（2013）『インフレ目標政策』日本経済新聞出版
伊藤隆敏／星岳雄著、祝迫得夫／原田喜美枝訳（2023）『日本経済論』東洋経済新報社
伊藤元重（2012）『マクロ経済学　第2版』日本評論社
伊藤元重（2014）『経済を見る3つの目』日本経済新聞出版
伊藤元重（2023）『世界インフレと日本経済の未来　超円安時代を生き抜く経済学講義』PHP研究所
岩田規久男（2012）『インフレとデフレ』講談社
岩田規久男（2021）『「日本型格差社会」からの脱却』光文社新書
大内伸哉／川口大司（2012）『法と経済で読みとく雇用の世界　働くことの不安と楽しみ』有斐閣
大竹文雄／山川隆一／大内伸哉編（2004）『解雇法制を考える　法学と経済学の視点』勁草書房
カール・B・フレイ著、村井章子／大野一訳（2020）『テクノロジーの世界経済史 ビル・ゲイツのパラドックス』日経BP
岸田文雄（2021）『岸田ビジョン　分断から協調へ』講談社

玄田有史編（2017）『入手不足なのになぜ賃金が上がらないのか』慶應義塾大学出版会
島田晴雄（1994）『日本の雇用　21世紀への再設計』筑摩書房
島田晴雄（2012）『盛衰　日本経済再生の要件』東洋経済新報社
島田晴雄（2018）『日本経済　瀕死の病はこう治せ！』幻冬舎
島田晴雄／太田清（1997）『労働市場改革　管理の時代から選択の時代へ』東洋経済新報社
清家篤（1998）『生涯現役社会の条件　働く自由と引退の自由と』中央公論新社
竹中平蔵／南部靖之編（2010）『これから「働き方」はどうなるのか』PHP研究所
橘木俊詔（2021）『日本の構造　50の統計データで読む国のかたち』講談社現代新書
チャールズ・グッドハート／マノジ・プラダン著、澁谷浩翻訳（2022）『人口大逆転　高齢化、インフレの再来、不平等の縮小』日本経済新聞出版
鶴光太郎編著（2019）『雇用システムの再構築に向けて日本の働き方をいかに変えるか』日本評論社
デービッド・アトキンソン（2018）『新・生産性立国論』東洋経済新報社
永濱利廣（2022）『日本病　なぜ給料と物価は安いままなのか』講談社
中藤玲（2021）『安いニッポン　「価格」が示す停滞』日本経済新聞出版
野口悠紀雄（2017）『日本経済入門』講談社
野口悠紀雄（2022）『日本が先進国から脱落する日』プレジデント社

野口悠紀雄（２０２２）『円安が日本を滅ぼす―米韓台に学ぶ日本再生の道』中央公論新社
野口悠紀雄（２０２２）『どうすれば日本人の賃金はあがるのか』日経ＢＰ
浜矩子／城繫幸／野口悠紀雄ほか（２０２１）『日本人の給料　平均年収は韓国以下の衝撃』宝島社
平口良司／稲葉大（２０２３）『マクロ経済学　入門の「一歩前」から応用まで』有斐閣
福田慎一（２０１８）『21世紀の長期停滞論　日本の「実感なき景気回復」を探る』平凡社新書
深尾京司／池内健太／滝澤美帆（２０１８）「質を調整した日米サービス産業の労働生産性水準比較」、日本生産性本部、生産性レポートVol. 6.
深尾京司／牧野達治（２０２１）「サービス産業における労働生産性上昇の源泉：JIPデータベースを用いた産業レベルの実証分析、1955-2015年」、RIETIディスカッション・ペーパー21-J-018.
藤井彰夫（２０２１）『シン・日本経済入門』日本経済新聞出版
ポール・クルーグマン、トーマス・フリードマン、トーマス・セドラチェク 他 著／大野和基 編（２０１９）『未完の資本主義　テクノロジーが変える経済の形と未来』ＰＨＰ研究所
宮川努（２０１８）『生産性とは何か　日本経済の活力を問いなおす』筑摩書房
宮本弘曉（２０１８）『労働経済学』新世社
宮本弘曉（２０２２）『１０１のデータで読む日本の未来』ＰＨＰ研究所
宮本弘曉（２０２２）『51のデータが明かす日本経済の構造　物価高・低賃金の根本原因』ＰＨＰ研究所

宮本弘曉（2023）『日本の財政政策効果　高齢化・労働市場・ジェンダー平等』日本経済新聞出版
森川正之（2018）『生産性　誤解と真実』日本経済新聞出版
向山敏彦（2022）「転職のマクロ経済学」『日本労働研究雑誌』No.738、45-55
メアリー・C・ブリントン著、池村千秋訳（2022）『縛られる日本人』中公新書
森永康平（2022）『スタグフレーションの時代』宝島社
八代尚宏（2009）『労働市場改革の経済学　正社員「保護主義」の終わり』東洋経済新報社
八代尚宏（2015）『日本的雇用慣行を打ち破れ　働き方改革の進め方』日本経済新聞出版
柳川範之（2013）『日本成長戦略 40歳定年制　経済と雇用の心配がなくなる日』さくら舎
吉川洋（2013）『デフレーション："日本の慢性病"の全貌を解明する』日本経済新聞出版
吉川洋（2016）『人口と日本経済　長寿、イノベーション、経済成長』中公新書
吉川洋／八田達夫編著（2017）『「エイジノミクス」で日本は蘇る高齢社会の成長戦略』NHK出版
吉野直行（2012）『これから日本経済の真実を語ろう』東京書籍
渡辺努（2022）『物価とは何か』講談社
渡辺努（2022）『世界インフレの謎』講談社現代新書
リンダ・グラットン／アンドリュー・スコット著、池村千秋訳（2016）『LIFE SHIFT

１００年時代の人生戦略』東洋経済新報社

経済産業省（２０２２）『未来人材ビジョン』令和4年5月

経済産業省（２０２３）『経済産業政策新機軸部会　第２次中間整理』令和5年6月

一般財団法人国際経済交流財団　進化型産業政策研究会（２０２２）『広義の経済安全保障を実現する進化型産業政策の必要性』２０２２年6月

IMF. 2020, 2021, 2022, 2023. Fiscal Monitor. International Monetary Fund.

IMF. 2020, 2021, 2022, 2023. World Economic Outlook. International Monetary Fund.

IMF. 2023. Japan: 2023 Article IV consultation, IMF Country Report No. 2023/127.

著者略歴

宮本弘曉（みやもと・ひろあき）

1977年生まれ。東京都立大学経済経営学部教授。慶應義塾大学経済学部卒業、米国ウィスコンシン大学マディソン校にて経済学博士号取得（Ph.D. in Economics）。国際大学学長特別補佐・教授、東京大学公共政策大学院特任准教授、国際通貨基金（IMF）エコノミストを経て現職。専門は労働経済学、マクロ経済学、日本経済論。日本経済、特に労働市場に関する意見はWall Street Journal、Bloomberg、日本経済新聞、NHK等の国内外のメディアでも紹介されている。著書に『101のデータで読む日本の未来』（PHP新書）など。

一人負けニッポンの勝機

世界インフレと日本の未来

2023年9月20日　初版第1刷発行

著　者　**宮本弘曉**

発行者　**江尻 良**

発行所　**株式会社ウェッジ**
〒101-0052 東京都千代田区神田小川町1丁目3番地1
NBF小川町ビルディング3階
電話03-5280-0528　FAX03-5217-2661
https://www.wedge.co.jp/　振替00160-2-410636

装丁・本文デザイン　**秦 浩司**

印刷・製本　**株式会社シナノ**

日本音楽著作権協会（出）許諾第2306659-301号

ISBN978-4-86310-273-6　C0033